|

젊음이 사라지고서야 보석처럼 남은
내 젊음의 이해를 그대에게 전합니다.
길을 떠나서 길을 찾기보다, 길목에서
그대만의 길을 찾아갈 수 있기를 바랍니다.

박영배 지음

그대라는 젊음

목차

06	프로롤그

1부 낯섦과 상대하기

18	인생은 치열한 전쟁의 연속
27	시간은 지나가는 것이 아니라 쌓이는 것
36	기본부터 챙기자
45	나 자신을 어떻게 바라보는가?
55	열등감은 삶의 원동력
65	해야 할 일부터 먼저하기
75	큰 그림을 그리고, 체계적으로 접근하기

2부 서툶에서 친숙함으로

86	지루함을 견디는 것이 위대함
96	좋은 습관 몸에 익히기
106	피할 수 없으면 즐겨라
115	시간은 관리하는 것
124	메모에서 생각이 시작된다
133	혼자 백 걸음보다 백 사람의 한 걸음
142	독서가 사람을 만든다

목차

154	주체적인 삶을 꾸리자
163	새로움을 추구하라
172	문제의 원인은 자신에게 있다
182	아는 만큼 보인다
192	균형 있는 삶 유지하기
201	몰입은 영감을 부른다
210	부탁과 거절의 미학

3부
다시 새로움을 향하여

222	무엇을 위한 보수이고 진보인가?
234	돈이란 무엇인가?
244	미래 일자리는 어떤 모습인가?
253	블록체인은 어떻게 활용되는가?
262	나는 메타버스에서 무엇을 할까?

4부
미래를 바라보는 눈

272 참고문헌

> "노병은 결코 죽지 않는다.
> 다만 사라질 뿐이다"

이 구절은 6.25 전쟁 때 인천상륙작전으로 전세를 역전시킨 맥아더 장군이 군 생활을 마치며 남긴 연설 중 한 부분이지. 시간은 단절된 것이 아니라 연속성을 가지고 있음을 의미하는 말이라 생각하네. 시간은 내가 사는 지금을 과거로 만들며 미래로 나아간다고 할 수 있지. 우리는 부지불식간에 '시간이 지나간다.' 라고 말을 하지만 사실 시간은 쌓여가고 있는 거라네. 마치 돼지 저금통에 동전이 쌓이듯이 말이지. 이렇게 쌓인 시간이 개인적으로는 인생사가 되고, 문명학적으로는 역사가 되는 것이지. 그리고 지나간 시간은 우리가 살아가는 사회에서 전통이란 이름으로 우리에게 다가온다네. 이러한 시간 속에는 변하지 않는 인간의 본성과 사회를 작동시키는 기본적인 원리, 즉 본질이라는 것이 유유히 흐르고 있지. 고전이 시대를 초월해 널리 읽히고, 우리에게 영감을 주는 이유도 바로 여기 '시간 속 불변의 원리'에 있다고 생각하네.

나는 36년간 군 복무를 하고 장군으로 전역한 노병이라네. 사회로 복귀한 후에는 대학교수로 캠퍼스 현장을, 연구원으로 국책 IT 연구소 실험현장을, CEO로 중소기업 생산현장을 경험하였지. 그리고 이제는 장성한 두 아들의 아버지이자 갓 태어난 손자의 할아버지로 살고 있다네. 나는 노병으로서, 아버지로서, 사회 선배로서, 이제 군 입대를 앞둔 젊은이나 사회에 첫발을 내딛는 청년들과 원탁 테이블에 마주 앉아 진솔한 대화를 나눠보고자 하네.

우리는 군에 막 입대한 사람을 이등병 신병이라 부르고 사회에서는 초년생이라고 부르지. 신병과 초년생은 새롭고 낯선 조직에 막 들어온 사람을 의미하네. 그래서 신병과 초년생은 거의 젊은이들이지. 나는 40여 년 전 과거의 나를 젊은이들을 통해 바라보고, 젊은이들은 40여 년 후 자신의 모습을 나를 통해 상상해 볼 수 있겠지. 물론 내가 살아온 시대와 자네들이 살아갈 시대 사이에는 커다란 격차가 존재한다는 사실을 잘 알고 있네. 나는 이러한 사실을 가슴에 새기면서, 군과 사회에 대한 낯섦과 무지로 불편함을 느끼는 젊은 신병과 초년생들의 질문에 귀 기울여 보려 하네. 그리고 시공간을 초월한 변하지 않는 본질, 즉 세월과 경험, 그리고 공부가 가르쳐 주는 변치 않는 원리 같은 것들에 대해서 허심탄회하게 말해보려 한다네. 더불어 내가 사는 방식도 소개해 주고 싶다네.

"젊음은 다시 돌아오지 않는다"

그리스 철학자 헤라클레이토스는 말했지. "같은 강에 두 번 발을 담글 수 없다." 세상 만물은 끊임없이 변화하고 유한한 삶을 사는 인간은 그 속에 존재하지. 인간은 세상 만물과 마찬가지로 육체라는 생물학적 한계를 가지고 태어난다네. 그래서 유아기, 청년기, 장년기, 노년기 등 생로병사라는 삶의 순환주기를 거쳐야 하지. 그중 청년기는 온통 혼란과 고민투성이라 할 수 있지만, 도전이라는 큰 무기도 가지고 있다네. 젊음은 유아기의 편안함에서 벗어나 정서적, 사회적, 경제적인 낯섦과 불편함을 마주해야 하는 시기라네. 군 복무도 이 시기에 있지.

젊음의 시기는 정서적으로는 부모로부터 독립하려는 내적 갈망이 있지만, 독립에 대한 고립감과 불안함도 함께 느끼는 시기라고 할 수 있지. 사회적으로는 내가 누구인지에 대한 주체성을 확립하고 타인과의 관계성을 어떻게 끌고 나가야 할지 방황도 하는 때일세. 경제적으로는 내가 무엇을 하고 살아야 할지 치열한 고민을 시작하는 시점이기도 하다네. 직업 선택은 구체적으로 밑그림을 그리고, 능력을 키우는 등 철저하고 치밀하게 준비해야 할 사안이라네. 특히, 직업은 청년기 이후 가정을 꾸리고, 삶의 방식을 결정하는 등 자아를 실현하는 실천적 도구가 되는 중요한 문제이기 때문이지. 이 모든 것에는 다 때가 있다네. 젊은 시절은 이렇게 치열하고 치밀한 고민을 해야 할 때라고 생각하네. 이 시기에 제대로 매듭짓지 못하고 회피하거나 소홀히 넘긴다면 '직업'보다는 자아현실과는 거리가 먼 '직장'을 서둘러 결정하고 마는 시행착오를 범할 수 있지. 그 결과는 스스로 항해하는 멋진 삶의 기회를 놓치고, 표류하는 삶으로 전락하는 후회를 남길 뿐이라네. 때를 놓친 후회는 더 많은 시간만 낭비할 뿐이지. 어찌 보면 이러한 방황과 고민은 젊은 시절 당연히 거쳐야 하는 과정이고 누구나 다 거치는 일상이라 할 수 있다네. 하지만 그런 생각은 먼저 이러한 과정을 겪은 기성세대들의 생각일 뿐이지. 처음 겪는 젊은이들에겐 낯설고 힘든 과정임이 분명하다네.

    그뿐만이 아니네. 이 시기에 국가가 부여하는 병역 의무도 이행해야 하는 것이 대한민국 청년의 현실이지. 그래서 일부 젊은이들은 군 복무 기간을 인생에서 잠시 멈춘 시간의 무덤으로 간주하기도 하지. 나는 그런 젊은이들을 많이 보아왔다네. 군 복무 기간은 젊은이들이 치열하게 고민하는 시간의 한가운데에 있지. 이는 군 복무가 결코 인생에서 별개로 떨어진 시간이 아니라는 것을 의미한다네. 그래서 젊은이들은 인생의 연속선상에서 군 복무 이전부터 해오던 고민들을 이후로도 계속 승화시켜 언젠가는 결국 마침표를 찍어야 하네.

    그렇다 보니 군 입대 예정이거나 군에 자녀를 둔 부모들은 걱정이 태산일 수밖에 없지. 나를 포함한 우리 부모들은 입대하는 자식의 뒷모습을 보면서 어느덧 성큼 커버린 자식을 일견 대견스럽게 생각하지. 하지만 나이에 비해 삶의 무게가 부쩍 버거워 보이는 자식의 모습을 눈에 담으며 애틋하고 절실하게 기도해 본다네. 내 자식이 군에 있는 시간을 소홀히 다루지 말고,

알차고 보람되게 보내고 오길 간절히 소망하면서 말이네. 그래서 우리 아이가 군 생활을 하는 동안 미래에 대한 방황과 고민에 당당히 맞서는 의젓한 성인이 되고, 주어진 삶의 무게를 온전히 감당할 신체적·정신적 근육을 튼실하게 단련하고 나오기를 간절히 바란다네.

"삶은 전쟁과 같다"

전쟁하면 가장 먼저 떠오르는 사람이 있지. "적을 알고 나를 알면, 백번 싸워도 위태롭지 않다(知彼知己, 百戰不殆, 지피지기, 백전불태)"라는 말로 잘 알려진 2,500년 전 병법의 천재 손자(孫子)라네. 손자가 저술한 『손자병법』은 전쟁을 수행하는 병법에 관한 책이지만, 오늘날에는 정치, 경제, 사회, 문화 등 다양한 분야에서 활용되고 있지. 그 말은 곧 전쟁에서 싸워 이겨야 하는 적이라는 개념을 사회 전 분야로 확장하여 적용할 수 있다는 의미라네. 병법은 우리 삶의 본질을 꿰뚫고 경쟁의 원리와 승리의 비법을 깨닫게 해주는 지혜와 지침을 제공한다네. 그래서 나는 수시로 『손자병법』을 인용하여 낯선 군 생활을 더욱 쉽게 이해할 수 있도록 도움을 주려고 하네.

우리 삶은 생존을 위한 전쟁의 연속이라고 생각할 수 있다네. 자기 자신과의 싸움, 공부와의 싸움, 취업과의 싸움, 업무와의 싸움, 진급과의 싸움 등 삶에 수시로 찾아오는 싸움들이 그것이네. 싸움에는 늘 불확실성이 존재하지. 그리고 그것을 어떻게 관리할 것인지가 전략가의 고민이라네. 손자는 말했다네. "익숙하지 않은 길을 갈 때, 길 안내하는 사람을 잘 활용하지 않으면, 승리의 유리함을 조성하지 못한다(不用鄕導, 不能得地利, 불용향도, 불능득지리)." 불확실하거나 새롭고 낯선 상황에서는 많은 공부와 경험이 풍부한 안내자, 즉 스승의 지도를 받아야 싸움을 유리하게 이끌고 갈 수 있다네. 이러한 사람을 우리는 멘토라고 부르지. 멘토란 말은 그리스 트로이 전쟁에서 유래한 말이라네. 그리스 시인 호메로스의 대서사시 「오디세이아」에 따르면, 전쟁 영웅 오디세우스는 트로이 전쟁에 출전하면서 아들 텔레마코스를 경험과 지혜가 많은 친구 멘토르에게 맡겼고 멘토르는 텔레마코스를 훌륭하게 키워냈다고 해. 지금까지도 멘토는 '경험과 지식을 바탕으로 다른 사람을 지도하고 조언해 주는 사람'을 의미하며, 멘토링은 사람의 역량을 키우는 다양한 현장에서 유용하게 활용되고 있지.

삶의 전쟁을 준비하는 우리 젊은이들은 불확실과 우연이 상존하는 전쟁터에 아직 본격적으로 뛰어들지 않은 상태라네. 그리고 군 복무라고 하는 진짜 전쟁 같은 상황을 겪어야 한다네. 군대의 특징은 대략 다음과 같지.

〈 군대의 특징 〉

· 군대는 사회와 다소 격리된 지역에서 집단생활을 한다.

· 집단생활에서는 상이한 경험을 가진 비슷한 또래의 젊은이들이 계급 서열에 의해 생활을 영위한다.

· 본인의 의지와 상관없이 계획된 시간에 맞추어 규칙적인 생활을 한다.

· 개인적으로 추구하는 직업과는 무관한 공적인 목표를 달성하기 위해 조직의 일원으로서 전쟁기술을 연마한다.

평소의 일상과 다른 데서 오는 낯섦, 그리고 잘 모르는 데서 오는 불안은, 누군가에겐 체념에 가까운 엄청난 공포와 두려움으로 전해지기도 한다네. 그래서 낯설고 생소한 군 생활에 잘 적응하고, 한발 더 나아가 삶에 유용한 시간이 될 수 있도록 적절한 안내자, 즉 멘토가 필요하다고 생각하네. 인생은 직선이 아닌 곡선이라네. 그래서 인생의 중요한 변곡점에서 어떤 사람을 만나고 어떤 조언을 얻는가에 따라 삶의 항로도 크게 달라지네. 물론 스스로 치열한 노력을 해야 하는 건 당연한 일이지. 항간에는 외국에 이민을 가면, 공항에 누가 마중 나오느냐에 따라 이민 생활의 질이 결정된다는 말도 있다네.

청년들은 미래의 주인공이라네. 청년들이 좌절하거나 포기하면 우리의 미래가 좌절하고 포기하는 것과 같다네. 나는 이 시대의 어른들이 좌절과 포기가 만연한 세상을 우리 청년들에게 안겨주었다고 생각하네. 그로 인해 가슴 한구석에는 우리 청년들에 대한 미안함을 늘 지니고 있지. 그렇기에 위축되어 어깨가 축 처진 청년들의 가슴에 불을 지펴 활기찬 혈기가 뿜어져 나올 수 있도록 어른들이 먼저 각 분야에서 각고의 노력을 해야 한다고 생각하네. 이것이 내가 젊은이들과 대화하려는 이유이고 이 책을 집필하는 이유이지.

첫째 장에서는 군에 입대하거나 사회에 첫걸음을 내딛기 전에 갖추어야 할 기본기에 대해 이야기해 보았네. 젊은이들 대부분은 고등학교를 마치고 2~3년을 전후해 군에 입대하지. 이 시기에는 뚜렷한 자기주관으로 세상을 바라보거나 이해하기가 아직 쉽지 않다네. 많은 이들이 대중매체에서 공급되는 상식으로 세상을 바라보고 이해하며 살아가지. 또한, 출처가 불분명한 인터넷상의 이야기들을 아무 비판 없이 받아들여 자기 신념화하기도 한다네. 하지만 불완전하고 왜곡될 수 있는 정보들은 자칫 군 생활이나 사회생활 전반을 부정적으로 바라보게 만들 수 있지. 그래서 군 생활과 사회초년기의 특성을 토대로 올바르게 세워야 할 기본에 대한 생각을 정리해 보았네.

　둘째 장에서는 군 생활의 특성에 맞추어 어떻게 하면 알차고 보람되게 군에서의 시간을 잘 활용할 수 있을지 집중적으로 다루어 보았네. 일부 젊은이는 군 복무 기간을 시간의 무덤으로 간주하고 주어진 시간을 대충 때우려는 경향이 있지. 하지만 군대는 사회의 축소판이라네. 군에서 배우고 경험한 것들은 사회에서도 유용하게 활용되지. 집단생활은 사회성을 기르기에 좋은 조건이고, 계급문화는 직장생활의 직책과 유사하며, 규칙적인 생활은 좋은 습관을 기르기에 좋은 환경이라네. 그래서 교과서에서나 배우는 이론적인 가르침보다는 군 생활 현장에서 경험을 통해 배울 수 있는 내용을 주로 정리해 보았네.

셋째 장에서는 군 전역 이후 앞으로 나의 삶을 어떻게 꾸려나갈 것인지에 대해서 다루었다네. 사회의 축소판인 군대 생활을 잘 마쳤다는 것은 사회 어떠한 분야든 도전할 자격을 갖추었다고 생각할 수 있지. 이제부터는 자신이 무엇을 하고 살아야 할지 스스로 결정하고 당당히 자기 앞길을 개척해 나가야 한다네. 남들처럼 살면 남이 시키는 일밖에 할 수 없다네. 그래서 내가 선택한 방식대로 삶을 꾸려가기 위한 사고의 틀과 행동지침들을 나름대로 생각해 보았네. 전역 이후 경험했던 대학교수, IT 분야 연구원, 중소기업 CEO 등을 지내며 깨달은 내용들을 토대로 구성하였네.

넷째 장에서는 우리가 사는 세상이 어떤 원리로 작동하며, 미래는 어떤 모습으로 다가올지에 대한 이야기를 해보았네. 우리는 다수의 의견이나 유행에 휘둘리지 않으면서도 자신만의 시각으로 사회 일각에서 일어나는 현상을 볼 수 있는 능력을 키워야 한다네. 이러한 측면에서 우리가 깊이 사색해 봐야 할 사회적 이슈와 곧 다가올 미래에 대한 생각을 정리해 보았네.

"먼저 이겨놓고 싸운다"

손자는 말했지. "승리하는 자는 먼저 이겨놓고 싸움을 걸고, 패배하는 자는 먼저 싸움을 건 뒤 이기려고 한다(先勝而後求戰, 敗兵先戰而後求勝, 선승이후구전, 패병선전이후구승)." 이 말은 싸우기 전에 철저히 준비하고, 능력을 키워놓으라는 의미일세. 인생에는 정답이 없다네. 다만 서로 머리를 맞대고 해결책을, 즉 해답을 찾는 과정이라고 생각하네. 그래서 우리 젊은이의 질문에 진솔하게 답하면서 '먼저 이겨놓고 싸우는 방법'에 대한 해답을 찾으려고 노력하였다네.

　　나는 군 생활과 길지 않은 사회생활을 하면서 많은 젊은이를 보아왔다네. 그들을 지켜보면서 나는 군 생활이 인생에서 매우 중요한 터닝포인트가 될 수 있다는 확실한 신념을 가질 수 있었네. 물론 나의 확고한 신념이 자칫 편향된 생각과 아집에만 의존하여 무조건 가르치려고 드는 잔소리꾼을 만들지는 않았는지 걱정되기도 한다네. 다만 군에 자식을 보냈거나 보낼 부모들의 심정을 대신하여 젊은이들에게 조금이라도 인생에 보탬이 될 이야기를 진솔하게 하려고 노력했다는 진심만은 알아주면 좋겠네.

　　그리고, 명심해야 할 것이 하나 있네. 앞서 걸어갔던 누군가의 경험들은 내가 아닌 타인의 이야기일 뿐 나의 이야기가 아니라는 것일세. 즉, 참고만 하라는 것이지. 삶의 선택은 삶의 주인공인 나 자신이 하는 것이니까. 아무튼, 우리 젊은이들이 군 생활과 사회 초년 생활을 알차게 마무리하고 자신의 앞길을 활기차게 개척해 나가기를 가슴 깊이 소망하며 기도하네. 우리의 대화가 자네의 인생에 조금이나마 도움이 되기를 바라는 간절한 마음으로 말이네. 손자가 말했다네. "나를 알고 적을 알면 위태롭지 않게 승리할 수 있지만, 주어진 환경을 파악하고 활용하면 완전한 승리를 할 수 있다(知己知彼, 勝乃不殆. 知地知天, 勝乃可全) 지기지피, 승내불태, 지지지천, 승내가전)."

"승자가 아니면 패자인가?"

중요한 것은 과잉경쟁 사회가 내게 어떤 영향을 미칠지

미리미리 생각해 보는 것이라네.

그것은 언젠가 반드시 대처해야 할 삶의 중대한 과제이기 때문이지.

01부 낯섦과 상대하기

> 018　인생은 치열한 전쟁의 연속
> 027　시간은 지나가는 것이 아니라 쌓이는 것
> 036　기본부터 챙기자
> 045　나 자신을 어떻게 바라보는가?
> 055　열등감은 삶의 원동력
> 065　해야 할 일부터 먼저하기
> 075　큰 그림을 그리고, 체계적으로 접근하기

인생은 치열한 전쟁의 연속

"어떤 세상에 사는가?"

이 질문은 현재 내가 사는 대한민국과 세상 사람들이 어떤 환경에서 살고 있는지에 대한 생각의 정리라네. 이에 대해 명확한 답이나 정의를 내리기는 쉽지 않을 거야. 인간의 본성이 작용하는 미묘하고 복잡한 세상의 실상을 우리가 사용하는 한정된 언어로 정확히 표현하기는 힘들기 때문이지. 그래도 완벽하진 않아도 나름의 생각을 정리해 둘 필요가 있지. 왜냐하면 앞으로 마주할 낯설고 새로운 세상, 즉 사회생활이나 군 생활에 도움이 될 뿐만 아니라 이후 시기에도 큰 보탬이 되리라 확신하기 때문이라네.

"무한 경쟁시대"

내가 어떻게 먹고 입고 살아가야 하는가는 주로 경제활동과 관련된 문제라네. 경제활동은 돈으로 상징되는 부에 관한 것일세. 이 문제를 이해하기 위해서는 먼저 우리가 어떤 경제체제에서 살고 있는지 알아야 하지. 처음부터 조금 딱딱하게 느껴질 수 있겠지만, 반드시 짚고 넘어가야 할 주제라네.

대한민국 헌법 제119조 제1항 "대한민국의 경제 질서는 개인과 기업의 경제상의 자유와 창의를 존중함을 기본으로 한다."

대한민국은 자유민주주의 정치체제와 자본주의 시장주의 경제체제가 작동하는 나라라네. 대개 전체주의 정치체제를 가진 나라들은 공산주의 경제체제를 유지하고 있지. 사실 공산주의 경제체제는 자본주의 경제체제의 한 지류로 볼 수 있다네. 자본주의는 애덤 스미스(Adam Smith, 1723~1790)가 국가의 '부의 형성'에 관해 저술한 『국부론』(1776)에서 시작된 개념이지. 이후에 나온 공산주의는 마르크스(Karl Heinrich Marx, 1818~1883)와 엥겔스(Friedrich Engels, 1820~1895)가 공동으로 집필한 「공산당 선언」(1848)에서 그 기원을 찾을 수 있네. 이는 자본주의가 가진 모순으로 인한 자본주의의 멸망에 대해 기술하고 있다네. 즉, 공산주의는 자본주의가 생겨난 이후 그에 대항하여 생겨난 하나의 경제 사조인 것이지. 공산주의는 초기에 소련, 중국 등에 적용되어 강력한 힘을 발휘하였지. 자본주의에 대한 대항마로서의 역할을 충분히 감당했다는 의미일세. 하지만 20세기에 들어오면서 소련의 붕괴, 중국의 경제체제 수정 등 공산주의 경제체제는 자본주의에 의해 완전히 판정패를 당했다네. 다른 의미에서는 수정·진화되고 있다고 볼 수도 있지. 언젠가는 다시 자본주의와 만날지도 모르겠네.

자본주의의 대부 애덤 스미스는 자본주의를 작동시키는 힘을 '보이지 않는 손'으로 설명하네. 개인은 오직 자신의 이익을 위한 영리활동, 즉 사익을 추구한다는 것이지. 그리고 사익은 자연스럽게 사회구성원 모두에게 유익한 결과, 즉 공익을 가져온다고 하네. 이것이 바로 경제가 운영되는 시장에서 작동하는 암묵적이고 자율적인 원리라는 것이지. 다시 말해 인간의 이기심이 경제를 작동시키는 원동력이라는 의미일세. 자본주의는 산업혁명과 함께 영국에서 최초로 발전되어 봉건사회인 유럽으로 점차 번져 나갔다네. 그리고 산업화가 점점 고도화되면서 세계적인 경제체제로 자리 잡았다고 할 수 있지.

20세기에 접어들어 자본주의는 공산주의를 쇠락의 길로 가게 하였다네. 이것은 자본주의가 세계 유일한 경제체제가 되었음을 의미하지. 곧 대항마가 없는 체제가 되었다는 말이네. 대항하는 상대가 없어졌다는 것은 스스로 자제해야 할 이유가 없어졌다는 것과 마찬가지야. 누구의 눈치도 볼 필요 없이, 거침없이 질주하는 야생마같이 말일세. 그리고 거침없는 자본주의는 자유방임을 지향하는 신자유주의 경제 시대를 열었지. 신자유주의는 세계화 물결과 합류하여 시장의 자유를 강조하면서 각종 규제를 최대한 풀고, 시장의 기능을 극대화하는 것이네. 이것은 힘의 우위를 바탕으로 약자를 지배하는 약육강식 시대를 의미한다네. 극단적 이기심과 비인간적인 면이 표출되기도 하지. 그래서 일각에서는 시장에서 낙오한 사람에 대한 국가책임을 강조하는 자본주의4.0을 주장하기도 한다네. 현재 자본주의는 세계 각국의 정치, 경제, 사회, 문화적 상황에 맞추어 시장의 자유를 일부 선택적으로 제한하는 등 다양한 방식으로 진화하고 있지. 우리가 사는 세상의 경제환경은 생존과 직결되는 문제라네. 좀 더 눈을 크게 뜨고 진지하게 이해하려고 노력해야만 한다네.

"역사는 전쟁, 삶은 경쟁"

인류 역사학자들은 말하지. 인류가 있는 곳에는 항상 전쟁이 존재해 왔다고 말이야. 그래서 인간은 항상 전쟁과 더불어 살아간다고 하네. 전쟁은 국가나 집단들이 무력을 사용하여 자신의 의지를 상대에게 강요하는 행위라고 정의하네. 전쟁의 원인은 사회적, 국가적, 국제적 수준 등 다양한 차원에서 찾을 수 있지. 하지만 우리가 주목해야 할 것은 '자신의 의지를 상대에게 강요하는 것'에 대한 문제라네. 전쟁은 인간의 의지가 충돌하는 곳에서 일어난다네. 그래서 많은 학자가 인간적 수준에서 전쟁의 이유를 규명하는 경우가 많다네. 이것은 경제활동 중 개인의 이익을 위해 서로 경쟁하는 상황과 일맥상통한다고 할 수 있지. 즉, 경제활동을 하는 사회생활 자체가 일종의 전쟁이라는 것이네.

사회경제학자들은 개인과 사회의 발전이 경쟁을 통해 이룩되어 왔다고 말하지. 이것은 사람들이 자신의 목적 달성을 위해 경쟁이라는 도구를 효율적으로 사용해 왔음을 의미하네. 그래서 경쟁은 시장경세 체세를 삭동시키는 원리이자 기업활동의 핵심이며 부를 창출하는 원천이라고 할 수 있네. 원래 경쟁이란 공동의 목표를 두고 서로 겨루는 행위를 말하지. 하지만 경쟁은 경쟁하는 그 자체가 목적이 되는 가치전도 현상을 일으키기가 쉽다네. 경쟁에는 이익과 관련된 감정이 과도하게 개입되기 때문이지.

그 대표적인 사례가 경쟁심리라는 것일세. 경쟁심리는 자신이 설정한 절대적 기준을 충족했을 때 만족하는 것이 아니라, 남보다 더 잘했다는 상대적 기준에서 만족을 느끼는 심리라고 할 수 있지. 수렵시대에는 남보다 더 많은 사냥을, 농경시대에는 남보다 더 많은 추수를, 현대사회에서는 남보다 더 많은 부를 축적하고 싶어 하는 그런 심정을 말하지. 이런 경쟁심리가 지금의 무한경쟁을 낳았다고 할 수 있네. 과잉경쟁 심리상태라고도 하지. "Winner takes all(승리자가 모든 것을 독식한다)" 무한경쟁은 이를 당연시하고 자연스럽게 받아들인다네. 그래서 지금의 우리는 태어나는 순간부터 더 좋은 학교에 입학하기 위해서, 더 나은 직업과 직장을 얻기 위해서, 더 좋은 배우자를 만나기 위해서, 더 잘살기 위해서 등 '더 잘하기 경쟁'을 끝없이 할 수밖에 없게 되었지. 이것이 우리가 살고 있는 현실이라네.

"승자가 아니면 패자인가?"

중요한 것은 과잉경쟁 사회가 내게 어떤 영향을 미칠지 미리미리 생각해 보는 것이라네. 그것은 언젠가 반드시 대처해야 할 삶의 중대한 과제이기 때문이지. 우선, 인간관계 측면에서 과잉경쟁은 진정한 친구, 즉 삶의 동반자를 구하기 힘들게 만든다네. 일단 친구도 라이벌이라고 생각하면 적개심이 생기고 그 순간부터는 올바른 대인관계가 형성되지 못한다네. 이제 나와 동반자 관계가 아닌 아군과 적군 관계가 되기 때문이지. 이것은 상대방을 인정하기보다 공격하고 점령해야 할 대상으로, 그리고 반드시 쓰러뜨려야 하는 대상으로 인식할 수밖에 없다는 것일세. 업무수행 측면에서 과잉경쟁은 일 자체에 몰입하여 어떤 즐거움을 느끼기보다는 불안감에 시달리게 만든다네. 그것은 패배에 대한 두려움이지. 그뿐만 아니라 승리를 쟁취한 사람 역시 두려움을 느끼게 만든다네. 언젠가 승리를 뺏길지도 모른다는 불안감 때문이지. 업무성과 면에서 과잉경쟁은 결과가 모든 것을 판단하는 기준이 된다네. 이는 과정과 관계없이 결과가 좋지 못하다면 바로 패배자로 낙인이 찍힌다는 의미지. 이런 현상은 결국 원하는 결과를 도출하기 위해서는 반칙도 정당화될 수 있음을 의미하네. 나아가 그 반칙도 실력으로 인정받는 사회가 될 수 있음을 뜻하지. 사회가 가진 자본 중에 사회자본이라고 하는 것이 있다네. 이는 인적·물적 자본과는 구별되는 제3의 자본으로 분류하지. 사회자본은 사회구성원들 간의 상호 신뢰감, 규범 존중 등 협업을 통해서 창출되는 사회적 가치 형태의 자본을 말한다네. 각종 자료에서 보이는 통계치에 따르면, 우리 사회의 사회자본 수준은 매우 열악하다고 하더군. 이렇듯 무한경쟁으로 유발되는 과잉경쟁과 그 폐해가 지금 우리 사회에 만연하다는 것을 알 수 있다네.

그렇다고 해서 경쟁을 선악, 즉 좋고 나쁨의 문제로 구분해서는 안 된다네. 경쟁은 어떻게 다루느냐에 따라 인생의 길잡이 역할을 할 수도 있고,

원치 않는 방향으로 인생을 끌고 갈 수도 있는 걸세. 우리는 비록 전쟁 같은 경쟁 사회에서 살아가지만, 이를 극복하기 위해 끊임없이 노력해야 한다네. 또한 경쟁의 본질을 똑바로 이해하고 제대로 다루는 방법을 깨우쳐야만 하네.

"전쟁은 종합예술이다"

사람은 제각기 다른 기준과 관점을 가지고 세상을 바라보고 판단하며 행동한다네. 이것을 세상을 바라보는 눈, 즉 다시 말해 프레임이라고 하지. 그것은 같은 상황임에도 불구하고 어떤 프레임으로 인식하느냐에 따라 사람들의 행동을 달라지게 만드는 도구가 된다네. 인간의 본성인 욕망을 다루는 시장경제를 정확히 이해할 관점을 갖는 건 쉬운 일이 아니지. 하지만 제대로 알기 위해 부단히 노력하는 것은 우리 삶의 필수 불가결한 요소라고 생각하네. 이런 종류의 공부가 적절한 시점에 제대로 되지 않는다면, 상식 수준의 사회통념이나 고정관념에 의지하여 시장을 바라볼 수밖에 없게 되지. 다음에 구체적으로 얘기할 기회가 있겠지만, 우리가 알고 있는 상식이 틀릴 수도 있다는 사실을 항상 명심해야 한다네. 그래서 구체적인 모습이 보이지 않고 추상적이고 복잡한 관계성을 지닌 모호한 사안일수록 더욱더 객관적인 사실과 자료에 집중하여 관련 지식을 습득해 갈 필요가 있다네.

이제 자네는 점수 따기식 공부에서 한 걸음 물러서서 우리가 살아가는 세상에 더 많은 관심을 가질 필요가 있다네. 특히, 세상 보는 눈을 기르기 위해 정치, 경제, 사회 문제에도 관심을 가져야 하지. 더불어 인간의 본성을 파악하는 시야를 넓히기 위해 흔히 '문·사·철'이라 말하는 문학, 역사, 철학에도 관심을 가져야 한다네. 전쟁은 한 가지 일만 잘한다고 되는 문제가 아니네. 전쟁은 종합예술이라네. 인생도 마찬가지야. 공격도 알아야 하고, 방어도 알아야 하고, 철수할 줄도 알아야 하네. 또한, 철수는 단순히 물러서는 것이 아니고 공격을 위한 준비라는 생각도 할 줄 알아야 해. 그래야 전쟁 같은 삶에서 종합적으로 대처하여 살아남을 수 있다네.

"내가 곧 내 삶의 지휘관"

'전쟁'하면 『손자병법』이 가장 먼저 생각나지. 『손자병법』은 현존하는 자타공인 최고의 고대 병법서라네. 손자(孫子, BC 545~470)가 이 책을 저술할 당시의 시대적 배경을 알면, 그가 무엇을 말하려 했는지 보다 뚜렷하게 이해할 수 있을 거라네. 손자가 살던 시대는 중국 춘추전국시대로 중국 역사상 전무후무한 최고의 난세였지. 보통 주 왕조가 약해져 동쪽으로 천도하는 시점(BC 770년)부터 주 왕조가 제후들에 대한 통제력을 완전히 잃고 패망한 시점(BC 476년)까지를 춘추시대라 부른다네. 춘추전국시대는 곧 주 왕조가 쇠망해가는 시기라고 할 수 있네. 전국시대는 주 왕조 패망 후 사분오열된 대륙의 패권을 움켜쥐려는 제후국들의 치열한 싸움 끝에 진시황이 중국을 통일(BC 221)하기까지를 말하지. 손자는 '춘추말 전국초'의 혼란한 시대를 살던 인물이야. 이 시기에는 약육강식의 논리가 중심이 되어 제후들이 대륙의 패권을 잡기 위해 끊임없이 전쟁이 일으켰다네. 기록에 따르면 100여 개의 크고 작은 제후 열국이 출현했다가 사라지는 성쇠를 거듭했다고 하네. 시대가 영웅을 낳듯이 빈번한 전쟁은 걸출한 전쟁영웅을 배출하지. 이들의 용병과 이론적 체계들이 『손자병법』에 풍성한 소재를 제공하였다네. 『손자병법』이 오늘날 우리에게 더욱 절실하게 다가오는 것은 손자가 살았던 약육강식의 시대가 우리의 무한경쟁 시대와 유사하기 때문일 것이네.

손자는 전쟁에서 승리하기 위해 장수가 갖추어야 할 덕목을 이렇게 정리하였지. "장수는 지혜, 믿음, 인격, 용기, 엄격함을 갖추어야 한다(將者, 智, 信, 仁, 勇, 嚴也 장자, 지신인용엄야)." 전쟁과도 같은 삶에서 싸움을 지휘하는 지휘관은 바로 자네 자신임을 명심하게. 즉, 손자가 말한 장수가 갖추어야 할 덕목은 바로 자네가 갖추어야 할 성품인 것이지.

그럼 이제 인생에서 승리하기 위한 성품에 대해 좀 더 자세히 살펴보도록 하세. 첫째는 실력과 지혜(智)라네. 불확실성이 존재하는 이 세상을 헤쳐 나가기 위한 실력과 지혜가 있는가? 둘째는 확신과 믿음(信)이라네. 인생에서 승리할 수 있다는 자기 확신을 가지고 동반자에게도 그러한 믿음을 줄 수 있는가? 셋째는 인자함(仁)이라네. 동반자를 먼저 생각하는 따뜻한 휴머니즘을 갖고 있는가? 넷째로는 용기(勇)라네. 닥쳐오는 고난을 남 탓으로 돌리지 않고, 스스로 당당하게 맞설 수 있는가? 마지막은 엄격함(嚴)이네. 남보다 자신에게 더 엄정하고, 모든 일에 공정함을 유지할 수 있는가?

시간은 지나가는 것이 아니라 쌓이는 것

"우리 삶은 시간 속에 있다"

세상에는 위대한 업적을 남긴 사람들이 많다네. 자네는 위대한 발자취를 남긴 사람들의 공통점이 무엇이라고 생각하는가? 많은 성공 요인이 있겠지만 나는 단연코 주어진 시간을 최대한 활용하는 것이라 생각하네. 즉, 주어진 시간을 자기 의지대로 관리할 수 있는 능력이지. 우리의 삶은 시간으로 구성되어 있네. 따라서 시간은 삶을 이어가고 창조하는 원자재라고 할 수 있다네. 삶의 원자재인 시간은 누구에게나 공평하게 주어지지. 하지만 그것이 얼마나 가치를 발휘하느냐는 각자의 몫이라 할 수 있네. 그렇기에 시간이 어떻게 인간의 삶을 평범함에서 위대함으로 나아가게 하는지 알아보고 배울 필요가 있다네. 자네에게도 앞으로 살아갈 삶의 원자재인 시간이 많이 주어져 있으니까 말일세.

시간이란 무엇인가? 사전에서 시간은 '어떤 시각에서 어떤 시각까지의 사이'라고 정의하네. 즉 시간과 시간 사이의 간격 또는 그에 대한 단위라고 할 수 있지. 하지만 시간을 단순한 간격의 단위로만 정의하기에는 어딘가 조금 어색하다는 느낌이 들지 않는가? 우리는 시간을 간격의 단위로서만이 아니라 적절한 시점을 가리킬 때에도 시간의 개념을 사용하기 때문이라네. 그리스 신화에는 두 가지 시간 개념이 있다네. 일정하게 연속해서 흘러가는 객관적이고 정량적인 물리적 시간 '크로노스(Chronos)'와 한순간의 시점 혹은 때를 나타내는 주관적이고 정성적인 시간 개념인 '카이로스(Kairos)'가 그것이네.

"시간은 금이다."

연속적 시간(크로노스)은 달력에 기록되고 시계로 측정되는 보편적인 시간 개념으로서 수치적인 양으로 표현된다네. 측정 단위는 초, 분, 시간 등이지. 그리고 하루, 한 주, 한 달, 일 년 등 일정 규모의 양으로 확장되어 간다네. 이러한 개념에서 하루는 24시간이라는 절대적인 양으로 고정돼 있는 걸세. 즉, 주어진 24시간에서 쓸데없는 일에 시간을 투자하는 것은 가치 있는 일에 집중할 시간이 상대적으로 줄어든다는 것을 의미하지. 시간이 일정한 속도로 흘러간다고 생각하면 당연하다고 할 수 있네. 하지만 상황에 따라서 인식되는 시간은 빠르거나 혹은 느리거나 하는 속도의 차이가 있다고 느낄 때가 있다네. 관심이 있거나 재미있는 일에 몰입할 때는 시간이 빨리 가는 것처럼 느껴지지만 원치 않는 일을 할 때는 시간이 느리게 인식되기도 하지.

이는 시간이 사람들의 주관적 인식에 따라 속도감이 다를 수 있음을 의미하네.

"시간은 금이다."라는 속담이 있네. 보통 노동에 투입하는 시간의 양에 따라 그에 합당한 임금을 받지. 은행에 돈을 맡기면 기간에 따라서 이자를 받기도 하지만, 스마트폰과 같이 통화한 시간에 따라 요금을 지불하기도 하지. 또한, 부여된 업무를 예상보다 빨리 끝마치면 업무를 효율적으로 추진했다는 평가를 받아 승진 기회를 잡을 수도 있다네. 이러한 측면에서 시간은 부와 명예를 창출하는 삶의 원자재라고 할 수 있지. 요컨대 시간은 우리의 삶 속에서 생명이면서도 부와 명예를 창출하는 금인 셈이라네. 따라서 자네는 삶 속에 주어진 시간을 올바르고 가치 있게 활용하기 위해 시간의 본질을 잘 파악해야 한다네. 승자의 하루는 25시간이고 패자의 하루는 23시간임을 명심하기 바라네.

"시대를 관통하는 타이밍"

그러면 질적인 시간 카이로스는 무엇을 의미할까? 그것은 시점이라고 하는 '때, 타이밍'을 의미한다네. 카이로스는 '어느 시점에서 시작하지?'라는 때에 관한 물음이네. 똑같은 일에도 언제, 어느 시점에 했느냐에 따라 결과가 달라지는 것을 많이 보았을 것이네. 마치 야구선수가 똑같이 볼을 쳤는데 어떤 볼은 홈런이 되고 어떤 볼은 아웃이 되는 것처럼 말이야. 즉, 어떤 볼을 언제 타격하느냐? 하는 타이밍을 말하는 것일세. 타이밍은 해야 할 때와 하지 말아야 할 때를 구분하는 분별력을 의미한다네.

자네는 사람들이 막 제대한 젊은이를 보고 "철들어서 왔네."라고 말하는 것을 봤을 거야. 여기서 '철'이란 무엇일까? 바로 시간의 때를 의미한다네. 우리가 계절을 말하는 '사시사철'의 '철'과 같은 거라네. 제철에 맞는 일을 해야 일 년 농사가 성공하듯, 해야 할 때와 하지 말아야 할 때를 구분할 수 있는 사리판단 능력을 갖추었음을 철들었다고 하지. 결국은 할 때와 하지 않을 때의 타이밍에 관한 깨우침을 얻었다는 칭찬이라네. 반대로 '철부지'라는 말도 있지. 철부지란 말은 곧 '철을 모른다(不知, 부지)'는 뜻이라네. 해야 할 때와 하지 말아야 할 때를 분간 못 하는 망나니라는 것일세. 이것은 칭찬이 아니지.

내가 가장 좋아하는 옛 성인의 말을 소개해 볼까 하네. 유학(유교)의 창시자로 알려진 공자의 손자인 자사가 저술했다고 알려진 『중용』에 나오는 구절이야. "군자는 중용의 삶을 사니, 군자답게 행하며 때에 맞게 중에 처한다(君子之中庸也, 君子而時中, 군자지중용, 군자이시중)." 여기서 중(中)은 단순한 가운데가 아니라 예상이나 추측이 적중(的中)했다고 하는, 꼭 들어맞는다는 의미의 중(中)이라네. 이것은 "모든 일에는 때가 있다."라는 말과 같은 내용이지. 이어서 자사는 말하네. "때에 맞게 하는 것(和)은 세상 사람들이 깨우쳐야 하는 도(道)이다(和也者, 天下之達道也, 화야자, 천하지달도야)." 이처럼 적절한 타이밍을 정확히 식별해 내는 것은 시대를 관통하는 삶의 중대사라는 의미일세.

자네도 상황에 딱 맞는 타이밍을 놓치지 않도록 항상 눈, 코, 입, 귀, 몸의 다섯 가지 감각인 오감이 항상 예민하게 작동되도록 해야 한다네. 늘 준비태세를 갖추라는 말이네. 평소에 타이밍에 관한 생각을 항상 가슴에 품고, 아무리 사소한 행동에도 타이밍에 맞는지 세심히 살펴봐야 하네. 그리하여 일상 속에 숨어 있는 기회를 딱 맞는 상황에서 잡을 수 있도록 타이밍에 관한 안목을 길러 나가야 한다네.

"이 또한 지나가리라"

　인간은 육체라는 생물학적 한계를 가지고 태어난다네. 이것은 곧 시간의 한계라고 할 수 있지. 시간은 모든 것을 변화시키는 강력한 힘을 갖고 있다네. 그래서 인간은 생로병사의 순환 속에서 '유아기, 청년기, 중장년기, 노년기'라는 생애 주기를 가질 수밖에 없지. 불교에서는 "인생의 모든 것이 고통(一切苦厄, 일체고액)"이라고 말하네. 인생 모든 게 고통이기는 하지만 청년기만큼 혼란과 고민투성이인 시기가 없다네. 청년기는 유아기의 안락함을 버리고 중장년기의 노련함으로 향하는 길목에 서 있다네. 청년기는 그 길목에서 마주하는 온갖 불편함을 온몸으로 체험하면서 극복하고자 노력하는 시기인 걸세. 그 한가운데에 군 복무라는 낯선 상황도 존재하는 것이지.

　청년기는 심리·경제·사회·문화적인 총체적 고민에 휩싸이는 시기라네. '나는 누구인가?'라는 정체성 문제부터 '무엇을 해야 하나?', '무엇을 준비할 것인가?'라는 생존문제까지 고민이 다차원적이고 복합적이라 할 수 있지.

최근에는 노동시장의 불안정성까지 고조되는 가운데, 코로나19 이후 전 세계적인 경제 위기까지 더해져 일자리 자체가 줄어드는 등 청년 빈곤이 더욱 심화되고 있다네. 과거에는 이런 일들이 부모로부터 독립하는 과정에서 겪는 일시적인 현상이었으나, 지금은 고착화되고 있다네. 경제성장률 하락, 청년실업률 증가, 청년 첫 일자리 아르바이트 비율 증가, 계층이동 가능성 감소, 청년 건강상태 악화 등 사회적 지표는 청년들에게 고통과 고민이 더욱 가중되고 있음을 보여주지. 또한 청년들은 코로나19 장기화로 인해 봉쇄세대(lockdown generation)로 전락하여 사회 관계성까지 의심받고 있는 실정이라네.

예전 현역시절에 군 법무관 시험 면접관으로 들어갔을 때의 일이네. 응시생에게 무심코 "준비하는데 어려움이 많았지?"라고 물었지. 그러자 '이 또한 지나가리라'는 믿음으로 견뎠다고 하더군. 나는 그때 '이 젊은이가 어린 마음에 얼마나 고생이 심했을까?'라는 생각에 가슴이 뭉클했었지. 앞에서도 얘기했듯이 이 모든 것에는 때가 있고 타이밍이 있다네. '젊음 자체가 고통이다.' 이 사실을 받아들여야 한다네. 젊은 시절의 고통은 누구나 겪는 하나의 과정일 뿐이야. 결국 이 또한 지나가는 것이지. 어차피 고민해야 하는 시기이니 치열하고도 치밀하게 고민해 보는 거라네. 하지만 이 시기에 최소한의 고민도 하지 않고 회피만 한다면, 인생의 타이밍을 놓치게 되지. 곧 인생이라는 항로에서 삶의 방향을 잘못 잡을 수도 있음을 의미하네. 인생의 바다에서 스스로 항해하는 삶이 아니라 거센 풍파에 표류하는 삶을 살 수도 있다는 말이네. 시간은 되돌아오지 않는 속성이 있어. 자네의 젊음도 절대 다시 돌아오지 않는다는 것을 명심하면 좋겠네.

"축적의 미학, 돼지 저금통처럼"

우리는 부지불식간에 '시간이 지나간다.'라고 이야기하곤 하지. 하지만 사실 시간은 쌓여가는 것일세. 지나간 시간이 쌓여서 개인에게는 인생사가 되고, 사회적으로는 전통이 되고, 문명학적으로는 역사가 되는 것이네. 시간은 현재를 밀어내어 과거를 만들고 미래를 맞이한다네. 밀려난 과거는 쌓여서 다시 현재의 모습을 만들지. 각 분야에서 비범함을 보인 사람들의 공통점은 바로 치열한 삶을 살아왔다는 것이라네. 치열한 삶이란 끊임없는 노력으로 한 분야에서 시간을 축적해 낸 삶을 의미하지. 그래서 그 분야에서는 평범함을 뛰어넘어 비범함과 위대함이 되는 거라네. 이것이 바로 시간이 갖는 축적의 미학일세. 나는 이것을 돼지 저금통의 미학이라고 부르지.

우리는 통상 누적된 과거를 역사라고 부르네. 그럼 역사는 왜 공부하는 것일까? 지나가 버린 시간의 무덤 속에서 무엇을 배우려는 것인가? 역사가 간직한 시간은 사실 우리를 통해서 흘러간 시간이라네. 그 속에는 바로 나의 할아버지가 있고, 나의 아버지가 있고, 나 자신이 있고 나의 이웃이 있는 거라네. 따라서 역사를 공부한다는 것은 나를 공부하고 타인을 공부하며 나아가 세상을 공부하는 일이지. 우리가 공부하는 건 역사지만, 결국은 사람과 인생을 공부하는 거라네. 그래서 지나간 시간을 공부하는 것이 현존하는 나를 더 가치 있게 살게 해주는 유용한 도구가 되어 준다네.

현재는 다시 돌아오지 않는 것이라네. 하지만 현재는 과거를 만드는 재료임과 동시에 지금의 나를 변화시키는 동력이라 할 수 있지. 그리고 미래와 연결하는 중간자 역할도 한다네. 그래서 우리는 '지금, 이 순간'을 중요하게 여기고 행동해야 한다네. '현재'는 자네에게 '지금 바로(Right Now)'라고 명령한다네. 지금에 최선을 다하라는 명령일세. 현재라는 시간은 쓰지 않아도 저절로 사라지는 속성을 가지고 있지. 따라서 자네는 바로 지금이야말로 고민하며 일하고 맞서 싸울 때임을 깨달아야 한다네.

미래는 현재의 희망이고 바람이라네. 희망과 바람이 없으면 미래는 오지 않을 뿐만 아니라 오더라도 그것을 깨닫지 못한다네. 시간이 흐른다고 모두가 미래가 되는 것은 아니라는 의미일세. 어떻게 시간을 흐르게 했는지가 자신의 미래를 결정하는 것이라네. 그냥 시간이 떠미는 대로 내 삶을 맡긴다면 그건 미래가 없는 것과 같다고 할 수 있네. 목적지가 없으니 출발점도 없고 거기에 이르는 경로도 없는 것이 당연한 이치이지. 그러니 미래를 스스로 만들어 나가기 위해서는 명확한 비전과 목표가 제시되어야 함을 명심하기 바라네.

"시간에 대한 통찰력을 갖자"

손자는 말했네. "전쟁이란 나라의 중대한 일이다. 백성의 생사와 나라의 존망이 달린 일이니 신중히 살피지 않을 수 없다. 전쟁에 임하기 전에 반드시 따져봐야 할 다섯 가지 일(五事)이 있으니, 도(道), 천(天), 지(地), 장(將), 법(法)이다." 여기서 천(天)은 시기, 즉 타이밍을 말한다네. 전쟁을 개시해야 할 적절한 때를 살피는 것이라네. 또한, 손자는 승리하기 위한 다섯 가지 전략을 제시했네. 그중 첫째가 바로 '때, 시기'에 관한 것이라네. "싸워야 할 때를 알고, 싸우지 말아야 할 때를 아는 자는 승리한다(知可以戰, 與不可以戰者勝, 지가이전여불가이전자승)." 이것은 나설 때와 물러설 때를 택하는 타이밍의 극치라 할 수 있다네.

    삶은 시간으로 구성되어 있고, 시간은 삶을 창조하는 원자재일세. 원자재를 잘 활용하면 어떠한 형태의 삶이라도 창조할 수 있다네. 우리 젊은이들은 무엇을 하든지 새롭게 만들어 내는 창조(creation)를 중요하게 여겨야 하네. 곧, 작자(作者)가 되라는 것일세. 유교 고전인 『예기(禮記)』「악기(樂記)」편에 "창작하는 자를 성인이라 한다(作者之謂聖, 작자지위성)."라는 말이 있네. 음악만 보더라도 핵심은 연주의 역사가 아니라 작곡의 역사라는 거야. 우리에게 주어진 시간은 무엇을 창조하기에는 너무 부족하다는 것을 깨달아야 하네. 그러니 자네는 주어진 시간의 속성을 잘 이해하고, 시간에 대한 새로운 통찰력을 가지길 바라네.

기본부터 챙기자

"Back to Basics"

"보통 사람은 집을 그릴 때 지붕부터 그린다. 하지만 현장에서 일하는 목수는 주춧돌부터 시작하여 기둥, 들보, 서까래를 그린 다음 가장 나중에 지붕을 그린다."

이는 자네도 잘 아는 신영복 작가의 저서인 『감옥으로부터의 사색』에 나오는 얘기일세. 자네도 직접 그려보게나. 나도 한번 그려보니 나도 모르게 지붕부터 그리기 시작했다네. 집 짓는 일과 관련이 없는 사람은 사물을 위에서 내려다보는 관점을 갖는 경향이 있지. 그냥 바라본다는 것일세. 밑에서부터 땅을 파고, 주춧돌을 놓고, 기둥을 세우는 현실적인 측면을 깊이 들여

다볼 고민을 하지 않는다는 것이지. 이는 집을 지을 때 기초부터 세운다는 생각을 무심코 흘려버렸듯이 일의 기본에 대해서도 대충 생각할 수 있음을 의미한다네. 자네는 이제 안락한 부모님의 품에서 벗어나 사회나 군대라는 어색함과 마주해야 할 때가 아닌가? 이제 주춧돌과 기둥을 어떻게 쌓아야 나만의 고유한 집을 튼튼하게 지을 수 있을지 고민해 봐야 할 시기가 되었다네.

내가 현역 시절 연합사에서 미군들과 근무할 때의 일이지. 그들에게 자주 들었던 말이 있다네. "Back to Basics" 근본으로 돌아가자는 것이야. 미군들은 논란거리가 되는 이슈를 토의하다가 해결이 되지 않을 때면 항상 이 말을 꺼냈지. 미국을 세운 '건국의 아버지들(Founding Fathers of the United States: 미국 독립전쟁을 이끌고 독립선언에 참여한 대통령과 정치인들을 말함)'의 생각, 즉 건국이념으로 돌아가서 다시 판단해 보자는 것이지. 곧 판단의 기본부터 다시 명확하게 하자는 것이네. 그럼, 우리가 돌아갈 근본은 무엇인가? 단군의 홍익인간(弘益人間, 널리 인간 세상을 이롭게 하라) 사상인가? 생각에 뿌리가 있으면 선택은 쉬워지는 것일세. 그렇다면, 자네는 어떠한 생각의 뿌리로 돌아갈 것인가? 이에 대한 진지한 고민이 있어야 한다네.

결정을 내려야 하는 순간에 옳고 그름을 가르쳐 주는 것은 지식보다 지혜에 더 가깝다고 할 수 있네. 미국의 흑인 4성 장군 콜린 파월(Colin Powell, 1937~2021)은 그의 자서전에서 '선택'에 대해 이런 견해를 밝혔지.

"모든 것은 본인이 설정한 분량의 정보만 참고하여, 자신의 직관력에 따라 결정한다. 너무 많은 정보는 선택하는 데 오히려 방해만 될 뿐이다."

이것은 정보의 특성을 의미하는 말일 수도 있지만, 상황을 올바르게 판단하는 기준인 직관력에 대한 자신감을 표현한 거라고도 할 수 있네. 직관력 같은 지혜는 경험을 통해서 얻을 수 있는 것이지. 하지만 자네는 아직 지혜를 얻을 만큼의 경험적 요소가 부족하다네. 그래서 자네는 경험과 지혜를 축적하기 위한 기초 공부가 필요하다는 사실을 인식해야 하네. 기초를 닦아야 집을 지을 수 있으니까 말일세. 공자는 『논어』에서 이렇게 말했지. "낮은 곳부터 공부하여 위로 올라간다(下學而上達, 하학이상달)." 공부는 근본에 대한 인식을 넓혀가는 것이라고 할 수 있다네.

"속도보다 방향이 중요"

요즘의 우리 젊은이들은 초중고 정규교육의 정해진 교과과정 틀 속에서 대학 입시에 치중한 점수 따기식 공부만을 해왔다고 할 수 있네. 대학도 기초학문의 상아탑보다 취업 학원 정도로 전락하고 있다는 비판을 받고 있지. 이러한 실정 속에서 젊은이들이 인문학이나 사회적인 이슈 등을 깊이 생각해 볼 만한 짬을 내기 힘든 것도 어쩔 수 없는 현실일세. 나 역시 마찬가지였네. 인문학이나 사회적인 이슈 등은 우리가 사는 삶과 그 터전인 사회를 대상으로 설정돼 있지. 삶을 영위하는 기초와 기본이 되는 토대를 제공해 주지. 그래서 기초와 기본을 공부해야 한다는 것이네. 기초 공부는 내가 사는 세상과 그 속에서 살아가는 내 삶을 어떻게 이해하고 또 무엇을 준비해야 하는지에 대한 기본기를 갖추는 것일세.

공부(工夫)라는 것은 단순히 배워서 안다는 차원만을 말하는 게 아니라네. 공부는 무술 쿵푸(功夫)와 관련이 있는 말이지. 공부는 심신을 단련하듯 배우고, 익히고, 체화해야 한다는 의미가 담겨 있네. 이렇듯 기초를 닦는 공부는 우리에게 비판적 사고력을 키워 문제를 창의적으로 해결하는 능력을 길러줄 뿐만 아니라 도덕적 규율도 갖게 해 준다네. 특정한 자격증이나 시험을 준비하는 공부와는 차원이 다른 공부이지. 사람들은 투자를 할 때 아무리 규모가 작더라도 반드시 시장조사라는 사전준비 과정을 거치지. 하물며 삶의 전체인 인생을 어디에 투자하고 어떻게 운영할 것인가를 결정할 때 시장조사(기초 공부)를 외면하거나 소홀히 한다는 건 상상도 할 수 없는 일이라네. 그러니 자네는 기초 공부를 치밀하게 계획하여 치열하게 실행해 가야 하네.

자네는 지금 인생의 출발점에 서 있는 걸세. 인생의 첫 출발은 속도보다 방향이 더욱 중요하다네. 인생에서 방향을 잘못 선택하면 평생 후회하게 되고 그 대가도 단단히 치르게 된다네. 자기도 없고 영혼도 없는 선택의 사례를 주변에서 많이 볼 수 있지. 충분하고 치열한 고민 없이 선택하기, 통념과 대세에 휩싸여 친구 따라 무작정 선택하기, 진취성보다 안정성을 선택하기 등이 이러한 것들이네. 이는 우리 젊은이들 잘못이라고 탓할 수만도 없다네. 오늘날 이 시대는 청년들에게 암담하기 그지없는 환경이지. 고성장 시대가 끝나면서 일자리는 줄어들고 경기불황으로 고용여건도 악화되고 있다네. 예전에는 대학 졸업장만 있어도 취업할 수가 있었지. 하지만 그런 시대는 이제 끝나 버렸다네. 게다가 대학등록금은 치솟고 졸업 후에 학자금 대출금조차 갚을 길이 없는 청년 빈곤 문제는 날로 악순환되고 있지. 사회풍조는 과정보다 결과를 중시하는 경향을 띠면서 치열한 경쟁에서 이기기 위해 수단과 방법을 가리지 않고 있다네. 무조건 이겨야 한다는 강박관념이 만연하고 돈을 많이 버는 것이 성공의 기준이 되어 버린 것이 사실일세. 이렇듯 꿈은 사라지고 팍팍한 현실만 남은 실정이기에 청년들에게 무작정 열심히 하라는 말을 꺼내기조차 미안할 지경이라네.

하지만 상황이 어려울수록 기본을 포기하면 안 된다네. 결국 동트지 않는 밤은 없어. 삶의 터전을 단단하고 튼튼하게 다지기 위한 노력을 절대 멈춰서는 안 된다네. 물론 지금 당장 만족스러운 해답은 없을 거야. 그래도 집중해서 자신의 판단 기준을 갖추어 나가는 시간을 애써 마련해야 한다네. 세상에 귀한 것치고 혹독한 대가를 치르지 않는 건 없거든. 어쩌면 나의 경우는 자네와는 조금 다를 수 있겠네. 고등학교 졸업 후 바로 사관학교에 들어가 군인으로서의 인생 방향을 일찍 정했기 때문이지. 하지만 그 후에 진로 고민보다는 정해진 진로를 좀 더 의미 있고 풍성하게 만들기 위한 기초 공부에 치열하게 매진했다네.

"화합하되, 한쪽으로 치우치지 않는다"

요즘 사회는 사상과 이념으로 인한 갈등이 한층 심화되고 있다네. 또한, 성별, 연령, 지역별 대립도 격화되고 있지. 게다가 우리가 매일 접하는 매스미디어, 인터넷, SNS 등은 자유롭게 정보를 유통하는 초연결사회의 순기능도 있지만, 정보를 조작하거나 왜곡된 정보를 확산하는 역기능도 있지. 정보의 홍수 속에서 사람들은 저마다 무엇이 옳은지에 대한 자신만의 생각과 맹종하는 신념들을 가지고 있네. 하지만 그 생각과 신념들은 타인의 의견을 인정하기보다 들으려고도 하지 않는 일방적인 편향화 경향을 띠고 있다네. 남의 말을 외면하고 듣지 않는 것은 무조건 남의 말을 듣는 것만큼이나 위험한 일이라네. 이러한 독선적 경향은 순전히 조작된 정보이거나 왜곡된 정보에 의해 나오는 결과임이 틀림없다고 나는 생각하네.

미국 매사추세츠대 교수인 토머스 키다는 그의 저서 『생각의 오류』에서 이러한 견해를 밝혔지. 사람들이 일단 하나의 의견을 받아들이고 나면 그것을 모든 의사결정에서 활용한다고 하네. 만약 그것이 잘못된 의견이라면 개인의 일상생활뿐 아니라 사회 전반에까지 부정적인 영향을 미칠 수 있다는 거지. 그는 오류를 쉽게 받아들이는 원인을 여섯 가지로 정리하였다네.

〈 생각의 오류를 쉽게 받아들이는 원인 〉

첫째, 사람들은 통계 수치보다 스토리를 더 좋아한다.
둘째, 사람들은 자기 믿음을 확인시켜 주는 것을 선호한다.
셋째, 사람들은 우연과 운에서도 원인을 찾으려 한다.
넷째, 사람은 자기의 오감을 절대적으로 믿는다.
다섯째, 사람은 복잡한 현상을 지나치게 단순화한다.
여섯째, 사람은 자신의 기억에 오류가 없다고 생각한다.

참으로 공감이 가는 분석이라 생각하네. 그는 결론적으로 이러한 오류를 방지하려면 비판적 사고를 키워야 한다고 말했네.

믿으면 신자가 되고 의심하면 학자가 된다는 말이 있네. 항상 '왜?'라는 의문을 가지고 올바른 정보와 잘못된 정보를 구별할 줄 아는 능력을 기르는 것, 그리고 그러한 경험을 통해 비판적 사고를 키우는 것은 결코 쉬운 일이 아닐세. 그럼에도 자네는 비판적 사고를 키우기 위한 자신만의 방법을 터득해야 하네. 그리고 이를 위해 꾸준한 준비와 부단한 노력이 필요하다는 것을 분명히 기억해야 한다네. 유교 고전인 『중용』에는 "군자는 조화를 이루되 한쪽으로 흐르지 않으며, 가운데 서서 치우치지 않는다(君子, 和而不流, 中立不倚. 군자, 화이불류, 중립불의)."라는 말이 있네. 이는 고유한 자기 특성을 유지하면서 한쪽으로 치우치지 않는다는 의미라네. 가슴에 와닿는 지혜의 말씀이지. 그리고 반드시 실천에 옮겨야 할 조언이기도 하네.

"머물던 환경을 벗어나 보자"

사람들은 자신이 지역의 특성과 사회 구조에 따라 사물을 바라보는 관점이 모두 다르다네. 이것은 미국 미시간대학교 심리학과 리처드 니스벳 교수가 저술한 『생각의 지도』에 잘 기술되어 있지. 동양과 서양은 서로 다른 자연환경, 사회구조, 철학사상, 교육제도 등으로 인해 매우 다른 사고방식을 보인다고 하네. 동양은 우주를 관계성으로 바라보고, 서양은 개체성으로 바라본다고 하네. 실제로 동양인은 사물 간의 관계를 중요하게 여기는 경향이 있지. 그래서 혈연, 학연, 지연 등 인맥에 대한 말을 자주 사용한다네. 요즘에는 같은 흡연실에서 함께 연기를 내뿜는 '흡연(吸緣)'도 중요한 인맥이라는 농담도 있지 않나. 반면, 서양인은 동양인과 달리 사물을 하나의 개체로 다른 사물과 분리해 보려는 경향이 있네. 개인주의가 바로 그것이지. 예를 들면, 동양에서는 '하늘 천(天), 땅 지(地)' 등 천자문을 먼저 배우는 한편, 서양에서는 'I am a boy. You are a girl' 등의 개체를 구분하는 방법부터 배우는 것일세. 하다못해 추상명사까지 하나의 개체로서 객관화하여 분리하려고 한다네. '정의란 무엇인가?', '공정이란 무엇인가?' 등이 그런 것들이지.

여기서 자네에게 말하고 싶은 것은 현재 머무는 환경을 바꿔 보라는 것이네. 관점을 새롭게 하기 위함일세. 완전히 다른 세상에 가면 '아! 내가 이런 생각을 하고 살았구나!' 하는 것을 금방 느낄 수가 있다네. 그러한 연유로 나는 여행을 권하고 싶다네. 여행이란 기존에 머물던 익숙하고 편안한 환경에서 벗어나 새로운 환경, 즉 불편함과 어색함을 느껴보는 일이지. 새로운 환경은 기존의 것을 내려놓게 만든다네. 내려놓는 것은 곧 비우는 일이지. 비운다는 것은 새롭게 채울 수 있는 공간, 즉 가능성의 공간을 마련하는 것이라네. 거기에 자네의 관점을 다시 새롭게 담아보라는 것이 나의 바람이라네. 중국의 역사가 사마천(BC 145~86)은 20대 젊은 시절, 여행에서 영감을 받아 『사기』라는 불후의 역사서를 남겼다고 하네.

여행과 같은 것이 또 하나 있지. 바로 독서라네. 활자 없이 새로움을 체험하는 것은 여행이고, 활자로 새로움을 체험하는 것은 독서라네. 책은 다른 사람의 경험과 통찰이 가득 담긴 보물 상자와도 같은 것이네. 그 속에는 세상을 바꾼 사람들의 창의적인 생각, 나의 관점을 바꿔주는 신선한 생각, 나의 사고를 숙성시켜 주는 성숙한 생각 등이 들어 있지. 독서는 등산과 같은 것일세. 독서는 저자가 쌓은 생각의 산에 오르는 것과 같다네. 산에 오르는 것은 쉬운 일이 아니지. 중간중간 지루하고 힘들기도 하지만, 주변에 떨어진 나뭇잎이나 듬성듬성 놓인 바위를 보면서 저자의 통찰력을 느끼는 즐거움도 있다네. 땀에 흠뻑 젖은 채로 산 정상에 오르면 거기에는 더 큰 보람이 있지. 저자가 쌓은 사상의 줄기인 큰 산맥을 내려다볼 수 있다는 것일세. 나는 내 서재를 현장루(賢藏樓)라고 이름 지었다네. 지혜로운 현인들이 모인 장소라는 의미지. 즉, 서재 안에는 온통 올라가야 할 산으로 가득하다네. 자네도 인생의 출발점에서 삶의 올바른 방향을 설정하기 위한 자기만의 방법을 찾는 노력을 부단히 해보기 바라네.

나 자신을 어떻게 바라보는가?

"나를 괴롭히는 것은 나 자신"

나의 삶을 가만히 되돌아보면, '내가 타인에 대해 혹은 타인이 나에 대해 서로가 어떤 마음을 품고 있을까?' 하는 고민을 많이 했다네. 이는 어떻게 하면 상대방에게 좋은 인상을 심어줄까에 대한 고민이지. 즉, 한 객체로서의 나와 상대방인 타인과의 관계성에만 집중하는 경우가 많았다고 할 수 있네. 일반적으로 '내가 다른 사람을 어떻게 바라보는가?', '다른 사람이 나를 어떻게 바라보는가?' 하는 두 가지 경우의 수만을 생각한다는 것일세. 하지만 정작 내가 나 자신을 어떻게 바라보고, 어떤 방식으로 나 자신과 관계 맺고 있는가를 진지하게 고민하지 않은 채 살아간다는 자성을 하지 않을 수 없다네.

정작 중요한 문제인 '내가 나 자신을 어떻게 바라보고 있는가?'에 대해서는 무관심하면서 타인에 대해서는 신경을 쓴다는 것이 뭔가 앞뒤 바뀐 느낌이 들지 않는가? 내가 나 자신을 잃어버린 줄도 모르고 있으니 나를 찾을 생각도 하지 않는 것은 당연한 일이네. 우리는 타인의 사랑과 관심에 과도하게 민감하지. 하지만 결국에는 그로 인해 상처받기도 하는 삶을 살아오지 않았나 돌이켜 볼 필요가 있다네. 나 자신을 저 먼 곳에 내버려 둔 채 말일세. 심리학자들은 말하지. 마음을 괴롭히는 아픔의 근원은 바로 자기 자신으로부터 출발한다고. 나를 가장 괴롭히는 사람은 바로 자기 자신이라는 의미라네. 이것은 나를 나로서 온전히 받아들이지 못함은 물론이고, 나를 소중히 여기지도 사랑하지도 못하기 때문이라네. 그렇기에 '내가 나 자신을 어떻게 대해야 하는가?'의 문제인 '나 자신을 대하는 태도(attitude)', 즉 자존감(self-esteem)에 대해 생각해 볼 필요가 있다네. 나 자신을 사랑할 줄 알아야 타인도 사랑할 줄 알고, 그렇게 해야만 타인도 나를 사랑하고 소중히 여길 수 있으니 말일세.

"자존감은 스스로 높이고 낮추는 것"

자존감은 자기 존중감이 축약된 말이지. 자존감은 자신이 능력이 있고 중요하며 가치가 있다고 생각하는 등의 자기 믿음 정도를 가리키네. 그리고 자신이 이를 어느 정도 인정하고 받아들이느냐? 혹은 그렇지 않느냐? 하는 태도를 말하는 것이지. 곧, 자존감이란 어떤 상대적인 조건과 기준으로 스스로를 잣대질하지 않는 것이라네. 있는 그대로의 나를 소중히 여기고 나를 사랑하며 보듬어 안는 마음과 태도인 것이지. 예를 들어, 자네가 상대방에게 불손한 행동을 했다면, 상대방은 당장 "너! 그 태도가 뭐야?"라고 따지겠지. 그것은 자네가 상대에게 대하는 태도가 좋지 못했다는 의미겠지. 이것이 상대방을 대하는 태도라는 걸세. 그럼 자기 자신에게도 한번 물어보게. "너! 너 자신에게 대하는 그 태도가 뭐야?" 여기서 자기 자신에게 묻는 그 태도가 바로 자네의 자존감이라는 것일세. 결국 자존감은 관계적 속성을 가지고 있다네. 타인과 관계를 맺듯 외면의 자기와 내면의 자기가 관계를 맺는 방식이 바로 자존감이라네.

이처럼 자기와의 관계성을 가진 자존감은 자기 스스로 인정하고 그 수준을 결정하는 것이기에 주관적인 영역일 수밖에 없지. 뭔지 모르게 내가 좀 부족하고 모자라다는 아쉬움이 있어도 이만하면 꽤 쓸 만한 사람이라고 스스로 인정하는 것은 결국은 자신의 몫이거든. 다시 말해서, *자존감은 자기 스스로 결정하는 개인적인 판단이라는 것*이네. 개인적인 판단이라는 것은 객관적이고 중립적인 기준에 근거하여 판단하는 게 아니야. 어떤 사람은 자존감이 높을 수도 있지만, 또 어떤 사람은 자존감이 낮을 수도 있지. 그건 자기 스스로가 정한 기준에 따라 판단하기 때문이라네. 같은 부모 밑에서 자란 형제자매라 할지라도 저마다 자존감이 다른 이유가 여기에 있지. 어떤 사람은 겉으로 보기에는 멋지고 훌륭하지만, 끊임없이 자신을 비하하는 등 스스로 자존감을 낮추기도 하지. 하지만 어떤 사람은 힘들고 좌절할 수밖에 없는 상황임에도 끝까지 자신을 믿고 존중하며 사랑하는 마음을 잃지 않는 등 스스로 자존감을 높여가는 사람도 있다네.

"자존감, 마음의 면역시스템"

자존감이 우리 삶에서 어떤 역할을 하는지 생각해 본 적 있나? 자존감은 마음의 면역시스템 같은 거라네. 면역(免疫)이란 질병(疫)이 생기는 것을 막는(免) 것이지. 면역력은 곧 질병을 막아내는 힘을 말하네. 면역력이 강하면 외부의 영향을 받지 않고 자신만의 속도로 인생을 꾸려 갈 수 있지. 하지만 면역력이 약해지면 사소한 자극에도 예민해져서 다른 질병에 걸릴 가능성도 커진다네. 이와 마찬가지로 자존감이 높은 사람들은 마음의 면역력이 강한 셈이지. 그래서 보다 건강하고 행복한 삶을 살 수 있다네. 우울과 불안, 분노와 같은 심리적 어려움을 경험할 가능성도 적고 설사 그러한 문제가 있다 해도 더 쉽게 극복할 수 있는 거지. 그뿐만 아니라 어려운 일에 도전하는 것, 다른 사람 앞에서 자신의 의견을 당당하게 주장하는 것, 관계 속에서 표출되는 갈등을 슬기롭게 풀어나가는 것 등이 모두 높은 자존감과 관련이 있다네. 하지만 자존감이 낮은 사람은 자신에 대해 불만족스러워하거나 자기 의견을 제대로 표현하지 못하거나 실패와 성공 모두를 두려워하거나 자신의 참모습을 드러내지 못하는 등, 부정적인 삶에 노출될 가능성이 크지. 이렇게 중요한 자존감은 언제, 어디서나 자신을 평생 따라다니며 자신의 생각과 행동, 심지어는 타인과의 관계성에까지 영향을 미친다네.

"면역체계는 강화할 수 있다."

우리 삶과 동행하는 자존감은 변화시킬 수 있는 것인가? 그렇다네! 마음의 면역체계는 강화할 수 있다네. 먼저 자기 스스로 낮은 자존감을 갖고 있다는 사실부터 인정하는 것이 중요하지. 그리고 과거 경험에서 받은 영향을 이해하고 원인을 파악하여 바꾸려고 노력한다면 자존감은 얼마든지 변화시킬 수 있다네. 자네는 그 방법을 찾아내 자신의 것으로 체화해 나가야 하네. 이를 위해서 자네가 반드시 고려해 보아야 할 몇 가지 사항을 이야기해 보겠네.

우선, 나 자신과 관계 맺는 첫 출발은 친밀감을 쌓는 것이라네. 관계를 맺는다는 것은 서로의 모습을 드러내고 알아가는 것에서 시작되지. 먼저 상대에게 친밀하게 다가가는 것이 중요하다네. 친밀감은 우리가 관계 속에서 서로에게 이해받고, 인정받고, 배려받을 때 경험하는 감정이라고 할 수 있네. 그래서 자네가 가장 먼저 해야 할 일은 바로 나 자신에게 스스로에 대한 친밀감이 있는지 살펴봐야 한다는 것일세. '나는 나 자신을 잘 알고 있는가?', '나는 과연 나 자신과 어느 정도 가까운가?' 이를 살펴본 연후라야 나와 가까이 있는 사람들에게도 같은 질문을 던지며 친밀감을 넓혀 갈 수 있다네. 나는 나와 관계를 맺은 나 자신은 물론이고, 상대에게도 내 나름대로 애칭을 붙여 준다네. 좀 더 깊은 친밀감을 느끼기 위해서지. 그래서 나는 나 자신을 부르기 위한 호(號)를 가지고 있다네. 호산(湖山)이라 하지. 넓은 호수와 높은 산을 뜻한다네. 호수는 모든 것을 다 받아들이는 포용력을 뜻하고,

높은 산은 이것을 취합하여 우뚝섬을 만들겠다는 의미라네. 예를 들면, 조개가 바닷속 미생물만 먹고도 무쇠같이 단단한 조개껍질을 만들어 내듯이 말일세. 나는 나와의 친밀감을 높이기 위해서 끊임없이 호산과 대화를 시도한다네. 더불어 내 서재와 자동차에도 애칭을 붙였지. 이러한 방법은 서로 친밀감을 느끼게 하고, 서로 존중하며, 서로 사랑한다는 공감을 더 많이 느끼게 해준다네.

둘째는 존재 자체를 인정하는 것일세. 서로의 존재를 인정하는 데는 소통만큼 좋은 것이 없다네. 자신과 소통하다 보면 자존감을 강화해 나갈 수 있다네. 소통은 판단이 아니라 포용하는 태도를 말하는 것일세. 포용은 성급하게 예단하지 않고 끝까지 듣고 이해하려는 노력이라네. 그래서 나는 또 다른 나인 호산이 내는 소리를 들으려고 항상 귀를 기울이려 노력한다네. 나는 이것을 '호산의 소리'라고 부르지. 호산의 소리가 들릴 때는 무조건 끝까지 듣는다네. 그리고 왜 이런 얘기를 하는지 꼼꼼히 생각해 보고 즉각 실행에 옮기려고 노력한다네. 이렇게 내면의 소리를 경청하려고 노력하는 태도는 관계를 맺고 있는 타인의 목소리를 잘 경청할 수 있는 마음의 근육을 기르는 것과 같다네. 그렇게 하면 서로 존중하고 소중히 여기는 마음을 한층 더 배가할 수 있다네.

셋째는 신뢰감을 쌓는 것일세. 인간지사 모든 것이 서로서로 관계를 맺고 살아간다고 할 수 있지. 이러한 관계의 출발지는 바로 자기 자신과 관계를 맺는 것이라네. 그리고 그 근원에는 신뢰가 바탕되어야 하지. 내가 무언가 해내려고 할 때, 그 일이 성공적으로 이루어지기 위해서는 나 자신부터 성공을 확신하는 신뢰가 밑받침되어야 한다네. 그래야 어떠한 난관에도 흔들리지 않고 강력하면서도 안전감 있게 일을 추진해 나갈 수 있지. 즉, 내가 나 자신을 신뢰할 수 있어야 한다네. 자기 신뢰의 근원은 대부분 어린 시절 환경과 부모님의 역할에서 나온다고 하지. 하지만 자기 신뢰가 쌓이지 않아 무언가에 두려움과 불안을 느낀다면 이를 회복하려는 시도가 필요하네. 전문가의 조언을 구하는 것도 하나의 좋은 방법이라 할 수 있지. 자기 신뢰감을 잃어버리면 삶의 원동력인 타인과의 관계에서도 능력 발휘가 힘들다네. 그러면 스스로 자책하게 되고 자존감도 잃게 된다네. 자기 신뢰성의 회복은 자신을 포함한 타인과의 관계성 회복으로 이어지지. 관계를 맺는 것은 연습이 필요한 일이야. 나 자신과 친밀함을 유지하며 신뢰를 쌓기 위해서는 가능한 한 나 자신을 많이 불러내어 만나고 소통해야 한다네. 혼자 있는 시간을 잘 활용하여 나 자신을 불러내는 연습을 해보지. 연습은 하면 할수록 더 잘하게 되네. 그러다 보면 세상 모든 일에 대한 강한 신뢰감과 높은 자존감을 품고 원대한 꿈을 이루어 나갈 수 있게 된다네.

"우월감과 자존심은 자존감과 다르다."

자존감은 자기를 존중하고 소중히 여기는 태도일세. 자존감은 내가 나 자신에게 취하는 자기 주체적인 태도이지. 하지만 간혹 자신의 자존감을 타인이 인정해 주길 바라고 그것을 강요하는 경우가 있다네. 그래서 타인이 자기 생각보다 자신을 더 낮게 평가할 때 자존심이 상한다며 화를 내는 경우가 있지. 이것은 '자존감'과는 완전히 다른 '자존심'이라는 감정이네. 자존감은 내가 나 자신을 바라보는 마음이자 태도인 반면, 자존심은 자신을 존중해 달라고 남에게 요구하는 나의 마음 상태이자 욕심이라고 할 수 있지. 자존감은 '나'를 중심에 두는 마음인 데 비해 자존심은 '남'이 중심이 되어 나를 인정해 달라는 마음이라네. 자존심을 세우는 것은 자존감이 높을 때 나타나는 행위라기보다는 자존감이 낮을 때 남에게 인정을 받기 위한 집착이라 할 수 있네. 그래서 우리 젊은이들은 남의 판단에 의지하는 자존심 강한 사람이 되기보다 스스로를 인정하는 자존감 높은 사람이 되기 위해 부단히 공부해야 함을 명심하기 바라네.

우리는 때때로 무언가 부족한 자신의 모습에서 열등감을 느끼고, 때로는 무언가를 잘 해내는 자신을 보며 우월감을 갖기도 하지. 여기서 말하는 열등감은 자존감과 대비되는 것이지만, 우월감은 자존감과 같은 개념이 아니라는 것을 알아야 하네. 열등감에 대해서는 다음에 좀 더 깊이 다루어 보기로 하고 여기서는 우월감에 대해서 살펴보겠네. 우월감은 열등감의 또 다른 모습이라 할 수 있지. 자기가 타인보다 우월한 것처럼 행동하는 사람들 내면에는 열등감이 숨어 있다네. 무언가 잘하는 것은 자존감을 높여주기도 하지. 하지만 우월감에 집착하여 남과 비교하기 시작하면 자존감은 사라진다네. 바로 스스로를 인정하는 자존감보다 남의 기준에 따르는 삶을 살게 된다는 걸 의미하지. 그러니 남이 평가해 주기를 바라는 우월감이나 자존심

같은 집착과 욕심에서 벗어나는 게 내 삶을 온전히 지키는 것임을 깨달아야 하네.

"따뜻함이 있는 강인함"

자기를 대하는 태도인 자존감은 강인함과 따뜻함의 양면을 모두 지니고 있네. 강인함은 자신의 재능과 의지로 일을 성사시킬 수 있는 능력일세. 즉, 세상에 영향을 미칠 수 있는 생각과 능력을 행동으로 옮길 의지력을 말하지. 따뜻함은 어떤 사람이 타인과 함께 무언가를 공유하고 있다는 느낌을 말하는 것이네. 사람들은 누군가와 자신의 감정을 공유한다는 사실을 인지할 때 따뜻함을 느끼지. 강인함이 목적 달성을 위한 능력에 관한 문제라면 따뜻함은 그 과정에서 친숙함과 공감을 느끼느냐에 관한 문제일세. 그러면 올바른 태도는 과연 어떠한 모습을 말하는 것일까? 물론 강인함과 따뜻함을 동시에 지니는 것이 최선이네. 하지만 그것은 매우 특별한 능력에 속하는 걸세. 고대 그리스에서는 두 가지 능력을 동시에 갖춘 것을 '신이 내린 재능' 즉 카리스마라고 불렀지. 요즘은 카리스마를 '리더의 자질' 중 으뜸으로 생각하는 추세라네.

내가 가장 좋아하는 연설문은 단연 마틴 루터킹 목사(Martin Luther King, 1929~1968)의 「I have a dream」이라네. 이 연설은 흑인 인권운동가로서 백인과의 평등과 공존을 요구하는 명연설로 널리 알려졌지. 나는 한때 연설 전문을 외우려고 무척 노력했다네. 자네에게 이 연설문을 얘기하는 이유는 그

안에 강인함과 따뜻함이 상생적으로 어우러져 있기 때문이야. 그는 사랑 없는 강인함은 무모하고 폭력적이며, 강인함이 없는 사랑은 감상적이고 활기가 없다고 늘 주장했지. 자네는 자신이나 타인을 대할 때 '따뜻함을 잃지 않으면서도 어떻게 강인함을 표출하느냐?'에 관심을 갖고 많은 고민을 해 보게나. 나는 항상 나 자신과 대화하면서 약속하지. '개인에 관한 일은 항상 내가 손해 보는 방향으로 결정한다. 하지만 공익을 위해서는 한 발짝도 양보하지 않는다.' 이것이 나와의 약속이라네.

열등감은 삶의 원동력

"세상을 보는 주체는 바로 나"

내가 곧 우주라네. 내가 존재해야 우주도 존재하는 거니까. 내가 죽으면 우주도 없고 내가 눈을 감으면 아무것도 없다네. 내가 눈을 뜨면 비로소 우주가 있지. 그것은 나의 눈을 통해서 우주를 인식하기 때문이라네. 우주의 실체는 내가 바라보고 인식하는 그 자체로 존재하는 것일세. 따라서 사람들은 세상을 주관적으로 바라보고 해석하며 의미를 부여한다네. 곧 자기가 의미를 부여한 세계에 자기가 살고 있는 걸세. 깊은 우물의 물은 평균 18도를 유지하지. 이 물을 여름에 마시면 시원하다고 느끼지만 겨울에 마시면 따뜻하다고 느낀다네. 사실 시원함과 따뜻함은 주관적인 느낌일 뿐이지. 그 자리에 있는 우물물은 항상 18도를 유지하고 있는 걸세. 신라 시대 원효대사(617~686)는 이렇게 말씀하셨지.

"모든 것은 마음에서 비롯된다(一切唯心造, 일체유심조)."

참고로 같은 시대 중동에서는 이슬람교의 창시자 모하메드가 한창 활동하고 있었지. 뜬금없이 주제와 상관없는 중동 얘기를 꺼내는 것은 어떤 역사적 사실을 볼 때, 같은 시기 다른 장소에서는 무슨 일이 일어났는지 알아보는 습관을 기르는 것도 필요해서라네. 그것은 세계를 하나의 공간 이미지로 파악할 수 있게 해주지. 이와 관련해서는 다음 장에서 상세하게 이야기해 보기로 하겠네.

다시 원효대사 이야기로 돌아가지. 원효대사가 중국으로 유학을 가던 중 날이 저물어 어느 무덤 앞 동굴에서 잠을 청하게 되었다네. 목이 말라 물을 찾다 보니 마침 어떤 바가지에 물이 있었지. 대사는 그 물을 아주 달게 마시고 깊은 잠에 들었다네. 아침에 일어나 주변을 둘러보고서야 간밤에 마신 물이 해골에 고인 물임을 알았다네. 그것을 아는 순간부터 역겨움이 밀려왔다고 하지. 원효대사는 이를 통해 같은 해골 물에서 달거나 역겹다는 다른 생각이 나온 근원은 바로 내 마음이었다는 큰 깨달음을 얻었다고 하네. 진리는 평범한 일상생활 주변에 있다네. 그래서 더 발견하기 힘든 것인지도 모르지. 익숙하기 때문에 더 무관심하고 무감각해지는 것인지도 모르네. 아름답고 추한 것, 강하고 약한 것, 크고 작은 것, 충분하고 부족한 것 등은 상대적인 기준에서 나오는 것이네. 절대적으로 정해진 개념이 아니라는 것이야. 그래서 우리는 절대적인 듯 보이지만, 사실은 상대적인 기준에 의해 언제나 휘둘릴 수 있다는 사실을 잊지 말아야 하네.

우리는 통상 환경에 적응하여 살아간다고 말하지. 이를 환경에 순응하고 살아간다는 소극적 개념으로 이해하는 경우가 많다네. 하지만 인간은 환경에 순순히 순응하기보다 환경을 극복하는 치열한 삶의 투쟁 속에서 살아가고 있다네. 환경에 순응하며 흐름을 따르는 것은 생명의 특성이 아니지. 바위틈을 비집고 자라나는 야생초는 환경에 순응하는 것만으로는 생명을 꽃피울 수 없네. 그 강인한 삶 속에서 무언가 생명의 치열함이 느껴지지 않나. 물고기는 단지 물속에서 주어진 먹이만 먹고 사는 게 아니라네. 먹이를 유인하고 쫓고 쫓기는 치열한 삶의 투쟁 속에서 생명을 지켜내는 것일세.

우리 인간은 삶의 치열함을 효율적으로 관리하기 위해 사회를 구성하였지. 인간이 집단 사회를 이루고 사는 것은 안전한 삶을 유지하기 위함이라네. 이러한 사회적 맥락에서 보자면 인간은 주체적인 개인이자 사회적 동물이라네. 그러므로 사회는 본질적으로 타인을 전제로 하면서 서로를 존중하고 인정하며 더불어 살아가야 하지.

"건전한 열등감, 불량한 열등감"

사회적 관계를 맺다 보면 열등감을 느낄 때가 왕왕 있다네. 열등감은 스스로 무언가 부족하다고 느끼는 감정이지. 부족함이란 많음에 대한 상대적 개념이라네. 그래서 사람들은 열등감을 비교우위에서 밀릴 때 느끼는 상대적 감정이라고 생각하는 경우가 많지. 하지만 엄밀히 따지자면 열등감은 자신이 세운 기준에 모자랄 때 느끼는 거라네. 모자란다는 느낌은 노력을 통해 부족한 부분을 채우려는 성장의 동기가 될 수 있지. 하지만 모자람에 안주하거나 아무것도 하지 않으면서 "어차피 나 같은 것"이라며 포기해 버리는 경우도 생기곤 한다네. 우리는 통상 콤플렉스를 느낀다는 말을 자주 사용하지. 언뜻 듣기에는 콤플렉스와 열등감은 비슷한 말로 느껴진다네. 하지만 사실은 다른 개념이지. 콤플렉스는 무의식적으로 일어나는 감정적 생각인 '마음속 응어리'라고 할 수 있지. 무의식 속에서 느끼는 감정의 상태를 말한다네. 콤플렉스를 느낀다는 것은 어떤 감정이 무의식 속으로 잠입해 들어가서 자신도 모르는 사이에 그 감정을 드러내는 거라네. 곧 열등감은 의식적인 상태로 통제가 가능하지만, 콤플렉스는 무의식인 상태로 고착화되어 버린 것이지. 그중 열등감이 무의식 속으로 잠입해 들어가 고질화되는 것을 열등감 콤플렉스라고 한다네. 이렇게 되면 열등감은 회복할 수 없는 나락으로 빠져들고 말지.

열등감에는 건전한 열등감과 불량한 열등감이 있다네. 예를 들어 외모에 대한 열등감을 느낀다고 치세. 건전한 열등감은 '못생김은 추함이 아니라 나만의 특유한 개성이다.'라고 생각하는 것일세. 못생김은 잘생긴 모델 등 잘생김이라는 기준과 비교하여 그와 똑같이 되어야 충족할 수 있는 그런 상대적인 개념이 아니라네. 그렇기에 못생겨 보이는 부분을 어떻게 채워 나갈지를 고민하지. 그래서 못생김으로 보이는 자기의 개성을 오히려 부각시켜 매력 포인트로 만들려고 노력해 나간다네. 하지만 열등감 콤플렉스와 같은 불량한 열등감은 못생김을 변명거리로만 삼는다네. 마치 못생김이 아무것도 하지 못하게 만드는 요인인 것처럼 말이네. 예를 들면, 나는 남보다 못

생겨서 결혼도 못 한다는 등의 자기만의 논리를 세우는 것이지. 엉뚱한 인과관계 논리를 만들어 스스로 그 속으로 숨어 들어가 포장해 버리는 것일세. 이것을 '무늬만 인과법칙'이라고 부른다네. 그러므로 우리는 건전한 열등감이 콤플렉스 속으로 빠져들어 불량한 열등감이 되지 않도록 열등감 관리를 잘해야 한다네.

"열등감은 누구나 다 가지고 있다"

사람들은 누구나 열등감을 갖고 있다네. 열등감과 함께 살아간다고 해도 과언이 아니지. 그것은 사람마다 신체적, 정신적, 정서적으로 종류와 크기만 다를 뿐이라네. 열등감은 가지고 있는 그 자체보다 그것을 그대로 남겨두는 것이 더 큰 문제라네. 그것도 나쁜 친구로 말이야. 자신의 모자람을 표현하는 것은 어찌보면 상대의 장점을 인정한다는 의미라네. 이러한 태도는 열등감을 스스로 인정하고 겉으로 드러내는 첫 출발점이라 할 수 있지. 즉 건전한 열등감이 되는 첫 단계라네. 자존감은 자기를 바라보는 태도라고 앞서 얘기했지. 열등감은 자존감이 낮을 때 생기는 거라네. 그래서 열등감은 자존감과 관련이 있지. 사람들은 열등감을 자신의 수치라고만 생각하고 노출하기를 꺼리거나 숨기려는 경향이 있네. 그래서 자존감 높아 보이는 사람이 오히려 열등감이 더 높은 경우를 종종 볼 수 있네. 그것은 열등감을 자존심으로 감추려는 경우일세. 흔히 자기 자랑이나 허세를 과도하게 부리는 사람들이 대부분 이런 경우라고 보면 된다네.

사람은 보통 어떨 때 열등감을 느낄까? 심리학자들은 이렇게 설명한다네. 첫째, 타인과의 비교를 통해 스스로에게 실망을 느낄 때, 둘째, 항상 주목받던 사람이 관심 대상이 되지 못하여 불안과 좌절을 겪을 때, 셋째, 가정적이거나 신체적·사회적으로 불리한 위치에 있다고 생각할 때, 넷째, 사랑, 공감, 도움 등의 긍정적 가치를 경험하지 못하여 아무도 신뢰할 수 없을 때라는 거지. 특히, 요즈음 젊은이들은 자기 운명이 어느 정도 결정되어 있다고 생각하는 경향이 있다고들 하네. 과거에는 본인의 선택과 노력 여하에 따라 성공할 수 있었지만, 작금의 시대는 아무리 노력해도 그만큼의 보상이 돌아오지 않는 사회라는 거지. 공정성의 문제로 좌절하는 경우가 많아졌다는 말이네. 한편, 어떤 경우에는 부족함이 별로 없는데도 불구하고 거의 맹목적인 수준으로 자신을 모자라고 부족한 사람으로 치부해 버리는 젊은이들도 있다네. 하지만 그럴수록 우리는 부정을 부정하여 긍정으로 바꾸어야 한다네. 자신의 기준에 따라 모자람을 채워 나가는 건전한 열등감으로 말이야. 건전한 열등감은 살아가면서 우리를 성장하게 하고 자존감도 회복시켜 줄 것이네. 자존감이 높아지면 비교하는 마음은 줄고 나라는 존재에 대한 긍정적인 마음이 강해지지. 비록 남보다 가진 것이 모자라고 부족한 면이 있더라도 자신만의 기준과 방법으로 그것을 채워나간다면 삶은 더욱 알차고 보람이 있을 거라네.

"완벽한 평화는 공동묘지의 평화뿐"

모든 사람은 자기 약점을 인정하기 싫어하지. 그것은 편안하게 안주하던 아집의 껍질을 깨트릴 용기가 필요하기 때문이라네. 달걀은 스스로 깨고 나오면 병아리가 되지만, 누군가에 의해 깨지면 계란프라이가 된다고 하네. 열등감은 자신의 모자람을 느끼는 것이지. 그 모자람을 인정하고 받아들인다는 것은 열등감을 외부로 표출하는 첫 단추라고 할 수 있네. 일단 내 안에 숨어있던 열등감의 실체를 드러내면 이제껏 깨닫지 못했던 것들을 보게 되지. 부족한 부분을 채우려는 강렬한 열정 에너지를 내뿜는 발사체가 사실은 자기에게 있었음을 알게 되는 것이지. 그제서야 비로소 자신의 삶과 사회와의 조화로운 성장과 발전을 위한 실마리를 찾게 된다네. 그러면 우리의 삶은 불량한 열등감으로 추락하던 것을 멈추고, 건전한 열등감에 의해 다시 아름다운 비행을 이어갈 수 있다네.

  자신의 모자람을 인정하는 것은 곧 상대의 장점을 인정하는 것과 같다네. 이것은 상대와의 관계 맺음이 일방적인 존경이나 의존이 아닌 대등한 동반자로서 소통하는 것임을 깨닫는 것이라네. 하지만 자기의 모자람을 인정하더라도 자신의 한계에 부딪혀 한 걸음도 제대로 못 나갈 때가 종종 있지. 세상에 쉽게 되는 일은 절대로 없다네. 모든 일은 그에 상응하는 대가를 치러야 하지. 하지만 사람이 만든 일은 사람이 해결 못할 게 없다는 것이 내 지론일세. 모자람을 인정한다는 건 상대와 소통 가능한 상태라는 말이라네. 도움 줄 만한 사람과 소통하면서 끝까지 포기하지 않고 노력하다 보면 더욱 넓은 세상을 볼 수 있게 된다네. 성공의 반대말은 실패가 아니라 포기임을 명심해 누게나.

완벽함이란 현실에는 존재하지 않는 이상적인 개념이지. 세상에 완벽한 사람은 없다네. 그리고 반드시 완벽해야 할 필요도 없다네. 사람은 존재한다는 그 자체만으로도 소중하고 완벽하기 때문이지. 완벽함은 완결된 상태인 멈춤을 의미한다네. 하지만 인생은 멈춤이 아닌 아름다움을 추구해 가는 과정이라네. 완벽함을 추구하는 과정에서 무언가 모자라고 부족하다는 열등감은 항상 있게 마련이네. 그것이 바로 완벽함을 추구하는 원동력이 되기 때문이지. 그래서 열등감을 동반자 삼아 함께 삶을 꾸려가면서 원동력을 공급받는 것이라네. 삶의 투쟁이 없는 완벽한 평화란 공동묘지에서나 주어지는 공평한 평화뿐이라네.

"열등감은 강력한 삶의 에너지"

일상생활에서 일어나는 현상을 유심히 살펴보면 열등감이 삶의 강력한 원동력이 된 사례를 많이 볼 수 있네. "골골 백 년"이란 말도 있지 않나. 몸이 약해 시름시름 앓는 사람이 오히려 100세까지 장수한다는 의미일세. 그것은 자신이 약하다는 것을 인정하고 평소에도 꾸준히 건강을 관리했기 때문이라네. 건강에 대한 열등감이 100세까지 장수하는 원동력이 된 것이지. 반대로 "건강한 사람이 급작스럽게 사망한다."라는 말도 있네. 불량한 열등감의 일종인 우월감이 작동한 까닭이라 볼 수 있지. 다른 예로는 "우유 먹는 사람보다 우유 배달하는 사람이 더 오래 산다.", "꽃가마 타는 사람보다 꽃가마 매는 사람이 더 오래 산다." 등이 있지. 우리는 이러한 말에 숨어있는 깊은 의미를 잘 생각해 볼 필요가 있다네.

언젠가 딸기 농장에 간 적이 있었지. 농장 주인에게 딸기가 어떻게 이렇게 많이 열리고 당도도 높으냐고 물었더니 이렇게 대답하더군. '물을 일정하게 주지 않고 불규칙하게 주는 것이 비결'이라고 말이네. 물을 불규칙하게 주면 딸기가 언제 물이 끊길지 몰라서 땅에 있는 물기를 최대한 흡수하고 최대한 많은 딸기를 맺는다고 하네. 생명체는 환경에 대한 열등감, 즉 생존에 스트레스를 느끼면 종족보존에 대한 열망이 커진다는 것이지. 부족함을 채우기 위해 더 열심히 활동해서 더 많이 축적하고 더 많이 만들어 낸다는 것이네.

자네는 전후 세대라는 말을 들어봤나. 전쟁 이후에 태어난 사람들을 말하네. 일반적으로 다른 시대에 태어난 세대보다 더 많은 인구수를 보여주지. 1·2차 세계대전이나 6.25 전쟁 전후의 인구변동을 보면 비슷한 현상을 볼 수 있다네. 이렇듯 생존에 대한 열등감은 거의 본능적으로 생식에 대한 열망으로 작용하지.

얼마 전 아카데미 시상식에서 한국 배우 최초로 여우조연상을 받은 윤여정 씨가 "내 연기의 원동력은 열등감"이라 밝혀 신성한 충격을 주었네.

"나의 연기는 열등의식에서 시작된 것 같아요. 나는 연기 전공자가 아니라서 그냥 아르바이트로 시작했어요. 내가 나의 약점을 아니까 열심히 외우는 거죠. 남에게 피해를 주지 말자고 생각했어요. 나중에는 연기는 절실해야 한다는 걸 알았고요. 정말로 저는 먹고살기 위해서 연기를 했어요. 대본이 저에겐 성경과 같았죠."

절박한 심정으로 자기의 약점인 열등감을 인정하고, 타인과의 경쟁보다 자신과의 싸움을 하며 연습하고 또 연습했을 그녀의 모습을 상상하니, 그녀의 마음이 고스란히 전해지는 것 같아 가슴이 찡하고 뭉클하였다네.

손자는 말했지. "도망칠 곳이 없는 상황으로 몰면 죽을지라도 도망치지 않으니, 죽으면 얻을 것이 없으므로 모든 병사가 죽기를 각오하고 힘을 다한다(投之無所往, 死且不北, 死焉不得, 士人盡力, 투지무소왕, 사차불배, 사언부득, 사인진력)." 이 말은 생명체의 본성은 극한 상황에서 죽음에 순응하지 않고 삶을 열망하는 에너지를 분출한다는 손자의 믿음이라고 생각하네. "죽고자 하면 살 것이요, 살고자 하면 죽을 것이다(必死則生 必生則死, 필사즉생 필생즉사)." 이순신 장군의 휘호와도 일맥상통한다네.

해야 할 일부터 먼저하기

"이제는 시작할 때이다"

"모든 일에는 때가 있다." 이 말은 앞서 우리가 시간의 개념에 대해 토의할 때 얘기한 타이밍을 말하는 것일세. 시작할 때가 있고 멈출 때도 있지. 공부할 때가 있고 행동할 때도 있다네. 우리가 무언가를 해야 할 때 하지 않으면 타이밍을 놓치고 만다네. 타이밍을 놓치면 인생에서 혹독한 대가를 치를 수 있음을 보여주는 사례가 많이 있지. 시작할 때라는 것은 이전의 것이 마무리되었음을 의미한다네. 영어 단어 'commencement'는 졸업식을 의미함과 동시에 새로운 시작을 의미한다네. 끝은 곧 시작을 의미하지. 힘찬 시작을 위해서는 마무리라는 매듭이 중요하다네. 대나무가 곧게 뻗어가는 이유는 중간중간 매듭이 있기 때문이지.

삶의 생애주기 중 청년기는 인생의 씨앗을 뿌리는 시기라네. 파종하지 않은 밭에는 아무것도 자라지 않고, 단지 절망이란 잡초만 무성할 뿐이라네. 청년기는 삶의 초석을 놓는 중요한 시기일세. 우리 젊은이들에게 주어진 환경은 비록 절망밖에 보이지 않는 듯하지만, 젊은 날의 절망은 희망을 키우는 밑거름이 될 수 있다네. 젊을 때는 순수한 만큼 고민도 많은 법일세. 고민이 많으면 많을수록, 또한 깊으면 깊을수록 극복한 후에는 더욱 많은 것을 얻을 수 있다네. 하지만 청년기가 아닌 중장년기의 절망은 삶에 치명타가 되어 자칫 인생이 나락으로 떨어질 수 있네. 그것은 실패를 감싸 안을 시간적 여유가 없기 때문이지. 그래서 젊은 시절에는 얻기보다는 잃는 연습부터 하는 것이 좋다네.

젊음의 시기는 이제껏 느끼던 가족의 안락함에서 벗어나 사회 혹은 군대라는 낯섦과 어색함에 맞서야 할 시기라네. 삶의 출발선에서는 조금 실수하더라도 관대하게 잘 용서해 준다네. 하지만 그 유효 기간은 그리 길지 않지. 이제 자네는 지내온 삶의 궤적을 다시 한번 되짚어 보고 미래로 이어 나갈 삶을 준비해야 한다네. 자네는 '하고 싶은 일'보다는 '반드시 해야 할 일'을 할 수 있는 능력과 습관을 길러야만 하네. 하고 싶은 일은 감정에 속하는 가변적 일인 반면 해야 할 일은 사회적 요구에 해당하는 필수 능력이기 때문이네. 그러니 삶에 꼭 필요한 기초능력을 키울 수 있도록 삶의 계획표를 세밀하게 세워야 할 걸세. 그리고 그것을 하나하나 꼼꼼하고 차분히 실천해 나가는 행동의 힘이 필요한 시기임을 명심해야만 하네. 이제 자네는 할 때와 하지 말아야 할 때(철)를 알지 못하는(不知) 철부지가 아님을 깨달아야 한다네.

"시작이 반이다"

'왜 시작이 반인가?' 나는 젊은이들에게 이 질문을 자주 던진다네. 대부분은 시작부터 하라는 의미라고 답한다네. 맞는 말이지. 정확히 말하면 이렇다네. 세상 모든 일은 성공할 확률이 50%, 실패할 확률이 50%이지. 즉 반반의 확률을 가지고 있다네. 그런데 자네가 일단 일을 시작하면 성공할 확률 50%를 먼저 확보해 놓고 출발하는 셈이 되지. 그러면 실패할 확률 50%에 대해서만 노력을 투자하면 되는 거야. 시작하기만 하면 무조건 반은 내 편이 되는 거라네.

하지만 시작하기란 결단코 쉽지 않은 일이네. 사람들은 흔히 일을 미루는 경향이 있지. 그건 바로 일에 대한 두려움 때문이라네. 두려움은 주로 경험하지 못한 일, 부담되는 일, 강박감을 느끼는 일에서 더 많이 나타나지. 다시 말해, 쉽고 하고 싶은 일보다 삶에 우선순위가 높은 '반드시 해야 할 일'을 해야 할 때 이러한 두려움이 많이 나타나게 된다네. 반드시 해야 할 일들은 시작하는 처음부터 어색함과 낯섦 때문에 필연적으로 두렵게 느껴진다네. 두려움을 극복할 용기와 결단력을 갖지 못하면 시작도 하기 전에 포기해 버리는 악순환을 겪게 된다는 말이지. 하지만 두려움을 극복할 수 있다는 용기를 가지고 열심히 시도하다 보면, 두려움도 어느덧 익숙해진다네. 익숙해지면 자신감이 생겨 잘하게 되지. 잘하게 되면 자연스럽게 즐거움을 느끼는 선순환 궤도에 안착할 수 있게 된다네. 하늘에서 내려준 고통을 참고 견뎌낸 기쁨은 하고 싶은 일을 하며 얻는 즐거움보다 훨씬 더 의미 있고 크다는 걸 알았으면 하네. 지금 자네는 파랑새를 찾는 꿈속의 삶으로부터 있는 것을 잘 가꾸는 현실의 삶으로 전환하기 위해 출발해야 할 시점이라네.

"취미와 직업의 구분"

인생은 하고 싶은 일만 하고 살 수는 없는 것일세. 그렇다고 해야 할 일에만 매달릴 수도 없다네. 취미로 하는 일과 직업으로 해야 할 일은 구분해야 한다네. 그것을 나의 삶에 어떤 비중으로 가져가야 할지도 판단해야 하지. 젊은이들이 지금 이것을 칼로 두부 자르듯 제대로 정리한다는 것은 쉽지 않을 거야. 그 자체가 인생의 중대사를 다루는 사안이니 완벽한 답을 기대할 수도 없다네. 나아가 맞고 틀림의 판단 기준도 주관적 가치관에 따라 다를 수도 있으니, 명확한 기준을 확정 짓기도 힘들 것일세. 그럼에도 불구하고 자네는 취미로 하고 싶은 일과 직업으로 반드시 해야 할 일을 어떤 방법으로 구분할지 찾아내야 하네. 그리고 최소한 지금은 무엇에 중점을 두고 열정을 쏟아부을지 나름의 기준을 설정해야 하지. 기준이라는 잣대는 잘 적용되었을 때 삶에 기쁨과 행복을 주는 도구가 되어준다네. 하지만 잘못 적용되었을 때는 자신의 삶을 파괴하는 무기가 되기도 하지. 그러니 시간을 두고 자신의 특성을 충분히 고려하여 신중히 판단해야 한다네. 이러한 과정을 거쳐야만 어떤 일을 취미로 여길지 아니면 직업으로 본격적으로 준비할지 결정할 수 있다네. 취미가 곧바로 직업이 될 수도 있지 않냐고 반문할 수도 있겠지. 맞는 말이네. 하지만 취미와 소질은 다른 말일세. 취미가 소질이 될 수는 있지만 그렇지 않은 경우도 많거든. 취미는 어느 한 시기의 감정일 수도 있으니까 말이네. 취미는 삶에서 직업과는 다른 역할을 맡는다고 할 수 있다네. 내 경험으로는 생계 수단인 돈과 연결 짓는 순간부터 그것은 더 이상 취미가 아니라고 생각하네.

　　삶의 우선순위를 결정하는 문제를 남의 시선과 잣대로 판단하는 것은 어리석은 짓이라네. '남들이 어떻게 볼 것인가?', '세상이 어떻게 받아들일까?'와 같은 잣대는 시간이 지나고 나면 별로 중요하지 않게 되지. 모든 것은 지금의 나 자신을 중심으로 '나는 어떤 삶을 살기 원하는가?', '나는 무엇을 하고 있으며 무엇을 더 준비해야 하는가?' 하는 질문에 진솔한 자신만의 해답을 찾아내야 하네. 인생을 활기차게 만드는 가장 좋은 방법은 미래에 대한 꿈을 갖는 거라네. 그리고 그 꿈이 실현되도록 계획을 세우고, 수단과 방법을 찾으며 실행에 옮겨가는 것이네. 나는 지금 자네에게 무엇을 하라거나 무엇을 하지 말라고 말할 수 없다네. 시대의 격차가 존재하기 때문이야. 다만 자네에게 내 삶과 사회경험을 진솔하게 이야기해 줄 수는 있지. 어쩌면 그것이 선배인 나의 역할이겠지. 자네는 그것을 참고하여 자네의 길을 선택하는 것이네. 그리고 그 선택에 책임을 지는 것은 오롯이 자네의 몫이겠지.

　　트레이드오프(trade off)라는 경제용어가 있네. 어떤 것을 얻으려면 반드시 다른 것을 희생해야 한다는 말이야. 달리 말하면 많이 얻기 위해서는 많은 것을 잃을 각오도 해야 한다는 뜻이네. 많은 이익을 포기하고 안전을 택할 것이냐? 위험을 감수하고 많은 이익을 택할 것이냐? 그 비율을 어떻게 가져갈지는 선택의 문제라네. 보상과 리스크에 대한 선택의 문제를 우리 삶 곳곳에서 볼 수 있지. 어려운 일을 할 것인지 쉬운 일을 할 것인지 등의 문제가 그런 것이네. 이런 점에서 본다면 현재와 미래도 트레이드오프의 관계라고 볼 수 있을 거야. 젊은 시절부터 어떠한 리스크도 감당하지 않을 안정적인 직업만 찾아다니거나 편안함만 추구하는 사람들도 있다네. 나는 그들에게 삶이란 결코 젊고 좋은 날만 있는 게 아니라고 말해주고 싶네. '시련과 고통은 나를 찾아오는 손님'이라는 말이 있지. 이 손님을 어떻게 맞이할지는 각자의 몫일세. 사관생도들이 항상 외우는 구호가 있지. 나도 아직껏 항상 이 말을 가슴에 품고 있다네.

"안일한 불의의 길보다 험난한 정의의 길을 선택한다."

"학교와 사회의 능력 평가, 무엇이 다른가?"

"공부 잘한다고 모두 다 출세하는 것은 아니다."라는 말이 있지. 이 말은 학교에서 능력을 평가하는 기준과 사회에서 평가하는 기준 사이에 무언가 차이가 있음을 의미하네. 학교에서는 지적 능력인 이해력이나 암기력을 평가 기준으로 삼지. 하지만 사회에는 그보다 더 복잡하고 복합적인 요소들이 있다네. 지적 능력도 매우 중요한 요소로 간주되지만 그 외에도 태도적 능력과 행동적 능력도 포함되지. 태도적 능력은 사람과 사람 간에 관계를 맺는 능력을 말하네. 행동적 능력은 일에 대한 적극성과 실행력 같은 것으로 결과물로 창출하는 능력을 말한다네. 자네는 현재 지닌 지적인 능력을 어떻게 더 보완해 나갈 것이며 또 태도적 능력과 행동적 능력을 어떻게 더 갖추어 나갈지 고민해야 할 것이네. 모든 것을 완벽하게 다 갖출 수는 없으니 어떤 균형감을 가지고 어떤 능력들을 갖추어 나갈지도 중요하네.

손자가 말했네. "모든 곳을 다 지키려 하면 모든 곳이 다 약해진다(無所不備 則無所不寡, 무소불비, 즉무소불과)." 따라서 자신의 강점과 약점을 정확하고 촘촘히 파악하여 부족한 부분부터 채워가야 할 것이네.

"박사 위에 도사가 있다"

지적인 능력 면에서 젊은이들은 여태까지의 점수 따기 위주의 학교식 공부에서 탈피하여 사회적 문제와 인간적 문제에 더욱 집중해야 하네. 아울러 어떤 환경에서 어떤 사람들과 어울려 삶을 꾸려갈지 생각하며 사회와 인간의 본질을 파악해 보려는 노력이 필요하지. 젊은이들은 아직 경험이 부족한 상태임을 인정하고 타인이나 새로운 것을 접할 기회를 가능한 한 많이 가져보는 게 좋겠네. 그래서 인간의 본성과 사물의 본질을 꿰뚫어 볼 능력을 갖추는 것이 중요하네. 기성세대는 새로운 주장이 나오면 자신이 쌓아온 경험적 요소와 나름의 노하우로 시시비비를 가려보려 하지. 하지만 젊은이들은 아직 내공이 깊지 않아 그 주장을 액면 그대로 받아들일 수도 있다는 것일세. 젊은이를 비하하는 것이 아니라 가능성이 크다는 것일세.

석사 위에 박사가 있고 박사 위에 도사(道士)가 있다고 하네. 박사는 연구하여 길을 알아내는 반면 도사는 보지 않고도 길을 찾는다고 하지 않나. 척 보면 안다는 것이지. 산속에서 길을 잃었을 때 가장 반가운 것이 길이라네. 닦아 놓은 길을 따라가면 정상에도 갈 수 있고 거기에서 또 다른 길을 발견할 수도 있으니까 말일세. 지적인 능력을 향상시키기 위해서는 자기가 닮고 싶고 존경하고 싶은 전문가의 행적을 따라 해 보는 것도 많은 도움이 된다네. 학문(學問)은 질문하는 가운데 배우고 익히는 것일세. 자기 자신에게도 항상 질문하고 전문가에게도 항상 질문해 보는 습관을 기르는 것이 중요하다네.

"인간관계는 경험이다"

태도적 능력은 상대방과 관계 맺는 능력이지. 곧 나 자신과 상대방을 바라보는 태도에 관한 문제일세. 삶이나 어떤 대상에 대해 가지는 태도인 가치관의 문제라네. 내가 나를 바라보는 태도는 자존감이라고 하지. 내가 상대방을 바라볼 때는 사랑이라는 관점적 태도를 가지고 바라본다고 생각하네. 이렇게 나와 상대를 대하는 태도를 구분해서 규정할 수 있겠지만 결국 태도 그 자체는 나로부터 나오는 것일세. 내가 어떤 마음으로 상대를 대하느냐가 중요한 것이네. 이것은 부단한 자기 절제와 노력이 필요한 영역이야. 보통 사람의 본성을 말할 때 사람은 이익을 추구하는 사회적 동물이라고 규정하지. 그것이 정치·경제 체제의 운영 원리로 적용되어 현재의 세상이 작동하고 있다네.

맹자의 성선설과 순자의 성악설에 대해 들어보았을 것이네. 모두 인간의 본성을 규정하는 학설들이지. 인간의 본성을 규정하는 까닭은 그에 걸맞은 사회를 만들기 위해서라네. 성선설은 인간의 본성이 선하다는 믿음이네. 선한 백성을 못살게 하는 것은 임금의 잘못이라는 것이지. 따라서 임금은 백성에 의해 바뀔 수 있다는 혁명 정신을 정당화하는 근거가 된다네. 성악설이란 인간의 본성은 본래 이기적이라는 거야. 그래서 백성은 법으로 다스려야 한다는 법치국가의 원리를 정당화하는 근거가 되네. 대인관계는 이렇듯 상반되게 규정되기도 하는 애매한 본성을 가진 인간과 인연을 맺는 일이네. 그래서 대인관계는 많이 접해보고 많은 경험을 쌓는 것 이외에는 만족할 만한 답을 얻을 수 없다네.

군 생활의 가장 큰 장점은 학력, 고향, 빈부, 취향과 관계없이 다양한 계층의 사람들과 동등한 입장에서 관계를 맺을 수 있다는 거지. 내 경험상 인간관계의 본질은 '긍정적인 마음으로 대면하기', '먼저 자기 손해를 감수하기'라고 생각한다네. 인생은 어떤 일이 생기느냐에 따라 결정되는 것이 아니라 우리가 어떤 태도를 보이느냐에 따라 결정되는 것이기 때문이지.

"성공하는 습관을 기르자"
행동적 능력은 일을 합리적으로 추진하는 실행력으로 결과를 창출해 내는 능력을 말하네. 안다고 해서 다 힘이 되는 것은 아니거든. 아는 것을 실행할 줄 아는 것이 바로 진정한 힘이지. 모든 위대한 성취는 반드시 실행함으로써 이루어지는 것이라네. 실행하지 않으면 아무것도 이룰 수 없어. 우리는 주변에서 역량은 매우 뛰어난데 이렇다 할 성과를 내지 못하는 경우를 많이 본다네. 그것은 바로 행동으로 이어지는 실행력이 부족하기 때문일세. 산출된 성과물은 내가 가진 역량과 실행력을 곱한 값이라 하네. 실행력은 의지력일세. 타고난 자질이 아니라는 것이지. 배우고 익히고 꾸준히 연습하면서 축적할 수 있는 일종의 기술(skill)이라네.

행동력이란 일을 추진해 가면서 배우고 또 그것을 활용하여 한발 한발 목표로 향해 가는 것이지. 행동적 능력에서 가장 중요한 것은 바로 성공하는 습관을 기르는 것이라네. 사람의 뇌는 생각하는 대로 작동하는 속성을 지니고 있다고 하네. 처음에는 작고 쉬운 목표를 정하고 달성하면서 성취감을 맛보는 습관부터 기르는 것이 중요하다네. 그래야 원래의 목표를 달성할 수 있는 발판과 뒷심을 만들 수 있는 걸세. 노자가 말했네. "세상의 어려운 일은 반드시 쉬운 일에서 비롯하고, 세상의 큰일은 반드시 작은 일에서 비롯한다(天下難事, 必作於易, 天下大事, 必作於細. 천하난사, 필작어이, 천하대사, 필작어세)."

큰 그림을 그리고, 체계적으로 접근하기

"인생은 선택의 연속이다"

인생은 곧 선택이네. 현재의 삶은 내가 선택하여 과거로 보낸 선택의 축적물이고, 미래는 나의 선택으로 이어나갈 방향일세. 우리는 끊임없는 선택의 과정 속에서 살아간다고 할 수 있네. 선택하지 않아도 오늘은 지나가듯이 선택하지 않는 것 역시 선택이지. 삶은 선택의 점들이 모여 인생사라는 선을 만들고 이 선들이 모여 역사라는 공간이 만들어지는 것일세. 그래서 C는 당연히 B와 D 사이에 있지. 선택(Choice)은 탄생(Birth)과 죽음(Death) 사이에 있다는 것이네. 이런 연유로 생각을 바꾸면 선택이 바뀌고 선택이 바뀌면 인생도 바뀐다는 것일세.

선택하지 않는다는 것은 직면한 사안에 의식적으로 개입하지 않거나 무관심하다는 것이네. 이는 주로 소극적인 삶의 자세에서 나타나는 현상이지. 정확히 말하면 다른 사람이 자신의 삶을 선택하도록 내버려 둔다는 의미라네. 하지만 적극적인 삶의 자세는 직면한 사안을 주체적으로 선택하여 그 사안에 개입하려 한다네. 자신의 삶에 대한 결정권을 자기가 행사하는 것이지. 결정은 개입한다는 것이고 개입은 시작함을 의미하는 것일세. 따라서 시작을 위한 인생의 출발점은 삶을 영위하는 세상을 적극적이고 긍정적으로 보는 데서부터 시작되어야 한다네. '할 수 없다.'라는 변명과 핑계를 찾기보다는 '할 수 있다.'라는 노력의 힘을 믿는 데서 시작해야 한다는 것이지. 그 노력은 반드시 자기가 원하는 삶의 방향을 지향하고 있어야 한다네.

    삶의 질은 태어난 환경 조건에 따라 달라질 수 있지만 살아가는 과정에서의 선택과 노력이 더 많은 영향을 미친다고 할 수 있네. 한 연구에 따르면, 지능도 선천적 요인뿐 아니라 후천적인 노력 여하에 따라 개발되고 향상될 수 있다고 하네. 세상에는 노력해서 이루지 못할 것은 없다네. 그래서 노력하는 사람은 당하지 못한다는 말도 있지. 우리는 누구나 인생을 살면서 성공을 이루고, 행복하게 살기를 기대한다네. 그런데 어떤 사람은 성공적으로 살아가지만 어떤 사람은 비슷한 조건과 상황에서도 그렇지 못한 경우가 많지. 그것은 언제 어떠한 선택을 하였으며 어떻게 노력하면서 살았는지에 대한 결과라고 생각한다네.

    인생은 끊임없는 자기완성의 과정이라 할 수 있다네. 성공과 행복은 자기완성의 과정에서 얻어지는 하나의 부산물일세. 자기완성은 원하는 삶의 큰 그림인 바람직한 자기의 미래 모습을 가슴에 품는 데서부터 시작된다네. 그리고 이를 실현하기 위해 끊임없이 노력하는 가운데 실현되지. 곧, 성공과 행복은 자기완성의 과정에 있는 것이네. 그래서 우리는 삶의 과정을 어떻게 잘 관리하여 성공과 행복을 얻고 궁극적인 삶의 목표를 달성할 것인지 고민해 봐야 한다네.

"목표는 방향을 제시한다"

삶을 관리하는 문제는 '인생을 어떻게 살 것인가?' 하는 질문에서 시작된다네. 이는 인생의 목표와 방향, 인생관 등에 대해 자기 자신에게 던지는 질문이라네. 내가 내 삶을 어떻게 바라보고 있는지 묻는 것일세. 그것은 인생에 대한 가치관이 정립되어 있는지 확인·점검해 보는 일이기도 하지. 인생의 가치관이란 인생을 대하는 태도를 의미한다네. 다시 말해 인생에 대해 무엇이 옳고 좋으며 바람직한지를 판단하는 관점이나 견해라는 걸세. 어떤 것을 바라보는 관점이나 견해가 일단 형성되면 그것은 판단하고 행동을 주도하게 되지. 그래서 인생의 가치관은 인생의 의미나 목적, 목표 등에 관한 모습을 그리는 기초를 마련해 준다네. 인생의 의미나 목적을 구현하기 위해서는 그에 상응하는 선택을 해야 하네. 선택한다는 것은 시작함을 의미하지. 시작은 반드시 적극적이고 긍정적인 시각에서 출발해야 하네. 소극적이고 부정적인 시각은 환경을 탓하게 만드는 경우가 많지. 하지만 환경이라는 것은 주어지는 것이 아니라, 스스로 만들어 가는 것이라네. 적극적이고 긍정적인 시각은 원하는 인생을 묵묵히 만들어 갈 원동력을 제공해 줄 것이네.

나는 내 삶의 주관자이자 주도자일세. 누군가가 바라는 모습의 내가 아니라 내 인생의 주체로서 내가 되어야 한다네. 내가 '내 삶을 어디로 끌고 가야 하는가'에 대한 방향성을 결정하는 것이 바로 목표를 설정하는 것이지. 목표는 방향을 결정해 주는 등대와 같네. 목표라는 것은 미래에 무엇인가를 이루고자 하는 대상물일세. 목표에는 뭔가 이룬다는 개념이 포함되어 있지. 이와 유사한 개념의 용어가 몇 가지 더 있다네. 이념, 비전, 목적 등이 그것들일세. 회사는 이윤의 극대화를 목적으로 하는 경영조직이라네. 그래서 회사는 항상 목적 달성을 위한 프로세스인 경영 체계도를 만들어 활용하지. 그것은 회사의 이념을 구현하기 위한 '비전-목표-전략-계획' 순으로 구성되네. 그리고 정해진 기한에 성과 달성 여부를 꼼꼼히 확인하게 되어 있네. 이러한 절차에 따라 용어의 개념을 설명하면 쉽게 이해할 수 있을 걸세. 이념과 비전은 목표보다 상위개념으로 거시적이고 이타적 지향성을 지니고 있지. 한마디로 회사가 지향하는 꿈이나 이상을 화폭에 그려 넣은 것이라네. 꿈과 이상 그리고 그 그림 속에서 목표라는 구체적인 대상물이 나오는 것이지. 더불어 목표와 목적의 차이도 알아야 하네. 목표는 '무엇을 이루고 얻을 것인가?' 하는 가시적 대상에 중점을 두는 것이네. 하지만 목적은 '그것을 왜 하는가?' 하는 방향성에 중점을 둔다네. 즉, '목표'는 이념과 비전을 구현하기 위한 '목적'이라는 방향성을 가지고 있는 것이지.

사람들은 미래의 이상향인 비전을 이미지화하고 그것을 실현하기 위해 목표를 설정한다네. 그리고 그것을 구체적으로 달성하기 위해 전략과 계획을 수립하지. 하지만 나의 미래 모습을 이미지화하고 목표를 수립했다고 해서 모두가 성공적인 삶을 사는 것은 아니라네. 그러면 어떻게 비전과 목표를 수립하느냐에 대한 질문이 당연히 나오겠지. 그것은 자기가 바라는 이상과 꿈을 이미지화하고 수치화해서 구체적인 목표로 나타내고 실현 기한을 정하는 것이네. 이때 목표는 구체적인 수치나 형상으로 명확하게 입으로 말할 수 있어야 한다네. 말할 수 있다는 것은 자기 확신을 갖는다는 것이지. 자기 확신이 있어야 다른 사람에게도 공감을 얻을 수 있다네. 그리고 타인의 공감을 얻는다는 것은 목표를 이루는 원동력을 갖게 된다는 의미라네.

"관리할 수 있는 목표인가?"

목표는 미래 어느 시점에 의식적으로 얻고자 하는 대상이라고 하였네. 목표는 지향하는 대상을 얻기 위해 행동할 동기를 제공해 준다네. 그리고 목표는 어떤 행동을 해야 하는지에 대한 지표도 제공해 주지. 그것이 바로 목표를 설정하는 이유일세. 많은 학자가 목표란 무엇을 의미하고 어떤 행동을 유발하는지에 대한 연구를 수년간 해왔다네. 이러한 연구들을 통해서 그들은 목표 설정 이론을 구축하였다네.

목표 설정 이론에서는 목표의 기능을 다섯 가지로 정리하였지.

〈 목표의 기능 〉

첫째, 설정된 목표는 행동이나 방향을 결정해 준다.

둘째, 목표는 조직이나 개인의 실적을 평가하는 표준이 될 수 있다.

셋째, 목표는 여러 활동과 목표 추구에 필요한 자원을 활용할 근거를 제공해 준다.

넷째, 목표는 임무를 수행하는 조직 구조에 직접적인 영향을 미칠 수 있다.

다섯째, 목표는 조직 구성원의 암묵적인 행동, 성격 등을 파악할 수 있는 통찰력을 제공한다.

여러 목표의 기능들은 우리의 삶을 관리하는 데 많은 영향을 미칠 수 있다네. 보통 개인의 삶에서 목표를 설정하고 관리하는 원칙 같은 것은 따로 존재하지 않지. 그것은 개인의 주관적인 가치와 판단으로 이루어지기 때문이라네. 하지만 개인도 하나의 경영체로 볼 수 있다네. 그래서 경영조직에서 이루어지는 목표설정 이론을 참고한다면 우리 인생을 설계하는 데 많은 도움을 받을 수 있지.

그럼 경영조직에서 목표를 어떻게 설정하고 관리하며 어떤 방법으로 구체화해 나가는지 파악해 보는 것이 중요하겠지. SMART 목표 관리 기법이 그것일세. 이것은 현대 경영학을 창시한 피터 드러커(Peter Ferdinand Drucker, 1909~2005)의 목표관리법에서 목표의 타당성을 확인하기 위해 제안된 방법이라네. 목표를 설정하는 기준은 구체적(Specific)으로 계량화가 가능한 수치를 통해, 측정 가능하게(Measurable) 설정되어야 하지. 또한, 달성(Attainable) 가능하도록 실천적이어야 하며 현실에 기반하여(Realistic) 실현이 가능해야 하네.

그리고 마감기한(Time-based)이 있어야 한다는 것이네.

"맞춤형 자기 전략만이 존재"

목표는 끝나는 시점에 따라 장기·중기·단기 목표로 구분하네. 예를 들면 내가 어느 한 분야에서 최고가 되겠다는 꿈을 가졌다고 생각해 보세. 그러면 그 비전을 이루기 위해 해당 분야의 아이콘이 되는 회사의 대표가 되겠다는 목표를 세워볼 수 있겠지. 여기서 회사 대표가 되는 것은 장기 목표라네. 회사 대표가 되기 위해 회사 업무를 총괄하는 부서장이 되겠다는 것은 중기 목표이지. 그리고 그 회사에 입사하기 위해 자격증 등을 준비하는 것은 단기 목표에 해당한다네. 앞서 말한 '비전-목표-전략-계획'의 프로세스는 장기·중기·단기 목표 때마다 작동하는 것일세. 그래서 큰 전략 속에 계획이 있고, 그 계획이 중간 목표에서는 전략이 되는 것이지. 자네는 목표를 세울 때마다 생성되는 순환적 구조를 잘 파악하고 정확히 이해하고 있어야 한다네. 세상에는 쉬운 일이 하나도 없다네. 이해하지 못하면 하지 않게 되고, 하지 않으면 당연히 멀어지게 되는 것이 세상 사는 원리임을 잊지 않기 바라네.

우리는 어떤 일을 할 때 전략적 사고로 접근하라는 얘기를 많이 듣는다네. 전략적 사고는 현재의 결과보다 미래의 성과에 중점을 두는 것을 말하네. 전략적 사고는 필요하다면 대(大)를 위해 소(小)를 버리듯 어떤 일을 과감히 포기하기를 고려하기도 한다네. 이렇듯 전략은 설정한 목표를 달성하기 위한 책략이라네. 책략의 방향성은 반드시 목표로 향해야 한다네. 그래야 '선택과 집중'을 할 수 있는 전략을 구사할 수 있기 때문이지. 성공적인 삶을 살기 위한 전략 수립 프로세스는 우선 삶의 목표를 설정하고 그것을 달성할 여러 가지 대안을 모색하는 것이네. 그리고 자신의 외부 환경과 내부 역량을 분석하고 평가하여 여러 대안 중 최적의 대안을 선택하는 것일세. 내가 얘기하는 절차들은 대략 일반적인 것들이지. 인생 전략에는 누구한테나 항상 들어맞는 보편적인 평균 전략이라는 건 없다네. 다만 자기 스스로 개발해야 하는 맞춤형 전략만 있을 뿐이라네.

"계획과 싸우지 말고, 상황과 싸워라"

목표를 설정하는 과정도 쉬운 일이 아니네. 그런데 설정된 목표를 구체적으로 달성하기 위한 전략을 수립하고 실행하는 것 또한 무척 어려운 일이라네. 내가 설정한 목표가 나의 미래 모습을 정확히 대변하고 구체적이며 현실성 있는 것이라고 가정해 보세. 그렇다면 목표를 실현하는 것이 곧 꿈꾸던 인생의 성공을 담보하는 것이겠지. 그렇기에 잘 설계된 프로세스로 삶의 목표를 설정하고, 치밀하면서도 세밀한 전략과 함께 실행 계획을 세우는 것이라네. 그런데 목표 달성을 위해 전략을 세우고 실행 계획을 시행하는 과정에서 꼭 명심해야 할 사항이 있다네. 전략과 계획은 항상 평가된 상황을 전제로 수립되는 것이네. 상황은 항상 변화하기 마련이지. 그래서 전략과 계획을 실행하는 과정에서 불확실한 상황과 우연적 요소가 많이 나타날 여지가 있다네. 그러므로 사전 준비된 일을 할 때는 '계획과 싸우지 말고, 상황과 싸우라'는 생각을 늘 염두에 두어야 하네. 목표에 이르는 방법은 하나만 있는 게 아니라네. 우리는 여러 방법을 나름 정해진 절차에 따라 합리적으로 비교하고 판단해서 최적의 방법을 선택해 시행하는 것이라네. 선택된 방법은 판단하고 평가된 상황을 전제로 결정한 것이지. 예를 들면 군대에서도 전략을 수립하거나, 작전을 계획할 때는 반드시 수집되어 평가된 정보를 바탕으로 한다네. 곧 정보 판단이 수정되면 전략도 전술도 수정되어야 한다는 것이지.

나는 워게임(war game)을 좋아한다네. 워게임은 어떤 사안에 대해서 머릿속으로 상황을 설정하고 그 사안이 펼쳐지는 순서대로 상황을 미리 시뮬레이션해 보는 것이지. 그렇게 하면 내가 어떤 상황에 부닥쳤을 때 어떻게 해야 할지를 파악하기가 쉽다네. 아울러 다른 상황이 전개될 때에도 대비할 수 있는 걸세. 그래서 상황 변화에 대비하여 군대에서는 항상 우발계획을 준비하고, 사회에서는 플랜 B를 준비하는 것이지.

손자는 목표를 달성하려면 모든 수단을 동원해 최선을 다해야 한다고 말했네. 험악하기로 유명한 중국 상산(常山)에 살면서 공격과 방어가 신묘하여 절대 죽일 수 없다는 솔연(率然)이란 독사처럼 말이네. "(솔연의) 머리를 치면 꼬리가 달려들고, 꼬리를 치면 머리가 달려들며, 허리를 치면 머리와 꼬리가 함께 달려든다(擊其首則尾至, 擊其尾則首至, 擊其中則首尾俱至, 격기수즉미지, 격기미즉수지, 격기중즉수미구지)."

습관은 어떤 것을 어떻게 반복해서
어떤 결과를 도출해 내느냐가 핵심이 되네.
그렇기에 꾸준함과 습관 속에서 이루어지는 반복은
단순한 반복 행위를 넘어서 삶의 수준을 결정할 수 있는
'성과를 내는 반복'이 되지.

02부 서툶에서 친숙함으로

"
- 086 지루함을 견디는 것이 위대함
- 096 좋은 습관 몸에 익히기
- 106 피할 수 없으면 즐겨라
- 115 시간은 관리하는 것
- 124 메모에서 생각이 시작된다
- 133 혼자 백 걸음보다 백 사람의 한 걸음
- 142 독서가 사람을 만든다
"

지루함을 견디는 것이 위대함

앞 장에서는 주로 사회나 군대 생활을 접하기 전에 갖추어야 할 기본기인 내면적인 문제에 관해 이야기했다네. 우리 자신은 어떤 세상과 환경에서 살고 있는지 자기의 삶을 유지하는 시간에 관한 생각을 정리하였지. 그리고 내가 나 자신을 어떻게 바라보아야 하는가? 그 속에서 열등감은 어떤 역할을 하는지 등을 알아보았네. 더불어 인생을 어떻게 설계하는지도 이야기를 나눴지. 요컨대, 자기 자신을 대상으로 묻고 스스로 답하는 시간을 가졌다고 할 수 있겠네.

이번 장에서는 자네가 마주하게 될 조직이나 군대 생활에서 벌어질 낯설고 어색한 상황을 어떻게 헤쳐나갈지에 대해 이야기해 보겠네. 조직이나 군대는 사회의 축소판이네. 낯설고 어색한 상황이 익숙함으로 가기 전까지 불편함이 따르는 것은 당연한 이치일세. 그러므로 불편함에 몸을 떠맡기고 순순히 따라가기보다는 불편함에 정면으로 맞서 익숙함이라는 기쁨을 스스로 쟁취해야 한다네. 순응이 아닌 치열함을 배워야 한다는 말이지. 이번 장에서는 어색함과 낯섦에 맞서서 고군분투할 자네에게 조금이라도 도움이 될 대화를 해보려고 하네. 자! 준비되었나?

"모든 것에는 반복의 리듬이 있다"

기운생동(氣韻生動)이라 했던가? 모든 생명에는 리듬이 있다네. 리듬이 있어야 살아 움직이는 것일세. 생명의 리듬은 바로 반복이라 할 수 있네. 반복은 인간의 생명을 유지하는 근간을 이루고 있지. 심장은 반복적으로 뛰고 호흡도 들숨과 날숨이 반복적으로 이루어진다네. 세포도 반복적으로 자기 복제를 통하여 성장하는 걸세. 우리 일상도 아침, 점심, 저녁으로 반복되는 영양 보충과 일어났다 깨기를 반복하는 수면, 한 걸음씩 반복해서 내딛는 걷기 등 다양한 반복을 통해 유지된다고 할 수 있네. 우리의 시간은 또 어떤가? 하루, 한 주, 한 달, 일 년이 반복되고, 봄, 여름, 가을, 겨울이 순환·반복되지. 현재를 기준으로 과거와 미래도 끊임없이 오가기를 반복한다네. 우주 역시 지구와 화성 등 여러 행성이 태양을 중심으로 반복해서 돌고, 달도 지구를 반복해서 돌고 있지. 사회생활에서도 마찬가지라네. 프리랜서 등 개인적인 사업을 할 때는 다소 불규칙할 수도 있지만, 단체생활을 하는 경우는 꽉 짜인 하루 일과표대로 움직이기 때문에 반복의 요소가 더욱 많다고 할 수 있지.

역사학자 토인비(Arnold Joseph Toynbee, 1889~1975)는 역사는 진보하는 것이 아니라 도전과 응전의 과정 속에서 탄생, 성장, 붕괴, 해체의 4단계 사이클을 겪는다는 문명순환론을 주장했지. 역사도 마찬가지로 반복·순환한다는 의미일세. 그의 말처럼 역사를 '도전과 응전'이라는 관점에서 살펴보면, 역사는 분명 도전과 응전이 반복되는 통합과 분열의 역사라 볼 수 있네. 다시 말하면 하나로 통합되었다가 다시 분열되고 나눠짐을 반복하는 것이지. 우리나라 역사를 살펴보아도 알 수 있네. 고조선에서 삼국시대로 분열되었다가 다시 통일신라 시대를 맞이하였지. 그리고 다시 후삼국 시대에서 고려, 조선으로 통합되었다가 현재 남북으로 분단되었다네.

중국 역사 역시 마찬가지네. 하·은·주 시대에서 춘추전국 시대로 분열되었다가, 다시 진시황의 진나라와 유방의 한나라로 통합되었지. 그리고 삼국지의 배경인 남북조 분열시대를 거쳐 수나라와 당나라로 통합되었던 걸세. 그 후 5대 10국의 분열을 거쳐 송, 원, 명, 청나라로 통합과 분열을 거듭한 끝에 현재의 중국으로 통합되어 있는 것이네. 유럽 역사도 로마제국이 통합한 이후에 다시 분열하였다네. 이후 1·2차 세계대전을 통한 독일의 통합은 실패하였고 지금은 유럽연합(EU)이라는 큰 틀에서 통합을 이루어 나가고 있지. 이러한 역사의 순환·반복에서 확신할 수 있는 것이 있다네. 그것은 우리의 남북통일 문제이네. 통합의 시간은 결국 필연적으로 올 수밖에 없네. 우리 민족이 번영하는 방향으로 통일을 이루는 것은 자네와 같은 젊은 세대의 몫임을 가슴 깊이 새겨 주길 바라네. 우리 젊은이들은 통일문제를 생각하지 않고는 미래를 논할 수 없기 때문일세.

"반복은 단순 되풀이가 아니다."

반복의 사전적 의미는 '같은 일을 되풀이함'이라네. 이것은 하나의 과정과 절차 속에서 같은 일을 되풀이하는 것으로 해석할 수 있지. 이 문제를 좀 더 적극적으로 해석해 보세. 반복이란 단순히 '자연적으로 되풀이되는 것이냐?' 아니면 '어떤 틀 속에서 목적을 가지고 되풀이되는 것을 관리하는 것이냐?'에 따라 반복의 본질을 달리 볼 수 있다는 걸 의미하네. 또한, 반복은 무언가 되풀이하면서 중단이 없음을 나타내지. 전자의 관점으로 보자면, 죽음에 이르러서야 반복이 중단된다는 의미이네. 하지만 여기서 내가 말하고 싶은 것은 후자의 관점으로 우리 삶의 반복을 바라보자는 것일세. 죽을 때까지 포기하지 않는 것이 바로 반복이라는 것이네. 지속성을 내포하는 끈기, 꾸준함, 습관들은 아주 단순해 보이면서도 무서운 함의를 포함하고 있네. 지치지 않고 반복 행위를 계속한다는 것이지. 그런데 그 반복이 우리 인생에서 원하지 않는 방향으로 계속 작용한다고 생각해 보게. 그 결과가 얼마나 끔찍할지 상상조차 못 할 것이네.

실천적인 측면에서 반복과 관련된 꾸준함과 습관에 대한 개념을 정리해 볼 필요가 있네. 이를 통해 반복의 의미를 생각해 볼 수 있기 때문이지. 꾸준함이란 '한 가지 일을 한결같이 지속하여 어떤 결과를 도출해 내는 것'을 뜻하네. 반복은 되풀이함을 말하지. 요컨대, 반복은 되풀이하는 행위에 중점이 있는 반면, 꾸준함은 지속하는 성실성을 강조하고 있다네. 꾸준함 속에서 반복이 이루어지는 것이지. 곧 꾸준함은 업무 진행 과정에서의 성실함이라 할 수 있다네. 그리고 습관은 자기도 모르게 저절로 반복하는 어떤 행위를 말하는 것이지. 버릇이라고도 하네. 단순한 행위에 중점을 둔 반복에 비해 습관은 행위에 따르는 결과를 강조하는 측면이 강하다네. 그래서 습관은 어떤 것을 어떻게 반복해서 어떤 결과를 도출해 내느냐가 핵심이 되지. 그렇기에 꾸준함과 습관 속에서 이루어지는 반복은 단순한 반복 행위를 넘어서 삶의 수준을 결정할 수 있는 '성과를 내는 반복'이 된다네.

"반복은 동전의 양면과 같다"

우리는 날마다 반복되는 삶을 살고 있다네. 하지만 삶의 결과는 천차만별일세. 어떤 사람은 똑같은 일을 반복하면서 정체되는 반면, 어떤 사람은 조금씩 성장하고 발전한다네. 이것은 반복의 본질을 어떻게 규정하고 활용하느냐에 따라 차이가 생기는 것일세. 반복이란 동전의 양면과도 같다네. 우리에게 익숙함과 지루함을 주기 때문이야. 익숙함은 안정감을 주지만 지루함은 힘들다는 느낌을 주네. 사람들은 반복을 지루하고 힘든 부정적인 것으로 인식하지. 다른 한편으로는 반복되는 일상에서 오는 익숙함과 편리함에 의지하고 있는 것 또한 사실이라네.

반복은 생활의 편함과 힘듦, 성장과 정체에 매우 중요한 요소로 작용한다네. 그래서 우리는 반복 행위를 어떠한 방식으로 얼마나 해야 하는지 알고 있어야 하네. 이것이 우리 삶의 긍정적 요소와 부정적 요소에 많은 영향을 미치기 때문이야. 한 가지 행동을 장시간 지속해서 반복하는 것은 결코 쉬운 일이 아닐세. 그것은 칠흑같이 어둡고 기나긴 터널을 끝이 어딘지 모른 채 지나가는 것과 같지. 이는 뜨겁게 샘솟는 열정을 가지고 있어야만 가능하다네. 따라서 우리는 반복의 본질을 냉철하게 꿰뚫어 볼 혜안을 가져야 할 걸세. 그래서 단순 반복이 아닌 성과를 내는 반복으로 만들 능력을 갖추어야 한다네. 이는 내가 성공적인 삶으로 나아갈 수 있는지를 판가름하는 결정적인 요소가 될 수 있기 때문이야. 예를 들면, 군대의 일일, 주간 일과표는 임무별로 반복할 분량과 구간을 설정하고 성과를 내는 반복을 꾸준하게 하도록 짜놓은 것이라네. 이것이 바로 성과를 내는 반복을 통해 조직의 목표를 달성하는 습관을 기르게 하는 것이지.

"지루함은 비우고 채우는 출발점"

우리는 작심삼일(作心三日)이라는 말을 자주 한다네. 아무리 단단히 마음을 먹어도 사흘을 가지 못한다는 의미일세. 어찌보면 이것이 인간의 한계라네. 굳은 작심이 겨우 삼일만 작동하는 이유는 아마도 지루함이 큰 이유일 걸세. 앞에서도 얘기를 나누었지만 지루함은 지속적으로 반복되는 일에서 생기는 경우가 대부분이지. 지루함은 새로움을 바라는 마음이 좌절된 상태에서 느끼는 감정이라네. 즉 새로움에 대한 감흥이 없을 때 생기는 감정 상태를 말하지.

일반적으로 사람들은 지루함이 삶에 부정적인 영향을 미치리라 생각하지. 하지만 삶의 근본을 파헤치는 철학자들은 지루함을 다른 관점에서 보기도 한다네. 19세기까지만 해도 쇼펜하우어(Arthur Schopenhauer, 1788~1860) 같은 철학자는 인간이 욕망을 채우지 못할 때 나타나는 감정을 지루함이라 정의하고, 삶에 부정적인 영향을 미친다고 보았네. 하지만 20세기에 들어서면서 철학자 러셀(Bertrand Russell, 1872~1970)은 "세상의 악은 대부분 지루함을 회피하다가 생겨나고 지루함 자체는 나쁘지 않다."라고 주장하였지. 또한 철학자 하이데거(Martin Heidegger, 1889~1976)는 "지루함은 다른 것으로부터 신경을 빼앗기지 않고 자기 존재를 망각하지 않는 유일한 시간이다."라고 견해를 밝혔다네. 곧 지루함은 우리를 삶의 새로움을 창조하는 공간으로 진입시키는 역할을 한다는 것일세. 여기서 얘기하는 창조의 공간은 노자의 허(虛), 불교의 공(空)이나 무(無)와 같이 채워짐을 기다리는 비움의 공간을 의미하는 것이라네. 비움의 공간은 가능성의 공간을 뜻한다네. 다시 말해 지루함이 던지는 중요한 메시지는 비우고 채워가는 출발점이라는 것을 알아야 하네.

인생은 지루함과 마주하고 치열한 고민과 갈등을 거칠 때 마침내 새로운 삶을 열 수 있는 걸세. 지루함은 그것에 덧씌워진 부정적인 이미지와는 달리 성공적인 삶을 창조하는 데 필요한 잠재력을 내포하고 있다네. 따라서 우리는 지루함의 본질을 파악하고 그것을 어떻게 활용할지 스스로 깊이 생각하고 깨우쳐야 할 걸세. 그래야만 일시적인 즐거움을 피하고 삶의 진실이 무엇인지 느끼기 시작할 수 있다네. 아울러 우리의 삶을 가로막는 장애물이 무엇인지도 정확히 파악할 수 있다네. 그리하여 결국 지루함이 성공적인 삶을 넘어 위대한 삶을 창출한다는 깨달음을 얻을 것일세.

"위대함은 평범함에 있다"

많은 사람이 위대해지기를 꿈꾼다네. 자네 역시 마찬가지라고 생각하네. 위대함이란 이룬 일이나 능력이 남보다 뛰어난 것을 말하지. 뛰어남이란 특별함일세. 그래서 우리는 위대함이 평범한 나와는 아주 먼 곳에 있다고 생각하기 쉽지. 하지만 위대함은 우리의 평범한 일상 속에 있다네. 행복의 파랑새를 찾아 멀리 떠난 주인공이 마침내 그것을 집에서 발견하게 된다는 파랑새 이야기처럼 진리는 먼 곳에 있지 않고 가까운 곳에 있는 것일세.

위대함을 말할 때 자주 등장하는 용어들로 꾸준함, 습관, 끈기 등과 같은 것들이 있네. 앞에서도 얘기했듯이 이러한 용어들은 그 속에 어떤 형태로든지 반복의 의미가 함의되어 있지. 이는 위대함을 만드는 원료가 반복이라는 뜻일세. 평범한 사람이 가장 쉽고 단순하게 위대함에 도달하는 방법은 오직 반복뿐이라네. 다만, 단순 반복이 아닌 성과를 내는 반복을 통해서만이 위대함으로 갈 수 있는 것일세.

작심삼일에 대해 생각해 보세. 작심삼일이 우리의 한계라고 한다면 그것을 뛰어넘는 것 또한 위대함이라네. 이를 위해서는 반복 자체에서 생기는 지루함을 극복해야 하지. 작심삼일을 극복하면 또 다른 삭심삼일을 낳고,

이를 반복하면 어느덧 목표에 성큼 다가가 있는 자신을 발견할 수 있을 걸세. 이것이 바로 성과를 내는 반복으로, 위대함으로 가는 첫걸음이라네. 등산이나 행군으로 예를 들어보겠네. 등산과 행군은 가야 할 목표가 있고 이를 달성하기 위한 어떤 행위가 있어야 하네. 그 행위는 걷는 것일세. 걸음은 오른발과 왼발 동작의 무수한 반복을 통해 이루어지네. 무수한 반복에서 오는 지루함을 극복하기 위해 중간중간 쉬기도 하고 경치를 구경하기도 하지. 또한, 각자 나름대로 창의적인 방법을 만들어 지루함이 꾸준함을 침범하지 못하게 하면서 목표를 향해 나아간다네. 이것이 바로 반복의 지루함이 위대함을 만들어가는 과정이라 생각하네. 일상을 유지해 가는 평범한 반복의 힘이 곧 위대함으로 묵묵히 나아가는 길이라네.

군대 지휘관 시절에는 인적이 드문 곳에 있는 관사에 혼자 살 때가 많았네. 가족은 아이들 공부 때문에 같이 살지 못하고 주말에만 잠시 다녀갔다네. 일명 주말부부라고 하지. 그런 연유로 나는 통상 덩그렇게 큰 관사에 혼자서 생활하기가 일쑤였네. 그때 가장 절실했던 건 매일 혼자 있는 외로움과 지루함을 어떻게 관리하느냐 하는 것이었네. 이것은 나의 삶에서 가장 도전적인 과제였지. 많은 생각과 고민 끝에 일시적인 즐거움과 쾌락을 주는 TV 시청을 제한했다네. 아주 단순하게 일상에서 답을 찾았던 거야. 이후 자연스럽게 독서, 인문학 공부, 음악 감상 등 나 자신과 대화할 시간을 많이 확보할 수 있었네. 처음에는 이를 반복하고 습관화하는 데 많은 어려움을 겪었지. 하지만 이런 과정을 통해 나는 지루함으로 비워진 나 자신을 새로움으로 채우는 연습을 많이 할 수 있었네. 지금도 나는 혼자 있을 때 절대로 지루함을 느끼지 않는다고 자부하네. 내 마음에는 항상 "지루함을 극복하는 것이 위대함이다."라는 말이 새겨져 있기 때문일세.

좋은 습관 몸에 익히기

"세 살 버릇 여든까지 간다"

버릇은 곧 습관이네. 습관이란 사전적으로 '어떤 행위를 오랫동안 되풀이하는 과정에서 저절로 익혀져 그렇게 하는 것이 규칙처럼 되어버린 일'이라고 정의하네. 심리학에서는 '학습에 의해 후천적으로 반복하여 행하여진 결과로 비교적 고정화된 반응 양식'이라고 하네. 습관(習慣)을 한자로 풀어보면 대략 이렇다네. 배우고 익힌 것(習)이 관성의 법칙처럼 익숙한 대로 고정되어 계속 나아간다(慣)는 뜻이라네. 관성의 법칙이란 운동하던 물체는 계속 운동하고 멈춰 있는 것은 계속 멈춰 있으려는 속성이지. 간단히 말해, 어떤 일을 반복하여 자주 하면 그것이 몸에 체화되어 지속적인 행동으로 나타나는 것을 의미한다네.

습관이란 생각하지 않고 행동하는 것이네. 즉 무의식적으로 행동한다는 것일세. 이것은 '어떤 상태에서 어떤 행위를 할 것인가?', '혹은 어떤 방법으로 할 것인지'에 대한 선택이 필요 없다는 뜻이지. 고민과 선택, 결단과 같은 의식적인 행위와는 관계가 없다는 것이네. 미국 듀크 대학의 연구(2006)에 따르면, 우리가 하는 행동 중 45%는 선택이 아닌 습관에 의해 이루어진다고 하네. 사람들은 대부분 매일 이루어지는 자신의 선택들이 신중하게 생각해서 내린 결정의 결과라고 생각하지. 하지만 실제로는 그렇지 않다는 것일세. 대부분의 선택은 그저 습관적으로 이루어지는 것이지. 미국 심리학자 윌리엄 제임스(William James, 1842~1910)는 "우리 삶이 일정한 형태를 띠고 있는 한, 우리 삶은 습관 덩어리일 뿐이다."라고 주장했다네.

우리는 어느 시점까지는 의식적으로 해야 할 행동을 결정하지. 하지만 어느 정도 시간이 지나면 아무 생각 없이 반복적으로 같은 선택을 한다고 하네. 그것은 어떤 행위가 일단 습관화가 돼 버리면 우리의 뇌는 그것에 관한 관심을 완전히 차단하기 때문이라네. 바꿔 말하면 어떤 습관을 떨쳐 내기 위해서는 뇌가 다시 관심을 갖도록 의식적으로 노력해야 한다는 것일세. 그렇지 않으면, 습관이 갖는 강력한 속성인 관성에 따라 끊임없이 그 행위를 반복한다는 것이지. 즉 새로운 행동 양식을 찾아내지 못하면 종래의 익숙한 습관이 자동으로 지속된다는 것을 알아야 하네.

"인간행동의 원천은 무의식이다"

습관의 문제에서 자주 등장하는 의식과 무의식이란 무엇인지 알아둘 필요가 있네. 그것은 우리의 정신체계가 습관에 어떻게 작용하며, 습관을 바꾸려면 무엇이 필요한지 파악하는 데 중요한 역할을 하기 때문이지. 인간의 정신세계에는 의식과 무의식의 영역으로 나뉘어진다네. 의식은 현실적이고 논리적 세계인 반면 무의식은 이상적이며 비논리의 세계라고 하네. 인간이 보이는 물질세계와 보이지 않는 정신세계에서 함께 살아가듯, 인간의 정신도 의식되는 세계와 의식되지 않는 무의식의 세계에 함께 놓여있다네. 의식이란 깨어 있는 상태에서 나 자신이나 대상을 인식하고 깨닫는 작용일세. 이렇게 느끼거나 마음에 두는 의식의 주체를 자아(Ego)라고 하지. 자아는 가치관을 설정하고 나를 타인과 구분하는 기능을 한다네. 곧 자아의 기능은 내부와 외부에서 유입되는 다양한 요소를 판단해 선택하고 그것을 수용하는 것이지. 그래서 자신과 타인을 구분하는 개성화 작업을 담당한다네.

무의식은 의식이 아닌 세계를 통칭하는 것으로 마음 깊숙한 곳에 자리 잡고 있네. 무의식은 심층구조로 이루어져 있기 때문에 어떤 일을 하면서도 그것을 알아차리지 못한다네. 꿈이나 정신분석 같은 것을 통하지 않고서는 파악될 수 없는 영역이지. 무의식 영역에는 본능적 요소뿐 아니라 의식 영역에 두지 못하는 부정적인 일들까지 모든 것이 여기에 머문다네. 요컨대 모든 내부와 외부 요소들은 결코 사라지지 않는다는 것이지. 우리의 뇌 속 의식이나 무의식 영역에 고스란히 저장되어 있다는 것이네. 무의식 영역은 사람들이 무엇을 어떻게 바라보고 어떻게 반응하는지에 많은 영향을 준다고 하지. 보통 우리가 어떤 변화를 주려고 할 때는 무의식 영역에서 그 변화를 방해하는 것일세. 즉 무의식에 잠재된 과거의 경험적 요소들이 변화를 거부하고 현재 상태를 고수하려고 하기 때문이네. 그래서 변화하기가 어려운 것이지. 따라서 무의식 영역에 잠재된 각각의 요소별로 형성된 프로그램을 어떻게 변화시킬 수 있느냐가 바로 삶의 수준을 결정하는 것이라네.

금연을 예로 들어보겠네. 의식적으로는 담배를 끊고 싶은데 끊지 못하는 데에는 이유가 있다네. 무의식 영역에서 담배가 스트레스 해소에 좋다는 생각이 이미 프로그래밍되어 있기 때문이지. 결국 무의식에서 금연을 거부하고 있는 것이네. 즉, 외부의 몸은 싫어하려고 해도 마음 깊은 곳에서는 그것을 좋아하고 있는 것이나 마찬가지라네. 이처럼 무의식은 인간의 행동을 유발하게 하는 실질적인 힘의 원천이라고 할 수 있지. 그렇기에 원하는 삶의 방향으로 잠재된 무의식 프로그램을 잘 바꾸어 나간다면 성공적인 인생을 만들 수 있네. 또한, 무의식을 바꿀 수 있는 능력이 생기면 자연스럽게 직관력도 향상된다네. "장고 끝에 악수 둔다."라는 격언이 있지. 너무 오래 고민하다가 오히려 그릇된 결정을 내릴 확률이 높아질 수 있다는 뜻이네. 직관력이 커지면 적절한 이성적 판단과 함께 일을 올바르게 결정할 수가 있지. 이것이 오히려 삶을 더 성공적으로 이끌고 갈 수 있다는 것일세. 장고가 필요 없다는 것이지.

"습관은 축복인가? 저주인가?"

습관은 자기 자신도 모르게 내 몸에 익숙해져 버린 것이네. 의식이 아닌 무의식적으로 이루어지는 것이지. 그러므로 습관을 의식적으로 조절하는 방법을 찾아야 한다네. 그러기 위해서는 습관이 무엇으로 구성되며 어떠한 구조로 형성되고 어떻게 작동하는지 이해해야 한다네. 습관은 대략 세 가지 요소로 구성되어 있다네. 그것은 신호, 반응 행위, 보상일세. 이 세 가지가 고리 모양으로 연결되어 순환 반복하면서 습관이 된다네.

먼저, 내부나 외부에서 오는 신호는 우리 뇌에 어떠한 프로그램을 작동시키라고 명령하는 자극일세. 일종의 방아쇠 역할을 하지. 다음 단계인 반응 행위는 신체적으로 나타나기도 하고 심리상태의 변화로도 나타날 수 있다네. 그리고 보상은 뇌가 이 특정한 반응 행위를 앞으로도 계속해서 할 것인지를 판단하는 기준이 된다네. 보상이 충분하며 매력적이라고 인정되면 다음부터는 같은 신호에 같은 반응 행위를 하게 되네. 보상은 무엇을 얻는 것일 수도 있지만 무엇을 절제하는 것 또한 보상일세. 무언가를 절제해서 미래에 더 큰 보상을 얻는 것이지. 예를 들면, 눈앞에 놓인 과자를 먹는 것도 보상이지만 과자의 유혹을 참아내고 건강한 육체나 매력적인 몸매를 가지는 것 또한 보상일세. 눈앞의 보상만을 즐긴다면 미래의 보상은 얻을 수 없지. 그뿐만 아니라 현재의 보상이 벌칙으로 다가올 수도 있다네. 이렇듯 눈앞의 보상을 과대평가하고 나중에 받을 보상을 과소평가하는 특성을 행동경제학에서는 '쌍곡형 할인'이라 하지. 이런 용어까지 등장하는 것을 보면 많은 사람이 미래보다는 눈앞의 이익에 더욱 치중한다는 것을 알 수 있다네.

    습관은 '신호-반응 행위-보상'의 순환고리가 반복되고 이 고리가 점점 기계적으로 변화하면서 탄생한다네. 여기서 중요한 것은 어떤 행위가 습관으로 고착되면, 뇌는 자동으로 그에 관한 활동을 멈춘다는 거라네. 따라서 습관을 변화시키고자 뇌를 의식적으로 작동시키지 않는다면 그 습관은 변화시킬 수 없는 거지. 그러므로 습관을 구성하는 요소를 의식적으로 변화시키면, 만들어진 습관을 없애거나 새로운 습관으로 대체할 수도 있는 것일세. 하지만 한 번 형성된 습관은 결코 지우거나 없앨 수가 없다네. 그냥 잠시 잊혀지는 것이지. 즉, 잊혔던 신호와 보상이 다시 주어지면 곧바로 옛적의 반응 행위가 나오게 되지. 조건만 형성되면 끊임없이 반복해서 그 행위가 나타날 수 있다는 뜻일세. 그래서 습관은 생각보다 우리의 삶에 훨씬 심대한 영향을 미친다는 것이네. 습관은 우리 뇌의 상식적인 판단은 물론이고 이성적인 판단마저도 깡그리 무시한 채 오직 버릇에만 매달리게 하기 때문일세. 불행하게도 우리 뇌는 좋은 습관 프로그램과 나쁜 습관 프로그램을 구분하지 못한다네. 결국 자네가 선택할 수밖에 없는 걸세. 습관은 자네에게 주어진 축복인 동시에 저주가 될 수도 있다네.

"군대는 거대한 습관의 집합체"

    군대는 좋은 습관을 형성하기에 아주 유용한 조직이라네. 군대는 수

많은 훈련을 통해 정교하고 세밀하게 설계된 습관을 몸에 익혀가지. 군인은 전쟁터에서 명령을 행동으로 옮겨야 하기 때문이라네. 즉, 명령을 받으면 조건반사적이며 무의식적으로 반응하도록 훈련되어 있어야 하지. 그렇지 않으면 죽음이라는 보상(벌칙)을 받아야 하는 것이 전쟁터의 원리니까. 그래서 군에 입대하는 순간부터 개인 및 공용 화기를 다루는 방법, 적과 교전하기 위해 행군하는 요령, 공격하기 위한 행동 요령, 방어하기 위한 진지 구축 요령 등을 부대원 전체가 온전히 숙달하도록 끊임없이 반복하며 숙달 훈련을 하는 거라네. 그러한 훈련을 통해서 군은 전투에서 승리하는 습관을 길러가는 것이지. 즉, 군대는 부대 구성원들 개개인의 습관들을 길러 승리라는 조직의 습관을 만드는 거대한 습관의 집합체라고 할 수 있네.

군대라는 습관의 집합체에서는 반복하는 행위를 아주 치밀하고 정교하게 다룬다네. 습관은 효율적인 반복을 통해 형성된다네. 습관의 성숙도는 어떠한 분량으로, 어떤 주기로 반복하느냐에 따라 달라진다고 할 수 있지. 군대에서는 매일 해야 할 일을 정해 놓은 일일 일과표, 주 단위의 주간 계획표, 월 단위의 월간 계획표에 따라 운용되고 있다네. 이러한 일정표들은 개인이나 조직의 반복 행위를 효율적으로 관리하기 위해 수립된 계획이라 할 수 있지. 습관의 집합체인 군대는 자네가 평소 갖고 있던 나쁜 습관을 바꿔 갈 좋은 계기가 될 수 있다네. 나쁜 습관이 있던 자리에 좋은 습관을 새롭게 자리 잡게 할 수 있는 좋은 환경이지. 예를 들면 세 끼니 먹는 것, 자고 일어나는 것, 자기 주변 청소하는 것, 자기 물건 정리하는 것, 체력을 강하게 하는 것 등은 일과표에 의해 자동으로 습관화가 가능한 것일세. 이런 것들은 삶에서 아주 기본이 되는 일상 습관이라 할 수 있지. 하지만 기본이기 때문에 오히려 습관으로 유지하기가 힘든 것인지도 모른다네. 기본에 대한 습관은 자신의 삶을 견실하게 만들어 준다네. 이렇듯 군에서 삶의 기본에 대한 습관을 익히는 것은 인생에서 두 번 다시 오지 않을 기회라 생각할 수 있다네.

"나만의 새로운 습관 익히기"
습관의 고리는 사실 아주 작은 변화 하나로도 끊어낼 수 있는 거라네. 그럼에도 사람들이 습관을 쉽게 끊지 못하는 이유는 자기가 가진 습관을 잘 인식하지 못해서이지. 자기 스스로 어떤 습관을 지니고 있다는 자체도 인식하지 못해서라네. 어떤 습관이 있는지 모르니 그 고리를 깨뜨릴 생각도 못 하는 것일세. 자! 이제부터는 오감을 다 동원하여 나도 모르게 배어버린 나쁜 습관을 찾아내야 한다네. 그리고 새로운 습관으로 바꿔가는 연습을 꾸준히 해야만 하네.

나는 새로운 습관을 익히기 위한, 평범하지만 특별한 나만의 프로세스를 가지고 있다네. 많은 시행착오와 경험을 통해서 체화한 것이지. 나는 새로운 것을 습관화하기 위해 하고 싶은 일을 일상 시간 속에 포함시키는 작업부터 시작하네. 즉, 일상적인 평소 생활이 습관의 고리가 시작되는 첫 단계인 '자극'의 역할을 담당하게 한다네.

하루 세끼 밥 먹고, 자고 일어나는 것, 용변 보기, 출퇴근하기, 뉴스 보기 등은 일상생활에서 고정적으로 하는 필수적인 일들이지. 일상에서 필요한 행위를 새로운 습관으로, 생활의 한 형태로 포함시키는 것이네. 배고프면 밥 먹듯이 말일세. 이것은 별도의 시간을 내어 습관을 만들기 위해 따로 반복할 필요 없이, 그냥 평소처럼 생활하면서 자동으로 반복하며 습관화하는 방법이라네. 예를 들면, 식사 후 걷기, 목적지 한 정거장 전에 내리기, 책 읽을 때 메모하기, 뉴스 보면서 운동하기, 아침에 체중 측정하기 등 만들고 싶은 습관들을 자신의 일상생활 일과에 집어넣는 거라네. 그래서 그것을 하지 않으면 일상이 진행되지 못하도록 하는 것이지. 이것은 그 어떠한 것도 다 가능하다네. 이 중에서 나의 핵심 습관은 단연코 아침에 체중을 측정하는 거라네. 핵심 습관은 관련된 다른 습관에까지 모두 영향을 미치지. 아침에 체중을 재면 어제 무엇을 했는지 반성할 수 있지. 그리고 오늘 무엇을 어떻게 해야 할지에 대한 계획을 미리 머릿속에 그림 그려볼 수 있다네. 체중계에 표시된 숫자가 어떻게 나오든지 성취감을 느끼거나 자극을 받아 더욱 치밀한 하루를 보내게 하는 좋은 트리거가 되지.

또한, 보상은 자극적일 필요가 있네. 생존과 연계시키면 반복을 지속할 수 있는 의지를 더욱 강화할 수 있지. 예를 들면 걷기 운동의 보상을 몸매 관리보다는 생존의 문제인 전신 마비 사전 예방으로 설정하면 더 오래 지속할 힘을 얻을 수 있지. 담배를 끊지 못하던 사람이 담배를 끊는 대부분의 이유는 '당장 담배를 끊지 않으면 죽을 수도 있다'라는 의사의 직접적인 경고 때문인 경우가 많다고 하네. 이와 더불어 강조하고 싶은 것은 새로운 습관을 기르는 것도 좋지만 나쁜 습관을 버리는 것이 더 중요하다는 거라네. 그래서 새로운 습관을 기르는 데 방해되는 나쁜 습관부터 우선순위를 정해서 버리는 것이 좋다네. 나쁜 습관이 있다는 걸 안 순간부터 그 습관을 변화시킬 책임은 전적으로 자네에게 달려 있음을 알아야 하네. 왜냐하면, 그 습관은 자네 스스로 선택한 것이기 때문일세.

피할 수 없으면 즐겨라

"세상은 일로 가득 차 있다"

인생은 할 일들로 가득 차 있다네. 그중에는 사회의 일원으로서 반드시 지켜야 할 일들도 있지. 의무적으로 해야 하는 일 말일세. 국가는 교육을 통해 인재를 양성하고 근로와 사업을 지원해 이익 창출을 돕는다네. 그리고 그에 맞는 세금을 걷어 국방력을 키우고 나라를 유지·발전시키는 역할을 하지. 국가를 구성하는 국민은 그에 따른 국가적 의무를 다해야 하는 것일세. 그것이 바로 국민의 4대 의무(교육, 근로, 납세, 국방의 의무)라네. 회사나 군대 등의 조직에서도 조직의 목표를 달성하기 위해 조직원들이 반드시 해야 할 일을 규정하고 있지. 만약 규정을 잘 지키지 않으면 관련 조직이 정하는 규율에 따라 제재를 받을 수 있네. 따라서 현재 자기가 어느 조직에 속해 있다면 해당 조직이 어떤 규율을 가지고 조직을 유지해 나가는지 꼼꼼히 살펴봐야 하네. 왜냐하면, 자네는 그것에 의해 제재를 받을 수 있기 때문이지.

개인에게도 자신의 삶을 어떻게 꾸려갈지와 관련해 반드시 해야 할 일들이 있다네. 하지만 개인적인 일이라도 좋아서 선택하기보다는 싫지만 어쩔 수 없이 해야 하는 일들이 많지. 많은 이들이 현재 자기가 하는 일에 만족감을 느끼지 못하고 있는 게 현실이네. 관련 연구 결과에 따르면, 우리나라 삶의 만족도는 경제적 수준에 비해 낮은 것으로 파악되고 있다네. 만족도가 떨어지는 이유는 대부분 부딪치는 일에 대한 생소함과 어려움으로 인한 두려움 때문이지. 이처럼 생소함과 두려움은 누구나 겪는 일상사라네. 일생에 걸쳐 끊임없이 발생하는 일이라는 말이야. 그런 문제는 완전히 해소될 수 있는 게 아니라 단지 조금씩 나아질 뿐인 것이지. 문제가 해결되었다고 생각하면 또 다른 생소함과 두려움이 생겨나기 때문이네. 문제가 문제를 낳는다는 의미일세. 만족감은 문제를 해결하는 과정에서 느끼는 감정이라네. 그래서 문제를 회피하거나 아무런 문제가 없는 척하고 있으면 문제를 해결하지 못한 상태로 있을 수밖에 없지. 즉, 만족감을 느끼지 못한 상태로 계속 있어야 한다는 말이야. 요컨대 불만족은 문제를 일으킨 외부에서 찾아오는 게 아니라, 문제를 해결하지 못한 내부에서 나온다는 것일세. 이렇듯 우리가 반드시 해야 할 대부분의 일은 사람들이 꺼리거나 불편함을 느끼고 있는 것들이라네. 그러한 일들은 스스로 결정한 일이라기보다 개인이나 조직의 목표를 달성하기 위해 설정된 것들이지. 그래서 감당하기 어렵고 생소한 것들이 대부분이라네.

"회피는 일시적 도피"

사람들은 어려움과 두려움이 느껴지는 일을 할 때 통상 그것을 회피하려는 경향이 있다네. 구체적으로는 현실을 부정하거나 피해의식에 호소하는 것일세. 자신에게 있는 문제를 자기 자신이 부정하는 것이지. 현실을 부정한다는 것은 생각을 현실에 두지 않는다는 것일세. 문제를 부정하면 단기적으로는 해방감을 느끼지. 하지만 결국에는 일에 대한 불안을 떨칠 수 없는, 감정에 억눌린 삶을 살게 될 뿐이라네. 피해의식은 모든 문제의 원인을 외부로 돌리고, 자기가 할 수 있는 일은 아무것도 없다고 믿는 것이네. 찾아보면 분명 스스로 해결할 수 있는 방법이 있음에도 불구하고 말일세. 이는 단기적으로 기분을 풀 수는 있겠지만, 종국에는 무력감과 절망으로 가득 찬 삶을 살게 될 뿐이라네. 그렇기에 삶에서 직면하는 문제들을 대할 때 단기적인 쾌락이나 기분에 휘둘려서는 안 된다네. 현실을 현실로 인식하고 조금 더 좋은 것으로 바꿔 놓으려는 삶의 태도를 견지해야 한다는 것이지.

"대상을 바라보는 태도, 가치관"

내가 대상을 바라보는 태도를 가치관이라고 한다네. 가치관은 사전적으로 '인간이 자신을 포함한 세계나 그 속의 사상을 평가하는 데 견지하는 근본적인 태도나 관점' 정도로 정의한다네. 즉, 옳은 것, 바람직한 것, 해야 할 것 혹은 하지 말아야 할 것 등에 관한 생각을 말하는 것이지. 쉽게 말하면, 대상을 판단하고 선택하는 기준을 제시하는 것이라네. 이러한 가치관은 자기 삶의 목표를 설정하는 데 매우 중요한 나침반 역할을 하지. 하지만 사람들 대부분이 자신이 주도하는 삶을 살기보다는 남들에게 보이기 위한 삶을 살아간다고 할 수 있다네. 이러한 사회적 환경에서는 자신의 가치관대로 살아가기가 쉽지 않지. 사람들은 성장하면서 직면하는 여러 환경 속에서 자신의 가치관을 형성한다네. 때로는 환경이 올바른 가치관을 형성하는 데 방해가 되기도 하지.

가치관은 나 자신을 바라보는 태도인 자존감을 포괄할 수도 있지만, 조금 다르다고 할 수 있지. 자존감은 자신을 바라보는 데 중점을 두는 한편, 가치관은 타인을 바라보는 데 중점을 둔다네. 곧 가치관은 같은 사회적 공간에서 활동하는 타인에 대한 판단 기준이라 할 수 있네. 이는 사회가 지향하는 목표를 잘 고려하여 가치의 기준을 설정해야 한다는 뜻이네. 즉, 자신의 주체성에 사회의 공익성도 충분히 고려되어야 하네. 가치관에는 개인의 주관과 사회적 목표가 공존한다고 볼 수 있지. 그래서 가치관에 대해서는 어떤 절대적인 기준을 제시할 수가 없다네. 하지만 사회 통념상 좋은 가치관과 나쁜 가치관에 대한 일반적인 기준은 제시할 수 있지.

"좋은 가치와 나쁜 가치"

일반적으로 좋은 가치란 현실에 기반을 두고 사회에 이로우며 직접 통제할 수 있어야 한다네. 반면, 나쁜 가치는 미신적이고 사회에 해로우며 직접 통제할 수 없는 것이지. 의미 있는 가치를 생각할 때 의미 있는 것에 더 관심을 쏟게 되는 것이 당연하고 지당한 이치라네. 요컨대 더 나은 가치에 관심을 기울이면 삶은 더욱 가치로워지지. 그 결과로 성공적인 삶을 이루는 곳에 더 집중할 수 있게 된다네.

    책임감과 같은 좋은 가치에 대한 예를 들어보겠네. 책임감은 현실에 적용할 수 있고, 문제에 대한 책임을 명확히 하기에 사회에 이롭다네. 그리고 책임을 진다고 하는 자기 통제가 가능한 가치관이지. 하지만 인기는 그렇지 못하다고 할 수 있네. 인기는 타인의 감정으로 나를 판단하는 것이지. 그것은 수시로 변하는 감정에서 나오기 때문에 스스로 통제할 수도 없다네. 그리고 인기라는 게 사회에 어떻게 이로울지도 의문이지. 즉, 좋은 가치는 주로 내적인 요인으로 얻어지는 것일세. 하지만 나쁜 가치는 주로 외적 요인에 의존하는 경우가 많다네. 예를 들면, 쾌락과 무한 긍정 같은 것은 헷갈리기 쉬운 가치이지. 겉포장은 화려해 보일지 모르지만 문제 해결에는 결코 도움 되지 않는 가치라 할 수 있네. 쾌락은 일시적으로는 좋지만 인생 전반에 걸쳐서 우선시할 만한 가치는 결코 못 되지. 연구에 따르면 쾌락에 힘쓰는 사람이 오히려 불안과 우울에 더 많이 시달린다고 하네. 쾌락은 즐거움이나 만족감과는 다른 거라네. 쾌락은 일시적으로 얻었다가 순간적으로 잃기 쉬운 것임을 알아야 하네. 한편, 일부 사람들은 모든 일을 무조건 긍정적으로 받아들이는 것을 삶의 가치로 삼는 경우가 있다네. 인생을 낙관적으로 바라보는 것은 나름대로 의미가 있을지도 모르지. 하지만 한결같이 무조건 긍정하는 것은 일종의 회피일 뿐 문제에 대한 근본적인 해결책이 아니라네. '폭력을 쓰지 않겠다.'는 가치관은 '결코 분노까지도 하지 않겠다.'는 의미와는 다른 거니까. 분노는 사안에 따라서 문제를 해결하기 위한 치열한 과정일 수도 있기 때문이라네.

"고통은 삶의 도구이다"

좋은 가치관을 가지려면 삶은 늘 어느 정도 고통스럽다는 사실을 순순히 인정하고 받아들여야 하네. 불교에서 세상을 바라보는 관점 중 하나는 "모든 것은 고통(一切皆苦, 일체개고)"이라는 거지. 고통으로 인해 삶을 부정하거나 숙명적으로 바라보기보다는 삶의 실상을 인식하는 출발점으로 인정하는 것이지. 불교는 이러한 삶의 실상에 대한 인식을 도구로 삼아 최종 목표인 열반에 이른다고 하네. 우리가 어떻게 살아가든지 삶에는 항상 실패와 후회가 있다는 것일세. 그리고 종국에는 죽음에 이른다는 것을 받아들여야 한다고 하지. 그래야 우리 삶에 던져지는 어려움과 고통을 어떻게 받아들이고 어떻게 견뎌내야 할지 깨우치는 기초를 닦을 수 있다고 생각하네.

'고통을 어떻게 받아들일 것인가?'라는 문제에는 역효과의 법칙이 있네. 건강과 활력을 얻기 위해서는 체육관에서 땀 흘리는 고통과 마주해야만 하지. 사업에 실패해 봐야 비로소 사업 성공을 위한 필요 요소를 깨닫게 되네. 불안과 공포를 기꺼이 받아들이면 그 결과 자신감과 카리스마가 생긴다고 하네. 이것이 바로 역효과의 법칙이네. 고통은 삶이라는 천에 얽히고설킨 실오라기와 같은 것일세. 완전히 떼어낸다는 것은 불가능하지. 그것을 떼어내면 또 다른 것이 헤어져 나온다네. 따라서 떼어 놓으려고 집착하면 할 수록 더욱 휘말려들 수밖에 없다는 것이지. 고통은 척결할 대상이 아니라 하나의 다름으로 받아들여야 하는 거라네. 그러면 고통은 더 이상 인생을 방해하는 장애물로 작용하지 않게 되지. 궁극적으로는 성공적인 삶을 살아갈 원동력이 되어 준다네. 하지만 단순히 받아들이는 것으로 안주하면 안 된다네. 그것을 넘어 더 나은 가치로 승화시켜 나가야 하지. 그러면 결과적으로 삶의 목표에 더욱 성큼 다가갈 수 있다네. 따라서 우리는 삶이 던지는 끊임없는 어려움과 고통이 숙명임을 인정해야 한다네. 그뿐만 아니라 그것에 가치를 부여할 때 비로소 극복할 방법을 터득할 수가 있다네.

"의미 부여는 삶의 자극제"

삶이 주는 어려움과 고통은 그것을 받아들이면서 자기 자신과 화해하는 과정이 반드시 필요하네. 그것은 바로 의미를 부여하는 것일세. 삶이 주는 어려움과 고통을 극복하기 위해서는 그 일이 왜 일어났으며, 그것이 자신의 삶을 어떻게 변화시킬지 주관적으로 해석하고 의미를 부여하는 과정이 반드시 필요하다네. 그러면 그것은 자신의 삶을 이해하고 성장시키는 동력으로 작용하게 될 걸세. 이렇게 어려움과 고통을 해석하고 의미를 부여하는 화해의 과정이 없을 경우를 생각해 보세. 그때 사람들 대부분은 심리적 압박감을 느끼거나 그로 인해 일을 포기하는 상태에 놓이게 될 것이네. 닥쳐오는 일에 대해 의미를 부여하는 것은 그에 대한 의식적인 자극을 자신에게 부여하는 것일세. 이러한 의미 부여는 삶이 올바른 방향으로 나아가고 있는지를 확인하는 방향타 역할을 한다고 하네.

예를 들면, 나는 주변 사물을 보며 존재의 의미와 장소적 의미를 파헤쳐 보는 습관을 가지고 있다네. '저 사물이 왜 저기에 있어야만 하는가?' 내 나름대로 그 이유가 설명되지 않고 의미를 부여할 수 없다면 의미를 찾을 수 있는 다른 공간으로 옮겨 놓는다네. 그래야 볼 때마다 그것의 가치를 인정해 줄 수 있고 애정도 느낄 수 있다네. 더불어 그것이 흠집이 나지 않도록 더욱 신경을 쓰게 되는 것이라네. 모든 사물을 제자리에 있게 하는 정위치 개념도 마찬가지라네. 모든 사물은 자기 가치가 충분히 발현되도록 올바른 자기 자리에 있어야 한다고 하지. 그래야 필요한 시간과 상황에서 올바로 쓰여질 수 있지. 가치를 발현하기 위해 제 자리에 있게 해주는 것이 바로 의미 부여가 하는 역할이라네. 이와 같은 원리로 나에게 닥친 어려움과 고통도 내 나름대로 이해하고 의미를 부여할 때, 그것에 애정을 품고 그 가치가 발현되도록 잘 관리하여 삶의 성장 에너지로 승화시킬 수 있는 거라네.

"즐거움과 기쁨의 차이"

우리는 즐거움과 기쁨에 대한 정확한 개념을 알아볼 필요가 있네. 즐거움이나 기쁨은 어감상 비슷한 듯하지만 사실 다른 것일세. 즐거움이 행위에서 얻는 만족감에 중점이 있다면, 기쁨은 그 행위의 결과로 얻어지는 행복감이라네. 예를 들면, A⁺학점을 받은 것은 기쁜 일이라 할 수 있지만 즐거운 일이라고는 하지 않지. 친구들과 함께 놀게 된 상황은 기쁨이지만 노는 행위 자체는 즐거움이라 한다네. 즉, 기쁨은 미래지향적인 느낌이 있지만 즐거움은 그 순간에 적용되는 것이지. 즐거운 상황에서 즐기는 것은 당연한 이치일세. 하지만 즐겁지 않은 상황에서 어떻게 즐거움을 창출해 내느냐는 쉽지 않은 문제지. 울면서 웃음을 찾는 것과 마찬가지이네. 사람들 대부분은 미래의 성공적인 삶이 줄 기쁨을 위해 단순히 현재의 고통을 감내해야 한다고 믿지. 하지만 고통을 대하는 우리의 자세에 따라 도리어 그것을 즐길 수도 있다는 믿음을 가져야 한다네.

군 부대에는 "안 되면 되게 하라!"라는 구호가 있네. 이것은 안 되는 것을 안 되는 것으로만 치부하지 말고 끊임없이 되게 할 방법을 찾으라는 의미일세. 이렇듯 우리는 고통을 고통으로만 치부하지 말고 즐길 수 있는 즐거움으로 치환할 자기만의 방법을 끊임없이 고민하고 터득해야 한다네. 그리고 자신의 몸에 체화해야 한다네. 자신을 향해 다가오는 어려움과 고통에 대해서는 무한 긍정이 아닌 의도된 긍정적 태도로 의미를 부여하여 새로운 삶의 방향을 제시해야 한다네. 그리고 그 가운데서 얻어지는 미세한 성취감이라도 즐겨가면서 묵묵히 삶의 목표를 향해 뚜벅뚜벅 나아가야 한다네. 자신의 삶이 지금은 아무리 힘들고 어려워도 문제의 핵심은 외부 환경보다 삶을 대하는 자신의 태도에 있음을 명심해 주기 바라네. "피할 수 없으면 즐겨라."는 말은 그런 삶의 태도를 유지하라는 의미일세.

시간은 관리하는 것

"시간은 다시 돌아오지 않는다"

시간은 누구에게 공평하게 주어진다네. 하루 24시간 일 년 365일이 반복적, 주기적으로 우리에게 오지. 하지만 무한정 주어지는 것이 아니라네. 생명이 유지될 때까지만 주어지는 걸세. 삶을 영위하는 동안 공평한 길이 단위로 주어진다는 것이네. 어떤 사람은 주어진 시간을 아끼고 효율적으로 사용하여 많은 성과를 이루지. 하지만 어떤 사람은 그저 흐르는 강물처럼 아무 의미 없이 흘려보내 버린다네. 독일의 음악가 에셴바흐(Christoph Eschenbach, 1940~2004)는 "시간을 지배할 줄 아는 자는 인생을 지배할 줄 아는 사람이다."라고 말했지. 시간을 지배한다는 것은 주어진 시간을 가치 있게 만들기 위하여 내가 어떤 노력을 투자한다는 것일세. 이것이 바로 시간을 자기 계획대로 관리하는 것이네. 우리는 성공적인 삶을 위하여 목표를 설정하고 그것을 실현하기 위하여 전략과 계획을 수립한다네. 이렇게 목표를 달성하기 위하여 절차를 밟는 이유는 바로 시간을 관리하기 위해서라네. 이것은 넓은 의미의 시간 관리인 것이지. 그리고 수립된 계획이 실행되도록 세부적인 시간 계획을 세우는 것도 시간 관리라고 할 수 있지. 이것은 협의의 시간 관리인 스케줄 관리라고 할 수 있다네. 여기서는 협의의 시간 관리에 중점을 두고 이야기해 보겠네.

　시간을 관리한다는 것은 한정된 시간 속에서 우선순위를 정하여 일관성 있게 계획된 일을 완수할 수 있게 해주는 것일세. 이는 계획을 시행하는 데 필요한 각종 수단을 효율적으로 사용하게 하여 서두름과 분주함을 미리 예방하게 해준다네. 그리고 우선순위에 맞게 합리적으로 업무를 할당·배분하여 적절한 휴식 시간도 만들어 주지. 궁극적으로 시간 관리는 삶의 목표를 성취하는 데에 매우 중요한 역할을 한다네. 하지만 시간을 잘 관리하지 못하면 많은 문제가 발생하고 말지. 그때부터는 시간이 우리를 압박하기 시작한다네. 그래서 우리는 항상 시간이 부족하다고 불평하면서 정해진 시간에 주어진 일을 완수하지 못하는 걸세. 나아가 시간 부족은 일을 서두르게 만드는 것은 물론이고 각종 실수도 유발하지. 한편, 그와는 반대로 시간이 남아 무료함을 느낄 수도 있겠지. 결과적으로 시간을 잘 관리하지 않으면 끝내 신뢰를 잃게 된다네. 따라서 시간 관리의 중요성과 올바른 시간 관리 방법을 깨우치는 것이 바로 성공적인 삶을 보장받는 확실한 자기 투자라는 것을 명심해 주기 바라네.

"시간 관리는 어떤 역할을 하는가?"

주어진 시간은 생각과 의지만으로는 관리하기가 어렵다네. 시간관리는 치밀한 계획과 노하우(know-how)가 필요한 영역이기 때문이지. 시간관리는 생활여건과 그에 따른 일상생활 패턴 등과 같은 개인적 성향이 적용되는 주관적인 영역에 속하는 것일세. 그래서 여기서는 시간관리의 역할에 대해 몇 가지 살펴보도록 하겠네. 자신의 특성과 환경에 맞게 잘 적용하고 체화해 나가면 좋겠네.

시간관리는 실행 가능한 행동계획을 수립해 준다네. 시간관리는 설정한 목표 달성을 위한 계획을 현실적으로 실행할 수 있도록 세부 실행계획을 수립하는 데에 도움을 주지. 세부 실행계획 수립은 실행에 동원되는 자원, 수단, 인원, 작업환경 등을 잘 구성하고 조직하여 효율적으로 운용할 수 있도록 해준다네. 그리고 시간관리는 낭비 요소의 실체를 파악하게 해주지. 시간관리는 시행상의 낭비 요소를 최소화하고 시간을 효율적으로 활용할 수 있게 해준다네. 시간 낭비는 시행착오와 같은 외부요인으로 발생할 수도 있고 내부요인으로 발생할 수도 있지. 우리는 특히 내부에서 발생하는 시간 낭비에 더 주목해야 한다네. 주어진 시간은 계획을 시행하기에 항상 부족하지. 하지만 계획을 시행하다 보면, 하루에도 수십 번씩 자투리 시간이 생긴다네. 이렇게 생기는 자투리 시간을 그냥 흘려보내지 말고 효과적으로 활용하여 부족한 시간을 채울 방안을 강구해야 하네.

또한, 시간관리는 각종 일정표를 효율적으로 작성하게 해주지. 일일, 주간, 월간 일정표 작성은 나와 시간 사이에 늘 대화할 수 있는 통로를 마련하는 일이라네. 이를 통해 시간과의 소통 기법을 터득함은 물론이고 최신 IT 도구를 적절히 활용하는 방법도 터득할 수 있다네. 또한 시간관리는 삶의 균형과 조화를 맞춰주지. 곧 '일(work)과 삶(life)의 균형(balance)'인 워라밸을 실현할 기초를 마련할 수 있다는 것일세. 여기에서 워라밸에 대한 현실 인식을 정확히 할 필요가 있다고 생각하네. 일과 삶을 수량적인 1:1 개념으로 생각하는 것은 현실적으로 쉽지 않지. 대부분의 사람들은 처해 있는 환경과 실정이 각기 다르다네. 따라서 워라밸의 비율 또한 각자의 기준에 맞춰 설정할 필요가 있다네. 그렇지 못할 경우, 이로 인한 스트레스가 더 가중될 수 있다네. 여기서 중요한 포인트는 너무 한쪽으로 치우치지 않도록 하는 것일세.

"우선순위로 낭비 방지"

시간을 관리하기 위해서는 일의 우선순위를 결정해야 한다네. 우선순위는 어떤 과제나 일이 다른 것보다 시급하거나 중요해서 먼저 처리해야 한다는 의미일세. 우선순위는 우리 삶을 설계하는 데에 필요할 뿐만 아니라 일상생활 곳곳에서 중요한 역할을 하고 있지. 우선순위를 선정할 대상은 외부적 요소와 내부적 요소로 나눠볼 수 있다네. 외부적 요소는 목표를 달성하기 위해 필요로 하는 과제들이라네. 우리는 이들 중 어느 것부터 수행해야 가장 효율적으로 목표에 도달할 수 있을지 면밀히 평가한 후 우선순위를 정해야 한다네. 내부적 요소는 한정된 시간과 자원일세. 설정된 목표를 달성하기 위해서는 업무의 중요도와 난이도에 따라 시간을 할당하고 자원을 배분해야 한다네. 시간과 자원분배에도 우선순위가 필요하지. 아울러 일상생활에서는 어떤 일을 시작하기 전에 "어떤 일을 먼저 해야 하나?", "무엇을 가지고 그 일을 해야 하나?"라고 반문해 보아야 하네. 이러한 단순한 질문이 시간, 자원, 노력 낭비 등을 엄청나게 줄여준다네. 즉, 우선순위를 정하지 않거나 잘못 선정된 우선순위는 우리 삶에 엄청난 낭비를 초래한다는 사실을 명심해 주기 바라네.

"버리는 것도 기술"

모든 것을 가지려는 것은 아무것도 가지려 하지 않는 것이나 마찬가지일세. 이것은 어떠한 부족함도 용납하지 못하는 태도라네. 다른 말로는 모든 걸 가져야 한다는 믿음이지. 이러한 태도와 믿음은, 설정한 삶의 목표는 고사하고 인생을 나락으로 빠지게 할 뿐이라네. 무언가를 얻기 위해 무언가를 포기해야 하는 것은 어찌 보면 당연한 이치일세. 하지만 그것을 깨닫기는 쉽지 않다네. 삶에서 포기한다는 것은 해야 할 일을 명확히 규정하는 행위일세. 우선순위를 더욱 선명하게 해준다고도 할 수 있지. 어떤 사람이 조각가 미켈란젤로(Michelangelo, 1475~1564)에게 이렇게 물어보았다고 하네. "하찮아 보이는 돌에서 어떻게 이런 아름다운 형상을 만들 수 있습니까?"라고 말일세. 그는 이렇게 대답했다고 하네. "그 형상은 처음부터 그 돌 속에 있었죠. 나는 불필요한 부분만 깎아냈을 뿐입니다." 우리는 '무엇을 할 것인가?'

에만 집중하지 말고 '무엇을 포기할 것인가?'에도 신경을 써야 한다네. 우리 삶은 매 순간 일의 우선순위를 결정하도록 요구하고 있네. 이때는 일할 시간을 늘리기보다는 목표에 집중하면서 포기할 우선순위를 먼저 생각하는 역발상을 할 수 있어야 할 것일세.

항상 "바쁘다, 바빠."라는 말을 입에 달고 사는 사람을 종종 보곤 하지. 이것은 시간관리를 못 하는 사람의 푸념일 뿐일세. 시간이 진짜 없어서 못 하는 것이 아니라, 그 일이 그렇게 중요하지 않다고 생각하는 것이라 할 수 있지. 이는 우선순위를 고려하지 않았다는 반증이기도 하네. 삶은 일로 구성되어 있다고 해도 과언이 아닐세. 끊임없이 밀려오는 일을 다 하려고 허둥대는 것은 어리석은 일이라네. 일이 많을 때는 일의 목록을 만들어 잘 보이는 곳에 붙여 놓는 것만으로도 내가 무엇을 먼저 해야 할지 분명해지지. 그 중 버릴 것은 버리고 목표에 부합하는 핵심적인 것만 골라 완벽하게 해내는 것이 중요한 걸세.

"인간의 운명은 선택의 결정체"

인간의 운명은 운수에 따라 결정되는 것이 아니라 선택과 결정에 따라 이루어지는 거라네. 선택과 결정은 성공적인 삶으로 인도하기도 하지만, 불행을 초래하기도 하지. 어떠한 경우든 선택과 결정을 올바로 하려고 노력해야 하는 이유일세. 예전에 한 책에서 대학교수가 인생의 교훈을 다섯 줄로 요약한 것을 읽은 적이 있네. "갈까 말까 할 때는 가라. 살까 말까 할 때는 사지 마라. 말할까 말까 할 때는 말하지 마라. 줄까 말까 할 때는 줘라. 먹을까 말까 할 때는 먹지 마라." 선택과 결정에 대한 갈등 심리를 아주 적나라하면서도 현실감 있게 잘 표현한 말이었네. 원래 선택하고 결정하는 것 자체가 쉽지 않은데 추가로 올바르게 하는 건 더더욱 어려운 일이네. 따라서 선택과 결정의 기준은 개인이 처한 상황에 따라 조금은 차이가 날 수 있겠네. 여기서 일반적으로 적용되는 몇 가지 원칙을 미리 숙지하고 자신의 일에 적용해 보는 것도 좋다고 생각하네.

먼저, 중요함과 시급함을 분별하는 감각을 키워야 한다네. 중요한 일은 목표와 관련된 일이라네. 하지만 시급한 일은 시간과 관련된 일이지. 따라서 시급한 일은 그 상황이 해소되도록 단기적 조치가 필요하다네. 하지만 중요한 일은 목표와 관련되어 있는 걸세. 그래서 '내가 지금 그 일을 하지 않으면 어떤 문제가 발생할까?'라는 질문을 항상 자신에게 던지고 그에 대한 답을 얻으려 노력해야 하네. 나아가 일의 우선순위가 높다는 것은 자신의 기본업무와 관련 있다는 것을 명심해야 한다네. 예를 들면, 학생은 공부가 최우선순위이고, 의사는 환자의 생명을 구하는 것이 최우선이며, 보초병에게는 경계 임무를 다하는 것이 최우선 순위인 것이지.

사회에서의 업무는 두 가지 형태로 나눠볼 수 있다네. 내가 처리해야 할 나의 일이 있고, 다른 사람의 업무에 협조해야 하는 일이 있지. 이 업무들을 동시에 처리해야 할 때는 어느 것부터 할 것인지에 대한 고민이 있어야 하네.

물론 상황에 따라 그 순서가 다를 수도 있지. 하지만 나는 협업해야 할 일을 먼저 하고 이후 내 일을 처리한다네. 그래서 협조할 상대가 자리에 있는 일과시간에 그 일을 우선 처리하지. 그리고 비록 야근을 하더라도 혼자 있을 때 내가 맡은 일을 처리하는 방식을 선택해 왔다네. 협조할 대상이 있어야 협업할 일을 할 수 있으니까 말일세.

또한 '지금 어떤 일을 하는 것이 좋은가?'라는 질문을 수시로 던져보게나. 지금 무슨 일을 해야 하는지 자기 자신에게 수시로 질문해 보면서 일의 순서를 확인하라는 걸세. 특히, 중요한 일은 한 번에 하나씩 집중해서 처리해 나가는 것이 좋다네. 한 가지 일이 끝나지도 않았는데 다른 일을 중복해서 시작하면 우선순위가 바뀌는 등 혼란이 발생하기 쉽다네. 더불어 상황은 항상 변한다는 것을 명심해야 하네. 모든 것은 계획한 대로 되지 않는 것일세. 계획은 예측한 상황을 기초로 수립되기 때문이라네. 그래서 상황이 바뀌면 계획도 바뀌어야 하고, 계획이 바뀌면 실행 우선순위도 다시 조정해야 하지. 따라서 계획에 너무 집착하지 말고, 상황 변화에 대한 민첩성을 기르는 것이 중요하다네.

"일정표는 계획의 최종 산물"

계획을 세우는 것은 시간관리의 또 다른 모습이라 할 수 있네. 짧은 5분도 계획적으로 활용하면 계획 없이 보내는 한 시간보다 더 큰 효과를 거둘 수 있네. 아무리 업무의 우선순위를 잘 정해도 실행할 계획이 없으면 그 업무는 자연히 미루거나 포기하게 되지. 계획의 사전적 의미는 '앞으로 할 일의 내용과 방법, 기한 따위를 미리 헤아려 정하는 것'이라네. 일상생활에서는 기획, 구상, 생각, 설계, 전술, 작전, 시나리오 등의 다양한 용어로 표현된다네. 계획은 목표를 달성하기 위한 수단과 방법을 조직하는 일이야. 따라서 계획이란 행동하기 전에 무엇을 해야 하며, 어떤 절차를 선택해야 하는지를 구체화하는 일이라 할 수 있네.

목표를 달성하기 위한 계획은 결국 시간표라는 최종 결과물을 창출해내는 것일세. 즉, 계획은 일정표로 귀결된다는 것이지. 일정표는 물건을 정리해 놓는 진열장처럼 시간이라는 공간 속에 할 일을 진열해 놓는 것일세. 제한된 공간에 적당한 여유를 두고 물건을 진열해 놓을 때 가장 보기가 좋듯이 일정표도 자신이 통제할 수 있는 일들을 적당히 배열하는 것이 가장 좋다네. 일정표는 일일, 주간, 월간별로 반드시 해야 할 과제를 정리해 주고 시각화하며, 머릿속에서 이미지화하여 중요한 일을 더욱 명확하게 해준다네. "지나침은 부족함과 같다(過猶不及, 과유불급)."라는 말은 적절함을 강조하는 말이지. 일정표는 자신의 조건에 맞게 적절하게 수립해야 하네. 적절한 일정표 수립은 삶을 더욱 여유롭게 만들 최상의 방법 가운데 하나일세. 일정표는 자신의 가치관과 성격이 반영된 것이라네. 그래서 일정표를 지킨다는 것은 자신과의 약속이자 자신의 의지를 실험하는 것임을 명심하기 바라네.

메모에서 생각이 시작된다

"메모는 제2의 두뇌"

우리는 지식과 정보가 홍수처럼 범람하는 시대에 살고 있다네. 매일 수많은 정보와 지식을 접하면서 우리의 삶에 관한 문제를 선택하고 결정하며 그에 따라 행동하고 있지. 이러한 삶은 우리에게 해야 할 수많은 당면과제를 안겨준다네. 바로 밀려드는 지식과 정보를 어떻게 효과적으로 활용하여 삶을 성공적으로 이끌어 갈지에 관한 것이지. 우리에게 주어진 당면과제를 충실하게 수행하려면 메모라는 무기를 적극적으로 사용해야 한다네.

메모의 사전적 의미는 '다른 사람에게 말을 전하거나 자신의 기억을 돕기 위하여 짤막하게 글로 남긴다.'라네. 즉, 메모는 완성된 문서나 기록서는 아니지. 생각과 동시에 적어나가는 미완성의 문서인 거라네. 메모에는 두 가지 종류가 있네. 하나는 기록을 위한 메모일세. 잊지 않으려고 기록해 두는 메모지. 다른 한 가지는 지적 생산을 위한 메모라네. 정보를 전달하려는 목적보다 지적 생산을 위한 도구로 메모를 활용한다는 것일세. 이는 메모가 단순히 기록하는 것에 그치지 않는다는 것을 의미하네. 메모는 잘 모아두면 언제든지 다시 볼 수 있는 나의 제2의 두뇌가 되는 거야. 그와 더불어 정보 재산도 될 수 있지. 메모를 작성할 때 보면, '생각하기-표현하기-적어놓기' 순으로 그 절차가 이루어진다네. 수많은 생각은 우리 일상에서 메모라는 절차를 통해 언어와 문자로 표현되고 기록된다네. 생각을 글로 표현한다는 것은 말로 생각을 표현한다는 것과 같은 것일세. 따라서 메모하기는 말하기 능력을 기를 강력한 도구도 되어주지.

"메모는 왜 해야 하는가?"

여유 있게 생활하는 사람들에게 메모란 필요 없는 존재일지도 모르겠네. 하지만 나는 그것이 여유라기보다는 게으름에 가깝다고 생각하네. 성공한 사람들을 살펴보면 거의 모든 이들이 메모하는 습관을 갖고 있고, 항상 스케줄 수첩을 가지고 다닌다고 하네. 이는 메모가 성공의 필요충분조건이라는 증거가 아니겠는가? 그럼, 사람들이 왜 메모를 하는지 파악해 보고 나는 어떻게 활용할 것인지 생각해 보게나.

우선 메모는 잊기 위해서 하는 것일세. 인간은 망각의 동물이라고 하지. 그래서 애써 많은 걸 기억하려고 하는 건 스트레스가 된다네. 하지만 메모로 기록해 둔다면 당분간 그 일에 대해선 굳이 기억해 둘 필요가 없지. 곧, 기억을 위한 뇌의 부담을 줄여준단 말이야. 많은 사람이 잊지 않기 위해 메모를 한다고 말하지만 사실은 역설적으로 잊지 않으려고 노력하는 부담을 줄이기 위해 메모하는 것이지. 사람의 뇌 구조는 좌뇌와 우뇌로 나누어져 있지 않나. 좌뇌는 사실과 관련된 뇌로서 이성적 판단에 관여하지. 우뇌는 창의적 사고의 뇌로 직관적 판단에 관여한다고 하네. 일단 어떤 정보를 메모한다는 것은 잠재의식 속에 잠재워두고 잠시 잊어버려도 좋다는 의미야. 그러다가 필요할 때 우뇌를 통해 다시 끄집어내는 거지. 그러면 그 정보는 창의적인 우뇌를 거치면서 원래보다 더 창의적인 아이디어로 재창출돼 나올 수 있다네.

메모는 생각의 원천을 떠올리는 방아쇠 역할을 한다네. 우리는 순간적으로 감동하거나 좋은 발상이 떠오를 때 그것을 메모하지. 나중에 그 메모를 다시 펼쳐 드는 순간, 그것은 감동적이었던 그 순간의 느낌과 발상을 다시 생생하게 기억나게 해 줄 걸세. 아울러 그 감동적인 장면을 재구상할 수 있게 해주지. 마치 바둑이 끝난 뒤에 복기하는 것처럼 말일세. 여기서 꼭 기억해야 할 것은, 중요한 업무를 부여받거나 어떤 지시를 받았을 때는 반드시 그 상황도 메모해 두어야 한다네. 나중에 그 메모를 보면 당시의 정황과 긴장감 등을 그대로 느낄 수 있어서 업무를 올바르게 이끌 중요한 역할을 해주지. 아울러 메모는 일상생활에도 많은 도움을 준다네. 업무를 시작하기 전에 그날 할 일을 정리하면서 메모해 두면, 처리해야 할 일을 빠짐없이 우선순위에 맞추어서 진행할 수 있게 해 준다네. 더불어 업무 진행 중간에도 중요한 내용을 요약 정리하여 눈에 잘 띄는 곳에 메모해 두는 습관을 길러야 하네. 그러면 효율적이고 정확한 일 처리를 도와줄 뿐만 아니라, 업무 누락 등의 실수를 최대한 방지하여 업무실적을 높여 준다네.

"메모에도 기술이 필요하다"

기록은 기억보다 강하고 더 오래간다네. 기록하는 행위인 메모는 혼란스러운 머릿속을 정리해 주고 새로운 아이디어가 떠오르게 해주지. 생각을 체계적으로 만들어 줄 뿐만 아니라 자신도 몰랐던 복잡한 감정까지 일목요연하게 정리할 수 있게끔 도와주네. 그래서 창의적인 성과를 이뤄낸 사람들의 메모 습관을 분석해 도출한 메모의 노하우가 많이 소개되고 있지. 나는 여기에 내 생각을 일부 더하여 어떻게 하면 메모를 더 효율적으로 할 수 있는지 몇 가지를 이야기해 보려 하네. 이것을 자네의 특성과 상황에 맞춰서 실천에 옮겨보면 좋겠네. 더불어 그것을 창의적으로 보완하여 반드시 자기 것으로 체화해 나가는 자세를 견지하길 바라네.

첫째, 메모는 대화하듯이 기록하라는 것이네. 상대방이 말하는 것을 들으며 메모할 때는 일방적으로 상대방이 하는 얘기를 단순히 기록하기만 해서는 안 되네. 마치 상대와 대화를 나누듯 상대의 말에 자기 생각을 첨부하면서 듣고 기록해야 한다네. 그러면 나중에 들은 내용을 생생하게 떠올릴 수 있을 뿐 아니라, 그때 자기가 떠올린 영감도 흘려버릴 위험을 없앨 수 있지. 이때 메모는 자기만 알아보면 되는 거야. 그래서 필체에 너무 신경 쓸 필요 없이 내용에 집중하는 것이 좋다네. 자기만의 특수문자를 만들어서 신속하게 기록할 요령을 만드는 것도 좋은 방법일세.

둘째, 메모는 때와 장소를 가리지 않고 기록하는 것일세. 우리 뇌는 외부 자극에 의해 깨워지고 활성화된다네. 상대방의 얘기가 내 속에 잠재되어 있던 정보를 자극하면 그것이 의식의 수면 위로 떠오르지. 상대방이 얘기할 때 어떤 아이디어가 번쩍 떠올랐던 경험이 있을 것이네. 그것이 나의 잠재의식에서 일어나는 영감이라는 것일세. 그 순간을 놓치지 말고 즉시 메모해야 하네. 그렇지 않으면 곧바로 사라져 버리지. 혹시 기억하고 있더라도 왜곡되거나 변형되는 경우가 많다네. 그래서 언제 어디서든지 영감이 떠오르는 순간 메모할 수 있도록 펜과 노트 같은 메모 도구를 늘 곁에 두는 습관을 갖는 게 좋다네.

셋째, 육하원칙에 의한 메모는 상대방과의 대화를 주도할 수 있게 해주지. 육하원칙은 누가(who), 언제(when), 어디서(where), 무엇을(what), 어떻게(how), 왜(why)라네. 예를 들어, 우리가 어떤 계획을 메모할 때 육하원칙을 적용한다고 가정해 보세. 누가 그 행위의 주체이고, 언제, 어떤 장소에서, 누구를 대상으로 하는 계획인지를 기록하는 거지. 그리고 어떤 방법과 어떤 목적으로 그 계획을 추진하는지 논리적으로 메모하는 것이 바로 육하원칙에 따른 메모라는 것이네. 우리가 어떤 상황을 인식하거나 접할 때 이

육하원칙을 항상 생각하면서 메모해야 하네. 육하원칙은 사실을 구성하는 필수요소를 빠트릴 수 없게 하는 구조라네. 즉, 실수 없이 쉽고 빠르게 원하는 정보를 찾아낼 수 있다는 것일세. 아울러 항상 육하원칙에 준하여 메모하다 보면 다음에 이어질 내용을 사전에 예측할 수 있는 능력도 길러진다네. 이는 상대의 계획 중 의심스럽거나 미진한 부분을 찾아내어 의견 제시도 할 수 있게 해 준다네. 그렇게 되면 자연스럽게 회의와 대화를 주도해 나갈 수 있게 되지.

넷째, 사람을 관찰하는 데도 메모가 활용할 수 있다는 것일세. 살다 보면 좋아하는 분야에만 관심을 가지고 얘기하며 살 수는 없지. 학교에서는 같은 취미를 가진 동아리나 토론에만 참석하며 토의할 수 있지만, 조직사회에서는 그렇지 못하니까. 조직사회에서는 개인의 취향보다는 목표를 위한 개인의 임무를 더 강조하기 때문이지. 특히, 명령에 따라 움직이는 군대나 경찰 같은 경우 더욱 엄격하게 적용된다네. 따라서 조직사회에서 주최하는 강연, 집합, 회의 등은 자기 직무와 직접적인 관련이 없는 경우가 허다하지. 그러한 회합은 한 번 했던 말이나 혹은 당연하다고 느끼는 것을 지속·반복해서 얘기하는 경우가 많다네. 아마도 반복을 통해 습성화하여 조건반사적으로 행동해야 하기 때문일 거야. 하지만 아무리 지루하고 시시하게 느껴지는 강연, 집합, 회의에서도 얻는 것은 반드시 있게 마련이지. 이렇게 반복적이고 일방 전달형인 회합인 경우, 이야기하는 상대가 어떤 내용을, 어떠한 관점을 가지고, 또 어떤 언어 습관을 갖고 있었는지 등을 메모해 놓는 것이 중요하다네. 그것은 나중에 그들과 상대하거나 함께 업무를 수행할 때 많은 도움이 되거든. 메모는 사람을 관찰하고 인간관계를 형성하는 데도 활용할 수가 있다네.

"스케줄 수첩은 최고의 자기관리 시스템"

계획한 일을 예정대로 마무리하는 사람은 그리 많지 않다네. 사람들 대부분은 중요한 일임에도 불구하고 '시간이 없다.'는 핑계를 대며 뒤로 미루곤 하지. 이는 스스로 시간을 지배하지 못하고 시간에 끌려다닌다는 명확한 증거라고 생각하네. 지금 당장 앞에 있는 30분도 자기 마음대로 활용하지 못하는 사람이 하루 24시간을 가치 있게 사용할 수 있다고 말하는 것은 어불성설이라네. 불과 30분 정도의 자투리 시간뿐 아니라 하루 24시간을 자신의 의지대로 사용하기 위해서는 꼭 스케줄 수첩을 준비하라고 조언하겠네. 스케줄 수첩이란 자신의 시간을 가시적인 상태로 만드는 것일세. 보이지 않는 시간을 수첩이라는 공간에 넣어서 눈으로 볼 수 있게 실체화시켜 놓는 것이지. 요컨대, 스케줄 수첩은 시간을 짜 맞추는 도구인 셈이라네. 스케줄 수첩을 편리하게 사용하려면 하나의 수첩으로 만들어 한눈에 보기 좋고 휴대하기도 간편하게 하는 것이 좋다네. 그럼 이제 이 훌륭한 도구에 대해 좀 더 자세히 설명해 보겠네.

스케줄 수첩에 각종 계획이나 일정이 들어가는 것은 당연한 일이지. 하지만 성공한 사람들은 기본적인 사항과 더불어 자신과의 약속이나 마음의 다짐 같은 것도 함께 적어 놓는다고 하네. 왜냐하면 스케줄 수첩은 그들 자신의 행동 기록이기도 하지만 어떤 의미에서는 소중한 일기이기 때문이라네. 스케줄 수첩에 구체적인 행동과 자신의 의지까지 함께 기록하면 그 일을 수행해야 하는 목적의식을 더욱 뚜렷하게 가질 수 있다는 것일세. 그래서 그것을 보는 순간, 이 시간에는 꼭 이 일을 해야 한다고 하는 일종의 경종 역할을 해준다네. 스케줄 수첩을 작성할 때는 주 단위, 월 단위로 구체적인 숫자로 목표를 정해야 한다네. 이 수치 목표는 반드시 일자별로 쪼개서 몇 월 며칠 몇 시에 수행해야 하는지 기록해야 한다네. 그래야 자신과의 약속이 명확히 되는 것이지. 즉, 스케줄 수첩은 자신과의 약속을 얼마나 성실히 수행했는지를 확인하는 자기관리 시스템인 거라네.

"메모는 꿈을 실현하는 최상의 무기"

우리는 보통 특별히 하는 일이 없는데도 불구하고 "오늘은 왠지 바쁘다."라는 말을 하곤 하지. 하지만 성공한 사람은 "오늘은 무슨 일을 하느라 바빴어."라고 말한다고 하네. 사실 '바쁘다'를 습관처럼 말하는 사람은 자기가 무엇 때문에 바쁜지 그 이유도 모르는 경우가 대부분일세. 실제로 일이 많아서 바쁜 게 아니라 무엇을 해야 할지 몰라서 그저 분주하게 시간을 보냈다는 게 정확한 표현일지도 모르지. 하지만 실제로 무엇을 하느라 바쁜 사람은 매사를 분명하게 매듭 짓는 삶을 사는 사람이라고 할 수 있지. 이런 사람은 많은 일을 하면서도 왠지 바쁘지 않고 여유롭게 하나하나씩 끝을 내고 매듭을 짓는다네. 나는 이것을 '여유로운 바쁨'이라 부르지.

이렇듯 성공적인 삶을 사는 사람들은 시간을 지배하는 사람들이라네. 시간을 지배하는 사람은, 지갑은 없어도 메모장과 스케줄 수첩은 항상 가지고 다닌다고 하네. 삼성의 창업주인 고 이병철 회장은 지독한 메모광이었다고 전해지지. 종이를 빼곡히 채워가며 메모하고, 수십 번도 더 점검하고 수정했다고 하네. 그런 철저함과 완벽함이 바로 삼성의 기반을 닦는 원동력이 되었다는 걸세. 요컨대, 메모와 스케줄 수첩은 생각하는 공간이고 정보를 축적하는 공간이며 목표와 계획을 실현하는 공간일세. 따라서 메모나 스케줄 수첩은 치밀함, 성실함을 바탕으로 창의성을 불러오는 최고의 무기임을 명심하고 자기 특성에 맞게 잘 활용하면 좋겠네.

혼자 백 걸음보다 백 사람의 한 걸음

"조직은 협업으로 이루어진다"

인간은 사회적 동물이란 말이 있네. 인간은 사회 속에서 서로 어울리지 않으면 살아갈 수 없다는 말이네. 또한, 사회는 공익이든 사익이든 여러 목적을 위한 조직체들로 구성되어 있지. 그 조직체 속에서 개인은 조직구성원으로서 각자의 업무를 부여받는다네. 부여된 업무는 대략 개인 업무와 협업 업무로 구별되지. 개인 업무는 보통 타인과 관계없이 개인적으로 수행해야 하는 업무라네. 그리고 협업 업무는 소속된 조직에 부여된 임무를 조직구성원과 공동으로 수행해야 하는 업무일세.

예를 들면, 학교에는 학년과 반이 있듯이 군대에는 최말단 단위인 분대로부터 소대, 중대, 대대 등이 있지. 병사들로 편성된 분대가 모여 소대를 이루고, 소대가 모여 중대를 이루며, 중대가 모여 대대를 이룬다네. 여기서 개인 업무는 개인에게 지급된 화기를 숙달하는 일이 되겠지. 협업 업무는 구성원이 각자 임무를 분담해 수행하는 전술훈련 중 개인이 수행해야 하는 업무를 말하지. 하지만 엄밀히 따져보면, 개인 업무라 해도 상위 조직의 목표를 달성하기 위해 필요한 업무가 대부분이지. 따라서 집단을 이루어 업무를 수행하는 조직에서 부여되는 개인 업무의 대부분은 조직의 일원으로서 협업하기 위해 필요한 업무들이라 할 수 있네.

"협업은 인간의 본성"

협업의 사전적 정의는 '많은 사람이 협력하여 계획적으로 함께 일하는 것'이라네. 구글 같은 곳에서는 '다른 사람과 함께 일하여 무언가를 생산하거나 만드는 행위'라고도 하네. 곧 협업이란 두 명 이상의 사람들이 특정 목표를 달성하기 위하여 협력해 일하는 것일세. 협업과 유사한 용어로 군에는 합동과 협동이라는 용어가 있지. 합동은 여러 조직이 모여 함께 행동하는 것에 중점을 두는 반면, 연합은 여러 조직이 합동하여 하나의 조직체를 만드는 것에 중점을 둔 용어라 할 수 있네. 그래서 육해공이 모여서 하는 훈련을 합동훈련이라 하지. 그리고 한미가 공동으로 하나의 조직체를 구성해 하는 훈련은 한미 연합훈련이라고 한다네. 협업은 인간의 본성이라 할 수 있네. 인간의 역사는 협업의 역사일세. 인류의 시초인 수렵·농경시대부터 사람들은 집단을 이루며 협업해 왔다네. 이는 혼자서 일하는 것보다 능력과 자원을 하나로 모았을 때 더 나은 결과를 이룰 수 있다는 지혜를 이미 깨닫고 활용해 왔다는 것이지. 하지만 작업을 수행하는 생산 현장에 적용하고자 노력한 것은 비교적 최근이라네. 그래서 아직까지도 많은 연구가 진행 중일세.

군에서 협업의 최소단위는 분대라 할 수 있지. 분대는 병사들로 구성되어 있고 조직의 책임자도 역시 병사라네. 일반 조직에서 10여 명의 구성원을 지휘하는 자리까지 가려면 적어도 10년 이상의 시간이 필요하다네. 하지만 군에서는 2년 남짓한 복무 기간 동안 말단 신병부터 중간계급, 조직 책임자인 분대장까지 여러 계층을 경험해 볼 수 있다는 장점이 있네. 이는 협업의 말단 구성원부터 책임자까지 단시간에 다양하게 경험해 볼 수 있는 좋은 기회이지. 이렇게 다양한 군의 직책 경험들은 앞으로 겪게 될 사회생활에 큰 도움이 되리라 생각하네. 성공적인 하위 조직의 협업은 조직의 전체 단결에 긍정적인 영향을 미치고 조직의 목표를 효율적으로 달성하는 데도 기여하지. 또한, 구성원들은 협업하여 주어진 임무를 완수하기 위해 온갖 아이디어를 끌어내기도 하고, 개별적으로는 할 수 없는 복잡한 과제 해결 방안을 고안해 보기도 하지. 이러한 과정을 통해 팀원 간의 유대감이 강해지고 조직원 개개인의 강점과 재능이 돋보이게 되는 효과도 있다네. 그렇게 되면 팀원들은 조직의 일원으로서 가치를 인정받을 뿐만 아니라 업무에 대한 만족감도 높아지지. 따라서 성공적인 협업은 구성원이 서로의 능력을 믿게 하고 새로운 업무에 긍정적인 태도로 도전할 수 있도록 해준다네. 궁극적으로 협업은 진취적인 조직을 만들 뿐만 아니라 목표를 성공적으로 달성하게 하는 중요한 원동력을 제공하는 역할도 담당한다네.

"최선을 다하지 않는 사회적 태만"

조직 구성원 대부분은 제각기 다른 개인적 배경과 경험, 다양한 재능과 역량을 가지고 있네. 이러한 구성원들과 함께 단일한 목적을 가지고 협업을 한다는 것은 결코 쉬운 일이 아니라네. 사람들은 유유상종(類類相從) 근성이 있다고 하지. 자기와 비슷한 성품을 가진 무리끼리 모이고 사귄다네. 하지만 그렇지 않은 사람과는 일정한 거리를 두려는 경향이 있지. 이는 조직원들 간의 신뢰를 무너뜨려 협업을 방해하는 요인이 되기도 한다네. 또한, 때때로 협업은 일을 진행하는 데 더 오랜 시간이 걸릴 수도 있다네. 그래서 개개인의 시간을 더 많이 침해한다는 생각을 가질 수도 있지.

프랑스 농업공학자 막시밀리앙 링겔만의 실험에서 비롯된 '링겔만 효과'에 대해 잠시 이야기해 보겠네. 그는 말을 연구하다가 재미있는 사실을 발견했지. 두 마리 말이 수레를 끌면 한 마리가 끌 때보다 두 배의 무게를 끌 수 있어야 하겠지. 그런데 항상 그에 못 미쳤다고 하네. 말 수가 늘어나면 말들은 전력을 다하지 않았지. 그는 이러한 현상이 사람에게도 일어나는지 알아보기 위해 일명 줄다리기 실험을 해보았네. 그 결과, 한 사람이 밧줄을 당길 때의 힘이 100이라면 두 명이 당길 때는 혼자였을 때의 93%, 세 명이 당길 때는 83%, 여덟 명일 때는 49% 정도의 힘만 썼다고 하네. 즉, 말들에게서 보였던 현상이 사람에게도 마찬가지로 적용되었던 거지. 이는 사람이 많아질수록 한 개인이 밧줄을 끌어당기는 힘은 더 크게 줄어든다는 것일세. 함께 줄을 당기면 최선을 다하지 않아도 티가 나지 않는다는 생각에서 나온 이러한 인간의 심리가 바로 '사회적 태만'이라는 것이네.

"협업의 기본은 업무분담"

사회적 태만이 일어나는 현상의 핵심은 사람 수가 많아질수록 개인이 느끼는 책임감이 약해진다는 것일세. 이러한 책임감 저하는 업무에 비해 과다한 인원이 배정되었을 때 주로 생기지. 그래서 업무 대비 적정한 인원을 배치하는 것이 중요하다네. 그러기 위해서는 업무를 할당하기 전에 조직원별 능력 대비 업무량이 적절한지를 확인해야 하지. 예를 들어, 나는 부하에게 업무를 줄 때 내가 할 수 없는 일은 시키지 않는다네. 그러기 위해서는 업무를 부여하기 전에 내가 먼저 그 일을 할 수 있는지 직접 해봐야 하지. 만약 직접 해보지 못한 경우에는 워게임(war game)을 통해서라도 반드시 업무 프로세스와 업무 강도를 판단해 본 후 업무 인원을 할당한다네. 만약 그러한 업무 부여 절차 없이 업무가 부여되었을 때 제대로 수행되지 못한다면 결과에 대한 책임 한계가 애매해지고 만다네. 업무를 잘못 할당한 책임자의 책임이 크다는 것이지. 게다가 더 큰 문제는 업무를 부여한 책임자와 제대로 수행하지 못한 조직원들 간에 껄끄러움이 생긴다는 것이네. 조직에서는 업무보다 내부 갈등이 더 무서운 암적 존재라네. 그건 패배의 습관을 기르는 것과 다름없는 거라네. 공자께서도 "자기가 하기 싫은 일은 남에게도 시키지 마라(己所不欲, 勿施於人 기소불욕, 물시어인)."라는 말씀을 하셨지.

할 수 있는 일을 할 수 있을 조직원에게 부여하는 것은 조직 책임자의 기본 책무라고 생각하네. 혹 조직이 능력 밖의 일을 불가피하게 부여할 경우가 있을 수 있지. 이때는 조직 책임자가 책임지고 업무를 주관하고, 결과에 대한 책임도 온전히 져야 한다네. 그것 또한 조직 책임자의 책무라고 생각하네. 인간은 손해 보는 일을 거의 본능적으로 피하려고 하지. 이를 손실 회피라고 하네. 손실 회피는 얻는 것의 가치보다 잃어버릴 것의 가치를 더 크게 생각하는 거야. 예를 들면, 5만 원 경품에 당첨된 기쁨보다 5만 원 과태료를 내는 고통이 더 크다는 거야. 즉, 아무리 좋은 성과를 더 얻을지라도 나만 희생된다는 느낌을 받을 때는 일할 의욕이 사라진다는 걸세. 그래서 협업할 때는 반드시 명확한 업무분담이 필요하다네. 어느 한 사람도 손실 회피를 느끼지 않도록 말일세. 업무분담은 조직원과 토의를 통해 업무분담표를 만들고 그에 따라서 업무를 수행하도록 해야 하네. 그것은 나중에 결과에 대한 명확한 책임을 규명하는 데에도 활용될 수 있다네. 협업은 내 의견보다는 남의 의견을 수렴해 가는 것이 중요하다네. 협업은 '기능 결합'이 아니라 구성원들 간의 '관계 결합'이라 볼 수 있지. 따라서 협업의 본질은 서로의 경험과 능력을 더하고 보태서 새로운 가치를 만들어내는 것을 의미한다네.

"협업의 최고 가치는 솔선수범"

협업을 효과적으로 하기 위해서는 조직원들이 반드시 갖추어야 할 기본적인 역량과 태도들이 있다네. 바로 커뮤니케이션, 신뢰, 상호존중, 긍정적인 생각, 책임감 등이지. 여기에서는 협업에서 가장 핵심적이며 이 모든 가치를 포괄할 수 있는 솔선수범에 대해 얘기하려고 하네. 솔선수범(率先垂範)은

'행위 주체가 조직을 위하는 대의적인 명분을 가지고, 자발적인 의지로 자기 희생을 감수하면서 남들이 하기 어려운 일에 모범이 되는 행동을 앞장서서 몸소 실천하는 행동 과정'이라 정의하지. 한자의 의미를 풀어보면, 솔선(率先) '먼저 앞장서서', 수범(垂範) '모범을 보임'이라는 뜻일세. 곧, 대의를 위해 남보다 먼저 스스로 행동하여 타의 본보기가 되는 것이지. 솔선수범은 목표 달성을 위해 남보다 앞장서서 새롭고 효율적인 일을 찾는 선도성이 있다네. 그리고 위험하거나 혹은 기피하는 업무를 개인의 이익보다 조직의 이익을 위해 수행하는 모범성도 있지. 또한, 이를 자발적으로 시도하는 능동성과 탁상공론식 행동이 아닌 현장에서 직접 행동으로 옮기는 실천성 등의 많은 본받을 가치를 품고 있다네.

솔선수범은 세계 어느 곳에서나 일의 형태에 관계없이 성공을 이루기 위한 필수 요소로 손꼽히는 가치라네. 업무를 할 때 주위 사람의 협력을 끌어내기 위해서는 반드시 본인이 솔선수범해야 한다는 거지. 아무리 좋은 말을 많이 한다 해도 행동이 뒤따르지 않으면 다른 사람의 마음을 움직일 수 없는 걸세. 다른 사람들이 내게 해주었으면 하는 행동을 내가 먼저 한다면 주위 사람들은 따라오게 되어 있다네. 솔선수범을 위해서는 용기와 신념이 필요하지. 이는 자기 스스로 손실 회피의 본능을 극복해야 하기 때문이라네. 그래서 꾸준한 자기 노력과 절제 없이는 솔선수범을 이루기가 어렵다네. 솔선수범은 단순히 앞장서는 솔선(率先)만으로는 부족하다네. 반드시 스스로 우러나오는 마음에서 남들이 본받을 모범을 보이는 수범(垂範)을 할 때만이 비로소 솔선수범이 달성되었다고 할 것이네. 솔선수범은 손해를 감수하면서 남을 위해 수고를 아끼지 않는 자세를 말하지. 이야말로 협업의 가장 기본적이면서도 핵심적인 자세라 할 수 있겠네.

"솔선수범의 완성판, 살신성인"

솔선수범이라고 하면 나는 베트남전을 배경으로 한 'We Were Soldiers'(2020)가 생각나지. 이 영화는 대대장인 할 무어 중령과 그 부하들이 베트남에서 베트콩(Viet Cong, 베트남 공산주의 군사조직)과 싸워 승리를 이끌어내는 전쟁영화일세. 할 무어 중령은 베트남전 출정식에서 병사들을 앞에 두고 이렇게 말했지. "우리가 적진에 들어갈 때, 나는 가장 먼저 적진을 밟을 것이고, 가장 마지막으로 적진에서 발을 뗄 것이다. 무엇보다 단 한 명도 내 뒤에 남겨 두지 않겠다. 살아서든 죽어서든 다 같이 집으로 돌아온다." 이는 솔선수범의 진수를 보여주는 장면이 아닐 수 없네.

살신성인(殺身成仁)이라는 말이 있네. 자기 몸을 희생하여 어짊(仁)을 이룬다는 뜻이네. '목숨을 희생하여 세상을 이롭게 한다'는 것은 솔선수범의 최상의 단계라 생각하네. 자기 목숨을 버리고 모범을 보이는 것은 성인(聖人)의 도(道)라 할 수 있지. 육군사관학교 교정에는 부하를 위해 수류탄을 몸으로 덮어 막았던 고 강재구 소령의 동상이 있네. 생도들은 각종 행사를 마치면 그의 동상 앞에 모여서 숭고한 희생정신을 기리며 부끄럽지 않은 군인이 되겠노라고 다짐하곤 한다네. 이렇게 숭고한 희생정신은 사소한 생활습관에서 비롯된다고 할 수 있지. 생도들은 매일 아침 5시 50분에 기상한다네. 그것은 병사들이 일어나는 6시 이전에 먼저 일어나 병사들을 맞을 준비를 하라는 것이지. 사소하다고 생각되는 일상이 참다운 인생의 길이 무엇인가를 찾게 한다는 발견적 진리를 깨닫게 해 줄 수도 있다네.

나는 억지로 일을 시키지 않는다네. 스스로 따라오게 하는 업무 스타일을 가졌다고 할 수 있지. 집에서는 아이들에게 공부하라고 말하지 않네. 그냥 묵묵히 내가 공부하고 책을 읽는 뒷모습을 보여주기만 하지. 아이들은 부모의 등을 보고 자란다고 하지 않나. 그런 연유인지는 모르겠지만 지금 아이들은 나름의 전문 분야에서 열심히 자기 삶을 일구어 가고 있다네. 나는 부대 점심 식사 후에 참모들과 부대 주변으로 산책하러 나가는 걸 좋아한다네. 산책은 하되, 부대에서 가장 지저분하다고 판단되는 취사장, 취수장, 간부숙소 후사면 등을 거치는 코스로 산책을 하지. 지저분한 길을 걸으면서 쓰레기도 줍고, 정돈되지 못한 것은 치우면서 걷지. 다음 날도 같은 코스로 산책을 계속한다네. 그러다 보면 그 산책길은 어느 순간 올레길로 변하지. 꽃밭이 여기저기 보이기도 한다네. 이것은 무언의 압력일 수도 있지만 직접 얼굴을 맞대고 싫은 소리를 하는 것보다 훨씬 긍정적으로 목표를 달성할 수 있다네. 나의 불편함을 조금만 참고 상대를 기다려 주면, 상대도 그 마음을 알고 자발적으로 고쳐 나가게 되는 것일세. 항상 상대를 이해해 주려고 하는 마음이 중요하다네. 'understand'는 이해함을 의미하지. 항상 타인의 '밑에(under)', '서서(stand)' 타인의 마음을 헤아려 주려는 자세가 중요하다는 것이네.

독서가 사람을 만든다

"정보화 시대에 독서가 왜 필요한가?"

 책이 없는 방은 영혼이 없는 육체와 같다고 하였네. 하지만, 오늘날 독서가 왜 필요한지 의문을 품는 사람들이 많아진 것도 사실일세. 정보화 디지털 시대를 맞아 꼭 독서가 아니더라도 인터넷이나 각종 SNS, 영상물, 유튜브 등을 통해서도 지식과 정보 습득이 가능해졌기 때문이라네. 이렇게 지식과 정보가 넘쳐나는 세상일수록, 우리는 독서가 더욱더 필요하다는 것을 깨달아야 한다네. 왜냐하면, 정보의 홍수는 체계적으로 정리된 지식뿐 아니라, 검증되지 않은 파편화된 주장들도 무분별하게 전해 줄 수 있기 때문이지. 폭증하는 지식과 정보 속에서 어떤 것이 나에게 유익하고 필요한지 비판적으로 검토하는 체계적인 지적 활동이 바로 독서라고 할 수 있네.

인간은 언어적 동물일세. 인간은 언어적 소통을 위해 네 가지 행위를 한다네. 말하기, 듣기, 읽기, 쓰기라네. 이들은 모두 문자를 매개로 하면서 상호 긴밀하게 연관되어 있네. 읽을 수 있어야 쓸 줄도 알고, 들을 줄 알아야 대화도 더욱 세련되게 할 수 있지. 여기서 읽는 행위가 바로 독서라네. 즉 문자로 된 글을 읽는 것을 말하지. 더 엄밀히 말하면, 독서란 글을 읽고 글에 담긴 의미를 재구성하는 사고의 과정이라고 할 수 있네. 여기서 재구성이라는 것은 글에 담긴 의미를 독자의 지식과 경험을 바탕으로 새로운 의미로 창출해 내는 것을 말하네. 즉, 독자는 저자가 책을 통해 전달하고자 하는 정보나 생각을 자기의 것으로 새롭게 창조해 나가는 것이라네.

"독서는 사회적 문화적 행위"

독서는 무엇보다도 언어적 소통에 기초가 되는 정보와 지식을 습득하고 정서를 함양케 하여 삶 자체를 풍부하게 해주는 데 그 가치가 있다네. 삶의 풍부함이란 물질뿐만 아니라 정신적 차원도 포괄하는 의미일세. 이러한 풍부함은 삶에 필요한 정보를 얻어 자기 삶에서 새로운 의미로 수용하고 적용하는 과정을 통해 이루어지는 걸세. 또한, 이를 통해 생활에 유익함을 얻는 동시에 삶을 성찰하는 기회가 되어 삶을 더욱 풍요롭게 만들어 준다네. 사람이 직접 경험할 수 있는 시공간은 매우 한정적이지. 독서는 경험할 수 없는 시공간을 간접 체험하게 하고 궁극적으로는 각각의 다름을 인정하는 포용적 태도를 길러 준다네. 이것은 지식과 정보 획득을 통한 '앎의 즐거움', 삶의 자세를 바르게 하는 지혜를 얻는 '깨우침의 즐거움'과 많은 사람을 통해 얻는 '감동의 즐거움'을 얻게 해주지.

또한, 독서는 개인적 차원을 넘어 사회적, 문화적 행위도 될 수 있다네. 고전을 읽는다는 것은 옛 성인과의 대화임과 동시에 옛 조상의 문화를 이해하는 행위도 될 수 있지. 이러한 면에서 독서는 시간과 공간을 넘나들면서 인류 문화를 계승하고, 발전시키는 사회문화적 행위로서도 중요한 가치를 지닌다고 할 수 있네. 이렇듯 독서의 가치는 개인은 물론, 사회문화적 차원으로 중요한 가치를 지니고 있다네. 그렇기 때문에 독서량은 그 나라의 문화 수준을 가름하는 척도가 된다는 걸세. 따라서 우리는 이러한 독서의 가치를 깊이 인식하고 독서에 임하는 태도를 다시 한번 생각해 볼 필요가 있네.

"독서는 꾸준함이 핵심"

독서는 개인적인 여건과 상황에 맞게 계획을 세우고 그에 따라 다양한 책을 즐겨 읽는 태도와 습관이 필요하다네. 이것이 바로 정보화 시대를 살아가면서 창의적인 문화인이 되기 위한 기본 자세일세. 이렇듯 독서가 자신의 삶뿐만 아니라 사회 문화와도 깊은 연관이 있는 유용하고 가치 있는 일임은 모두가 잘 안다네. 그래서 연초 결심 중에 가장 많이 언급되는 것 가운데 하나가 바로 독서이지. 하지만 막상 실천하려고 하면 그 어느 것보다 잘 안 되는 것이 독서라는 것일세. 이것이 독서를 일상생활에서 꼭 할 수밖에 없도록 습관화시켜 놓아야 하는 이유이지. 통계청 자료(2022)에 의하면 한국인의 평균 스마트폰 사용 시간은 평균 5.2시간이고, 전 국민의 24%가 스마트폰에 과도하게 의존한다고 하네. 그것은 최근 코로나 19로 인해 신체 활동이 줄어든 것이 원인이기도 하지만 스마트폰 사용 시간이 해마다 늘어 나리라는 추론은 누구나 다 할 수 있다네.

스마트폰 사용의 대부분은 글자 읽기와 관련 있지. 즉, 인터넷 뉴스, 블로그, 유튜브를 보는 것들 모두 자막 처리된 문자를 읽는 행위지. 읽는 행위 자체로만 보면 독서와 크게 다를 바가 없다네. 독서가 어려운 이유는 글자를 읽는 게 힘들기 때문만은 아니라는 의미이네. 그럼에도 독서가 힘든 이유는 호흡이 길기 때문일세. 스마트폰 등 IT기기로 정보를 읽는 것은 몇십 분만 투자하면 가능한 일이지. 하지만 책은 한 권을 읽는 데 최소 반나절 이상이 소요되지. 이러한 사실은 독서할 시간이 없다는 핑계를 댈 합리적 이유를 제공하기에 충분하다고 생각하네. 하지만 하루 일과표가 빼곡히 짜인 군대 생활에도 자투리 시간은 얼마든지 많이 있지. 예를 들면, 식사, 일과, 취침 전후 시간에는 개인적으로 독서할 시간이 충분하다네. 취침 시간 이후에도 일정한 시간을 개인 시간으로 할당해 주는 경우가 많지. 책은 읽는 시간의 길이가 중요한 것이 아니라 매일 책과 접하여 활자와 친해지는 것이 중요하다네. 그러니 손 닿는 곳마다 책을 두고 비는 시간마다 짬짬이 책을 접하는 꾸준함이 더 중요하다는 것을 명심해 주길 바라네.

IT기기가 주는 단편적인 정보는 일시적인 흥미와 재미를 유발하는 내용이 주류를 이루고 있지. 하지만 책은 주제를 설명하기 위해 다소 어렵게 느껴지는 학문적·철학적 용어가 등장하기도 한다네. 그래서 독서가 꺼려지기도 하지. 우리는 단기적인 즐거움보다 결과에 대한 성취감이 주는 즐거움이 더 크다는 걸 잘 알고 있지. 하지만 우리는 단지 머리로만 인식할 뿐인 걸세. 강하고 순간적인 자극에 익숙해진 현대인이 긴 호흡이 요구되는 행동으로 옮겨가는 것은 쉽지 않은 일이라네. 요즘과 같은 정보화 시대의 화두는 창의성일세. 창의성이란 순간의 자극에서 나오는 것이 아니라네. 창의성은 심오함 속에서 깨달음을 통해 발산되는 거라네. 깊이 있게 사고하고, 사물의 본질과 핵심을 파악하여, 새로운 것을 창출해 내는 창의성이 요즘 시대에 필요하다는 것이지. 창의성을 기르는 데는 독서만큼 좋은 훈련이 없다네. 이러한 시대적 요구의 중대성을 고려하면 시간이나 내용상 불편함이 있다고 해서 독서를 소홀히 할 수는 없다네. 우선, 독서 그 자체가 원래 힘들다는 것을 인정하는 것이 급선무라네. 그 후 독서의 가치와 중요성을 생각하면서 끊임없는 자기와의 약속과 다짐을 통해 독서에 대한 강한 의지를 다져 나가야만 하네.

"책 읽는 방법은 스스로 깨우치는 것"

삶의 목적이 각자 다르듯이 독서하는 목적 또한 사람마다 다양하다네. 독서를 덕성을 닦고 사리분별력을 기르는 교양 쌓기에 목적을 두기도 하지. 또는 직업에 관한 직무를 보다 효과적으로 수행하기 위해 전문지식 습득에 목적을 두기도 한다네. 전문지식 외에도 일상 혹은 사회생활에 필요한 실용지식을 얻으려는 목적도 있고, 단순히 즐거움과 만족을 느끼기 위한 목적도 있지. 나는 직무와 관련된 전문서적을 주로 보지만, 한 가지에 집중하다 보면 지루함을 느끼는 경우가 많다네. 그래서 나는 여러 권의 책을 동시에 읽지. 집중해야 할 책을 중심으로 가벼운 소재를 다루는 교양서적이나 재미로 읽는 책 2~3권을 곁에 두고 번갈아 가면서 읽는다네. 그러면 지루함을 더 잘 극복할 수 있다네.

독서법은 책 읽는 속도와 책의 장르 등에 따라 다양하게 구별할 수 있네. 하지만 자신의 특성, 지식과 경험의 깊이, 관심 분야 등에 따라 선호하는 방법은 달라질 수 있네. 그래서 반드시 따라야 하는 절대적인 독서법이란 건 없다네. 시중에는 다양한 독서 경험 속에서 나온 여러 독서법이 있네. 하지만 그것은 그들이 체험한 그들의 독서법이라네. 참고만 하라는 것이야. 중요한 것은 자신의 상황과 특성이 고려된 자신만의 독서법을 찾으려 노력하는 것이지. 독서법에서 주로 논의되는 것은 책을 읽는 속도에 관한 내용이라네. '꼼꼼하게 읽는 정독을 할 것인가?' 아니면 '빠르게 핵심만 파악하는 속독을 할 것인가?'에 대한 문제일세. 나는 정독과 속독을 산책과 구보로 비유하겠네. 산책은 걷는 것 자체를 즐기는 것이지. 오솔길에 떨어진 나뭇잎과 시야에 펼쳐지는 풍경, 좌우의 가로수를 만끽하며 걷는 것이라네. 이것이 책과 여유를 가지고 대화하는 정독이라네. 문장이 의미하는 바를 정확히 이해하고 곱씹으며 읽는 것일세. 구보는 도달해야 할 목표가 분명하다네. 목표를 정해 놓고 달리는 것일세. 이것은 주위의 구체적인 풍경보다는 목표에 중점을 두는 것이라네. 이것이 필요한 핵심만 읽어내는 속독이라네. 나는 어느 것이 더 좋다기보다는 상황에 따라서 산책도 하고 구보도 하지. 젊은 시절에는 월별로 독서량을 정해 놓고 주로 빠르게 다독을 했다네. 하지만 지금은 빨리보다는 천천히 가급적 많이 읽기를 선호하는 편이라네.

"나의 독서 습관, 현장루"

책을 사는 행위와 책을 읽는 행위는 엄연히 다른 거라네. 나는 책을 사는 행위를 좋아하지. 그리고 난 뒤, 읽는 행위는 나중에 이루어진다네. 내가 책을 사는 이유는 내가 소유한 책에 내 멋대로 생각을 낙서할 수 있기 때문이라네. 나는 새로 구입한 책을 내 시야와 손이 쉽게 닿을 수 있는 서재 중앙에 꽂아 둔다네. 그것은 읽기 전에 대기시켜 놓는다는 의미일세. 한동안 나는 십일조를 내듯이 고정적으로 한 달에 10권 이상 책을 사서 틈날 때마다 그것을 읽은 적이 있네. 그래서 아직도 내 서재에는 읽히기를 기다리는 많은 책이 있지. 내 서재의 이름은 현장루(賢藏樓)라네. 세계 현인들이 모여 있는 장소라고 명명하였네. 세계의 현인들이 내가 호명할 때까지 대기하는 장소가 바로 나의 서재라는 의미라네. 정말 오만방자하기 짝이 없는 노릇이지. 하지만 내가 감히 세계의 현인들을 기다리게 할 자격이 있는지에 대한 생각은 하지 않기로 했다네. 다만 나는 현인들을 내 나름의 방식으로 내 서재에 모셔 놓은 것일세. 그분들이 내뿜는 향 내음인 생각의 땀 냄새를 맡기 위해서 말이네. 그렇게 한동안 생각의 향 내음을 맡고 나면 왠지 모르게 그 책에서 친밀감이 느껴진다네. 나중에 그 책을 읽을 때 아무리 어렵고 생소한 책일지라도 한결 친숙한 느낌이 들어서 읽기가 쉬워지지. 그것이 비록 고운 정이 아닌 미운 정일지라도 현인과 무언지 모를 깊은 유대감 같은 걸 느꼈기 때문일 것이네. 그래서 죄송하고 미안해서라도 그 책을 더 소중히 다루며 읽어야겠다는 소명감이 생겨난다네. 그러면 그 책의 의미를 새기는 데에 더욱 신경을 쓰게 되지.

책을 고를 때는 제목, 표지, 질감, 띠지 등 여러 고려 요소가 있다네. 하지만 나는 기본적으로 책을 통해 책을 고르는 경우가 많지. 나는 유명한 현인들의 자서전을 많이 읽는 편이라네. 자서전에는 그들의 삶을 변화시킨 계기가 되었던 책들이 많이 소개되지. 그들이 추천하는 책을 구해 읽으면 후회할 일은 거의 없다네. 또한, 추천한 그 책에서 다시 다른 책을 소개받는 사례도 많다네. 우리는 영화를 고를 때 그리 큰 어려움을 느끼지 않는다네. 익숙하게 영화 후기를 검색하여 감상평을 확인하지. 그런 후에 포털 사이트에 올라온 평점과 먼저 본 친구들의 의견을 듣고 영화를 선택하는 꼼꼼함을 발휘한다네. 하지만 책을 고를 때는 그렇지 못한 이들도 있지. 그것은 아직 책 고르는 것에 익숙하지 못하다는 의미일세. 책을 잘 고르기 위해서는 책과 더욱 친숙해져야 한다네. 책을 많이 읽다 보면, 조그마한 정보를 가지고도 축적된 경험을 조합하여 양질의 책을 선택할 수 있게 되지.

"나의 독서 습관, 역사 연대표"

나는 책을 읽기 전에 반드시 확인하는 것이 있다네. 먼저, 저자의 삶을 한번 되짚어 보지. 저자의 가족 관계, 빈부 정도, 부모의 역할 등 어떤 가성

환경에서 성장했고 어느 분야를 전공했으며 사회에 무엇을 남겼는지를 가능한 한 상세히 알아본다네. 성장 환경은 저자가 가진 삶의 철학과 사회를 바라보는 가치관에 영향을 미치기 때문이지. 이를 정확히 파악하면 저자가 책에서 주장하는 생각들을 이해하는 데에 큰 도움이 된다네. 그리고 책의 시대적 배경을 사전에 알아두는 것도 중요하다네. 책의 줄거리가 어느 시대를 배경으로 하는지 알면 그 시대의 사회 환경, 사상, 철학 등을 사전에 알 수 있지. 그러면 책의 줄거리가 어떻게 전개될지 예측하는 데 큰 도움이 된다네. 그리고 같은 시대에 다른 지역에서 발생한 역사적 사실들을 찾아보고, 현재 읽고 있는 책의 시대와 연관 지어 보는 노력은 또 다른 영감을 얻는 데 매우 유용한 방법이라네.

그래서 나는 책을 읽을 때, 항상 내가 만든 역사 연대표를 옆에 두고 책에 나온 역사적 사실들을 기록하며 자료를 축적해 나간다네. 내가 만든 역사 연대표는 동양(한국, 중국, 일본 등), 서양(유럽, 미국, 중동, 북아프리카 등)으로 구분하여 사건이 발생한 순서대로 요약해 간 거라네. 이것은 역사 공부하듯이 별도로 시간을 내어 정리한 것이 아니라, 책을 읽을 때마다 등장하는 시대 배경의 연대를 기록한 거라네. 궁금하다고 생각되는 동시대 다른 지역을 확인해 보는 수준에서 정리한다네. 이렇게 자료가 누적되면, 파편처럼 흩어져 있던 지식과 정보를 역사 연대별로 종합 정리할 수 있다네. 동시에 세계를 하나의 이미지로 그려 낼 수 있지. 나는 BC 3,000년부터 현재까지 500년 단위로 자료를 축적하고 있지. 예를 들면, 인도에서 석가모니가 태어나면서 "천상천하 유아독존(天上天下唯我獨尊, 우주 가운데 나보다 존귀한 사람은 없다.)"을 외칠 때 '중국과 중동 지역에서는 무엇을 하고 있었지?'라는 의문을 품어 보는 거지. 이는 생각의 시공간을 확장하여 세계를 하나의 이미지로 그려본다는 것이네. 그 당시 중국에서는 노자와 공자가 활동하고 있었지. 중동에서는 유다 왕국이 멸망하여 유대인이 바빌론에 잡혀간 바빌론 유수(幽囚)가 있었다네. 그러면 콜럼버스가 신대륙을 발견했을 때, 중국과 우리나라는 무엇을 했을까? 중국은 콜럼버스가 신대륙을 발견하기 70~80년 전 정화가 이끄는 함대가 아프리카 북단까지 해외 원정을 다녀왔었지. 조선에서는 연산군이 즉위하여 피바람과 방탕함에 빠져 있었고, 그 후 100년이 지나서 임진왜란이 발발했다네. 임진왜란 때에는 논개가 진주 촉석루에서 왜장을 끌어안고 남강에 투신하였지. 당시 유럽에서는 로미오와 줄리엣 공연이 한창이었다네.

독서는 내가 이미 지니고 있던 경험의 파편들을 연결 짓는 역할을 한다네. 이렇게 연결된 파편들이 선과 면이 되지. 이것들이 다시 모여 나의 힘이 되고 삶의 무기가 된다네. 새로움은 포기함이 있어야 가능한 것일세. 독서를 위해 가장 먼저 포기해야 할 것은 바로 편안함이라네. 책을 읽으려면 과감하게 편안함을 포기하고 의연하게 불편함을 감수해야 한다네. 그렇게 하면 반드시 자네에게 삶의 풍요함과 생활의 유익함을 안겨 줄 것이라 확신한다네.

세상에 완벽한 인간은 없지. 재능이 많거나 적은 것 등은 어쩔 수 없는 근본적이고 객관적인 제약이자 한계라고 할 수 있네. 하지만 나는 모든 사람이 동일한 재능을 잠재한 상태로 태어났다고 생각하네. 즉, 인간은 모든 가능성을 가진 가능태라는 것일세. 현재의 재능은 현재까지 발현된 재능일 뿐이네.

03부

다시 새로움을 향하여

> 154 주체적인 삶을 꾸리자
> 163 새로움을 추구하라
> 172 문제의 원인은 자신에게 있다
> 182 아는 만큼 보인다
> 192 균형 있는 삶 유지하기
> 201 몰입은 영감을 부른다
> 210 부탁과 거절의 미학

주체적인 삶을 꾸리자

앞 장에서는 자네가 마주하게 될 조직 혹은 군대 생활에서 생길 수 있는 낯선 상황을 어떻게 극복해 나갈지를 알아보았네. 모든 조직은 사람들이 모여 사는 사회의 축소판일세. 누구나 다 처음 접하는 상황에 대해서는 어색함과 그에 따른 두려움을 느끼는 게 인지상정이지. 그리고 잠시간 처음의 불편함을 극복하고 나면 바로 낯선 환경에 적응하여 익숙함에 안주하려는 것 또한 당연한 이치라네. 그 과정에서 자네가 해야 할 일을 어떻게 효과적으로 대처할지 그리고 어떻게 하면 시간을 유익하게 보낼지에 대해 알아보았네.

이제 본격적으로 사회에 진출한 후 나의 삶을 어떻게 꾸려갈지에 대해 이야기해 보세나. 사회의 축소판이라고 하는 군 복무를 성공적으로 마쳤다는 것은 이미 능력을 인정받고 사회에 도전할 자격을 갖추었음을 의미한다네. 이제 자네는 자신이 세운 목표와 계획을 어떻게 성실히 밀고 나갈지 그리고 중간중간에 끼어드는 예기치 못한 상황들을 어떻게 대처해 나갈지 고민해야 하네. 여기서는 나의 군 경험과 이후 대학, 연구소, 회사 대표를 하면서 경험한 일들을 토대로 자네와 얘기해 보도록 하겠네.

"모방하는 삶은 곧 맹목적으로 숭배하는 삶"

세상에 쉬운 일은 없다네. 그렇듯 인생도 자신이 원하는 대로만 되지는 않는 것일세. 살다 보면 원래 의도와는 전혀 상관없는 엉뚱한 방향으로 삶이 흘러가는 경우가 더 많다네. 자신의 의지로 계획한 삶도 제대로 이어가기 힘든데, 하물며 스스로 결정하지 않은 삶은 어떻겠는가? '원하는 것을 스스로 선택하는 삶을 살아가고 있느냐?'라는 질문에 '그렇다'고 답할 사람이 과연 몇이나 될지 의문이 든다네. 그것은 우리가 생각하는 것보다 훨씬 많은 사람이, 삶의 중요한 선택을 자신의 결정이 아닌 타인의 영향으로 결정하는 경우가 많다는 것일세.

이는 타인의 시선에 대한 두려움이나 사회적 통념에 대한 신봉 때문일 수도 있네. 그리고 스스로 자기 능력을 신뢰하지 못하여 자기 결정을 보류하거나 외면하는 경우일 수도 있지. 하지만 스스로 결정을 하지 못한다는 것은 결국 외부에 의해 자기 삶이 결정되는 것이나 마찬가지라네. 인간은 환경의 동물일세. 곧, 인간은 주변 환경의 영향을 많이 받는다는 것을 의미하지. 그래서 많은 사람이 살아가면서 타인의 삶의 궤적이나 업적에 영향을 많이 받는다네. 이 과정에서 타인의 삶과 업적을 공경하고 존중하기보다는 숭배하는 경향을 드러내기도 하지. 또한, 아무런 비판도 없이 무작정 따라 하는 현상도 나타나는 것이 사실이네. 이는 곧 누가 죽었는지도 모르고 초상집에 문상가는 것이나 다름없는 거라네. 이러한 맹목적 숭배는 삶의 새로움을 창조하기는커녕 남의 삶을 모방하는 상태에 머무는 것이지.

"주체는 객체의 상대적 개념"

그렇다면 주체적인 삶이 무엇인지 고민해 봐야 할 걸세. 주체라는 것은 자기 스스로 의식하는 개체이네. 여기서 의식하는 것은 객체와 다름을 구별하여 인식하는 것을 말한다네. 주체는 객체와 대비되는 개념이지. 주체적이라는 용어도 마찬가지네. '주체적'은 자유롭고 자율적인 성질이 있는 것이지. 즉 남의 보호나 간섭을 받지 않고 자기 일을 스스로 처리하는, 자율적이라는 것일세. 영어로는 'autonomous'인데 이는 자율자동차를 연상하면 금방 이해가 될 걸세. 곧, 주체적인 사람은 어떤 일을 실천하는 데 남에게 의존하거나 예속되지 않고 스스로 자기 일을 처리하는 능력을 지닌 사람이라고 정의할 수 있지. 자기 일을 스스로 처리할 수 있는 능력을 가졌다는 것은 스스로 책임을 질 수 있는 사람임을 뜻하지. 그건 바로 어른이 되었다는 것일세. 여기서 우리는 주체와 주인에 대해서 알아보아야 하네. 우리가 삶에 관해 얘기할 때, 삶의 주인이 돼야 한다거나 주인의식을 가져야 한다고들 말하지. 주인이란 사전적으로 대상이나 물건을 소유한 사람일세. 이와 같은 의미로 삶의 주인은 삶을 온전히 소유한 자라네. 그렇기에 삶의 주인은 주체적인 삶을 산다는 것과 동등한 의미로 해석될 수 있지. 하지만 사회에서는 주체적이라는 용어보다는 주인이라는 용어를 더 많이 활용한다네. 이는 소유라는 개념을 조금 더 적극적으로 강조하려는 의도가 있기 때문이라네.

일부 사람들은 주체성 개념을 과도하게 해석하는 경향이 있다네. 자기 주체성을 지키기 위해 타인의 시선을 근본적으로 거부하는 것이지. 이는 사회가 인정하는 기준과 가치들에 대한 강한 거부감으로 이어지는 경우가 많다네. 안정적인 삶이란 자기 결정에 따라 자기가 노력한 결과로 이룩한 성과물인 경우가 많다네. 하지만 일부 사람은 그 모든 것이 사회와 영합하여 떳떳하지 못한 방법으로 이룬 성공이라 생각하는 편협한 관점을 가지고 있기도 하지. 이것은 단순한 이분법적 생각으로만 세상을 바라보는 것일세. 이러한 현상은 단 두 가지 상황으로만 주체성을 바라보는 것이네. 그것은 바로 '나는 내가 소외된 사회에서 내 의지와 상관없이 살 것인가?' 아니면 '나는 사회에서 벗어나서 완벽한 주체성을 확립하고 살 것인가?'라는 것일세. 우리는 이것을 양자택일해야 한다는 것이네. 이것이 바로 주체성에 대한 혼란을 가져오는 생각이라는 것일세.

"'나다움'은 '타인다움'의 상대적 개념"

인간은 세계를 이항대립 시스템으로 인식하고 해석한다네. 주체가 있으면 객체가 있듯이 말이야. 그것은 하나를 명확히 정의하기 위해 다른 하나를 대립시키는 체계를 말하네. 동양에서는 우주를 음과 양의 세계로 규정하지. 즉 양을 명확히 하기 위해 음이 있고, 선을 명확히 하기 위해 악이 있다는 뜻일세. 여기서 우리는 주체에 대비되는 객체도 자세히 들여다볼 필요가 있네. 그 객체에도 주인이 있지. 그것은 타인도 자신의 길을 스스로 결정한다는 의미라네. 즉 나에게 주체성이 있듯이 타인 역시 자기 주체성을 지니고 있다는 뜻이지. 이렇듯 주체성에 대한 해석은 나와 남을 동시에 포괄할 때 비로소 완성된다고 할 수 있네. 타인의 타인다움이 나 자신의 나다움을 규정하고 명확히 해주는 것일세. 우리가 타인의 주체성을 고려하지 않을 경우에는 '나다움'이 아니라 '나뿐임'이라는 편협한 주체성이 되는 거라네.

프랑스의 철학자 에마뉘엘 레비나스(Emmanuel Levinas, 1906~1995)는 혼자 있을 때와 타인과 함께 있을 때의 주체성이 각각 다르다고 설명하네. 혼자 있을 때의 주체성은 자기 자신과 대면하는 시간에서 나의 주체성을 찾는다는 거야. 하지만 타인과 함께 있을 때의 주체성은 타인의 주체성에 근거하여 나의 주체성을 찾는다고 하지. '타인의 출현은 내 삶에 무엇을 의미하는가?, 나의 독립성의 한계인가? 아니면 새로운 의미를 부여하는 기회인가?'라는 시각으로 주체성을 바라본다네. 따라서 직장에서 주체적으로 일을 한다는 것은 타자의 주체성을 존중하면서 함께 일을 한다는 뜻이네. 타인의 주체성을 인정할 때 비로소 '나다움'의 주체성을 타인에게 인정받을 수 있다는 것이지. 나는 이것을 건전한 사회적 페르소나(persona)라고 부른다네. 내 안에 잠재된 진정한 나다움이 집안에서는 '아버지다움'으로, 직장에서는 '직장인다움'으로 주체적인 삶을 꾸려나가야 한다는 것일세. 그래서 주체적인 삶이라는 것은 단지 자기만의 삶이 아닌 그 이상이 되는 것이네. 인간은 사회적 동물이기에 사회에서 타인의 주체성을 명확히 규정하는 것이 곧 자기 주체성을 더욱 명확히 규정하는 것과 같음을 명심하기 바라네.

"자신을 아는 것이 주체적인 삶"

주체적 삶은 곧 '나다운' 삶을 사는 것이네. '나다움'을 알기 위해서는 먼저 나 자신을 아는 것이 급선무일 걸세. '자신을 알라.'라는 말은 오랜 시간 강조되어 온 격언이라네. 이는 누구에게나 해당되는 말이지만 과연 얼마나 자신을 알고 있을지 의문스러운 것이 사실이네. 내가 나를 모르면서 주체적인 삶을 산다는 것은 황당한 일이 아닐 수 없네. 그럼 어떻게 나 자신을 알 수 있을까? 그것은 나 자신을 잘 모른다고 인정하는 것에서 출발해야 하네. 공자는 "아는 것을 안다 하고, 모르는 것을 모른다고 하는 것, 이것이 참으로 아는 것이다(知之爲知之 不知爲不知 是知也, 지지위지지 부지위부지 시지야)."라고 하였네. 일단 내가 나를 모른다고 인정하는 순간, 나는 나 자신을 객관화할 수 있지. 객관화된 나를 볼 때 비로소 나를 온전히 이해할 준비가 된 것일세. 인간은 육체와 정신으로 구성되어 있지. 육체와 정신이 조합하여 행동 양식과 능력이 갖추어지는 것일세. 자기를 객관화해 보는 까닭은 자신의 육체 그리고 정신과 진지한 대화를 나누기 위한 것이라네. 이러한 자신과의 대화는 진정한 나를 발견하는 기회를 줌과 동시에 자신이 삶의 주인이 될 수 있다는 자신감도 준다네.

"모든 사람은 가능태이다"

자신을 아는 방법은 주관적인 사안이지만 일반적으로 세 가지 인식의 틀을 가지고 나 자신을 바라보는 연습을 하는 것이 좋다네. 그것은 바로 삶의 유한성, 능력의 부족함, 상호 관계성이라 할 수 있지. 인간은 육체라는 탈을 쓰고 사는 유한한 존재일세. 우리는 우리의 삶이 한정되어 있다는 사실을 자각할 필요가 있네. 이 세상에 펼쳐갈 나의 삶에는 분명 시간적 한계가 존재한다네. 곧, 주어진 삶을 허황된 욕심으로 채울 시간이 없다는 것을 의미하지. 삶의 유한성을 깨닫는 것은 주어진 시간 동안 자신이 바라는 것에 진정으로 집중하고 있는지 스스로 확인해 보게 만들어 준다네.

인간은 삶의 유한성뿐만 아니라 능력의 부족함도 갖고 있다네. 세상에 완벽한 인간은 없지. 재능이 많거나 적은 것 등은 어쩔 수 없는 근본적이고 객관적인 제약이자 한계라고 할 수 있네. 하지만 나는 모든 사람이 동일한 재능을 잠재한 상태로 태어났다고 생각하네. 즉, 인간은 모든 가능성을 가진 가능태라는 것일세. 현재의 재능은 현재까지 발현된 재능일 뿐이네. 나는 백인도 흑인의 가능태를 지니고 있다고 생각하지. 다만 그것이 발현되지 않고 잠재되어 있다는 것일세. 마치 모든 세포가 유전자 전체 정보를 똑같이 가지고 있지만, 자기 역할에 맞는 유전자만 발현하여 각기 다른 형태로 발달하듯이 말이네. 따라서 지금 재능이 부족한 것은 자기 내부에 잠재된 것을 끄집어내려는 노력을 아직 하지 않았기 때문이라네. 자신이 불행해지는 이유는 능력의 부족함만 인정하고 노력하지 않은 채 완벽한 삶을 바라는 데에 있다네. 능력의 부족함은 모자라는 자기 능력을 인정하고 스스로 채워 나가고 있는지를 확인하는 기회를 제공하지. 그리고 부족함을 깨달을 때만이 타인과 세상에 대한 너그러운 시선을 보낼 수 있을 거라네.

인간은 사회를 떠나서 살 수 없듯이 타인과의 관계 속에서 나를 찾는 것도 중요하다네. 사람은 여러 사람과 같이 있을 때 진정한 존재의 가치를 느끼게 된다네. 산머리에 구름 덩이가 걸려 있으면 산 높이를 더 확연히 느낄 수 있지. 이렇듯 우리는 타인과의 관계 속에서 나의 역할과 책임을 규정해 나가는 것일세. 따라서 상호 관계성은 타인의 시선으로 나를 바라보게 함과 동시에 나를 더 뚜렷하고 선명하게 볼 수 있도록 해 준다네. 결론적으로 자신의 근원적인 유한성을 깨닫고 능력의 부족함을 인정하며 채워가는 것, 그것이 주체적인 삶을 위해 노력하는 자신의 모습을 발견하는 방법이라네. 아울러, 타인과의 관계성에서 각자의 삶을 존중하고 배려하는 것 또한 자신의 진정한 모습을 발견하는 방법이 될 것일세.

"책임은 주체적 삶의 본질"

나는 주체적 삶의 본질은 바로 책임이라고 생각하네. 자기가 결정한 일의 최종 결과물은 결국 무엇이 되었든 자신의 책임으로 귀결되기 때문이지. 책임이란 자신에게 맡겨진 임무이고 의무일세. 주어진 일을 수행하는 것이 나의 본분임을 깨닫는 게 바로 책임감이라네. 사회는 항상 책임감이 강하고, 책임 의식이 투철한 사람을 요구한다네. 무책임함은 의무를 포기하는 것이고 직분에 태만한 것이며 도리를 망각하는 것이기 때문이지. 사람은 사회 구성원으로서 인간다운 자격과 품격을 당연히 갖추어야 한다네. 이것을 인격이라고 하지. 이와 마찬가지로 국가가 품격을 갖추는 것은 국격이라고 하네. 자신의 인격을 갖춘다는 것은 타인의 인격을 존중할 준비가 되었다는 것이네. 이는 타인의 신뢰와 존경을 받을 수 있다는 의미이지.

독일의 철학자 칸트(Kant, 1724~1804)는 '인격은 책임 능력'이라고 말했다네. 자기 책임이 무엇인지를 깨닫고 그것을 완수하는 것이야말로 사람의 자격을 갖추고 구실을 다하는 것일세. 책임은 구실을 다한다는 것과 다름이 없다네. 구실은 마땅히 해야 할 참된 행동을 말하지. 자식은 심청이처럼 자식의 구실을 다 해야 하고, 부모는 영화 〈말아톤〉의 어머니처럼 부모 구실을 다해야 하네. 회사원은 드라마 〈미생〉의 장그래처럼 회사원의 구실을 다해야 하고, 장군은 이순신처럼 장군의 구실을 다해야 하는 걸세. 이렇게 각자 자기의 구실을 다 할 때 성공적인 삶과 건강한 사회가 이룩될 수 있다네. 따라서 주체적인 삶은 자신에게 자기의 구실을 다하는 것일세. 그리고 어떠한 결과에 대해서도 자신이 책임지는 것이네. 그것은 자신이 스스로 결정했기 때문일세. 설사 타인에 의해서 결정된 삶을 살았더라도 결국 자신의 육체와 정신으로 살아온 삶이기 때문에 자신이 책임질 수밖에 없다는 점을 깊이 새겨주었으면 하네.

새로움을 추구하라

"승리는 반복되지 않는다"

　우리는 회사에서 '창의적으로 일하라.' 혹은 '창의적으로 생각하라.' 등의 말을 쉴 새 없이 듣고 있네. 이것은 업무를 기존 관행이나 프로세스와는 무언가 다르게 처리하거나 혹은 무언가 새로운 방식으로 업무 성과를 올려야 한다는 독려 내지는 격려일 걸세. 하지만 그 말을 들은 사람들은 긍정적으로 수용하는 것보다 어떻게 해야 할지에 대한 근심으로 당황하는 경우가 많다네. 사람들 대부분은 '창의'라는 말에 내포된 '새로움'이란 개념을 독창적인 무언가와 연결하여 생각하지. 그래서 새롭고 독창적인 것을 스스로 생각해 내야 한다는 강박관념에 시달리는 한편, 두려움마저 느낀다네. 기존의 고정관념과 틀을 깨뜨리고 뭔가 새로운 것을 창출해 내는 것이 얼마나 어렵고 두려운 일인지 짐작하고도 남음이 있네. 그래서 우리는 창의가 무엇인지,

우리 실생활에 어떻게 적용하는지 명확히 알아야 한다네. 2,500년 전 손자도 "승리는 반복되지 않는다(戰勝不復 전승불복)."고 말했다네. 이는 한 번 승리한 방법으로는 반복적으로 승리할 수 없다는 의미이지. 항상 새로움을 추구하지 않으면 패배할 수밖에 없는 것일세.

"새로움의 재발견, 창의"

'창의'의 사전적 의미는 '새로운 의견을 생각하여 냄'이라네. '창의성'의 사전적 의미는 '새로움을 생각해 내는 특성'이지. 그리고 '창의적 사고'는 '새로움을 생각해 내는 정신적 능력'이라고 할 수 있네. 창의라는 단어에서 '생각해 냄'은 상상력을 동원하여 아이디어를 도출해 내라는 것일세. 그리고 그 아이디어가 새로운 결과물을 창조하는 것이라네. 여기서 창의와 창조가 혼란스러울 수도 있겠네. 창조는 '전에 없던 것을 처음으로 만듦'을 말하지. 창의는 새로움을 추구한다는 측면에서 창조와 유사하다네. 하지만 창의는 새로움을 만들어내는 과정에 중점을 두고 있지. 한편 창조는 만들어진 결과를 중시하는 것이네. 이렇듯 창의와 창조는 새로움을 만드는 과정상에서 개념적으로 구분할 수 있다네. 하지만 통상 우리가 창의적으로 일하라고 할 때는 창의와 창조를 혼용해서 사용하지. 이는 아이디어 차원에서 의견을 제시하는 것만으로 그치지 말고 그것을 활용하여 결과물을 산출하는 창조까지 요구하는 경우가 대부분이기 때문이네. 그리고 회사에서 자주 언급되는 혁신과도 구분할 필요가 있네. 혁신은 새로움을 생각해 내는 창의와는 다르다네. 혁신은 새로운 것을 도입하여 적용한다는 의미이네. 혁신은 프로세스를 바꾸는 등의 생산과 관련된 용어라는 거지.

창의력은 무에서 유를 만드는 능력이 아닐세. 사람들은 창의라고 하면 예전에 없던 것, 무언가 독보적인 것, 새로운 것을 떠올리지. 그래서 창의라는 용어는 듣기에는 매우 신선하지만 받아들이기에는 매우 낯설다네. 애플의 창업자 스티브 잡스는 "당신이 창의적인 업적을 남긴 사람에게 '어떻게 그렇게 할 수 있었느냐?'라고 묻는다면, 그 사람은 약간의 죄책감을 느낄 것이다. 왜냐하면, 그들이 실제로 한 것이 아니라 무언가를 봤기 때문이다."라고 했네. '하늘 아래 새로운 것은 없다.'라는 격언이 있듯이, 창의의 본질도 실은 재발견이라네. 우리가 여태껏 생각해 보지도 못했던 저 먼 곳에 창의의 새로움이 있는 것이 아니라는 걸세. 우리 곁에 너무 가까이 있어서 보지 못했거나 우리 내부에 숨겨져 있어 발견하지 못한 것, 이것이 바로 창의의 새로움이라네.

"창의력을 기르는 필수 요소는 무엇인가?"

창의력은 많은 요소에 의해 길러진다네. 그 가운데 필수 요소는 지식과 경험, 동기부여, 적절한 도구일세. 창의력을 기르기 위해서는 우선 기본적인 관련 지식과 경험이 반드시 축적되어야 하네. 이것들은 새로운 아이디어를 창출해 낼 기초를 마련하는 초석과 같은 역할을 하지. 따라서 창의력을 기르기 위해서는 기존의 지식과 경험에 다른 의견들을 취합하여 분석하는 정보수집 능력을 갖추어야 하네. 그리고 이를 끈기 있게 서로 연결하여 새로움을 만들어 내는 인내심과 추진력, 의사소통 능력들이 갖춰져야 하지. 이러한 능력은 평소 자기계발을 통해 쉼 없이 노력해야 하는 것들이라네.

이러한 능력들이 잘 결속되기 위해서는 반드시 동기가 필요하다네. 동기부여 없이는 어떠한 창의력도 발휘될 수 없기 때문이야. 동기 부여는 외적인 요소와 내적인 요소로 구분할 수 있다네. 외적 동기로는 성과급, 칭찬, 승진 등의 요소가 있지. 하지만 이것은 단기성이나 일회성으로 끝날 수 있는 걸세. 내적 동기는 자기만족, 성취욕 등의 요소로 주어질 수 있네. 이것은 심리적으로 긍정 요인을 자극하는 방법이지. 그래서 지속적으로 창의적인 활동을 할 수 있게 만든다네. 따라서 창의력을 길러 창의성을 발휘하기 위해서는 내적인 동기 부여를 활성화해 가는 것이 더욱 중요하다네. 예를 들면, 다양한 취미 활동과 하고 싶은 일을 하면서 창의에 대한 동기를 끊임없이 부여하라는 것이네.

이렇게 지식과 경험이 갖추어지고 충분한 동기가 주어져도 막상 창의적인 생각을 꺼낼 도구가 없으면 아무런 소용이 없다네. 창의적인 생각을 표출할 수 있는 적절한 시스템을 잘 활용하면 유용한 아이디어를 창출해 낼 수도 있고, 그 과정에서 창의력도 기를 수 있다네. 브레인스토밍, 마인드 맵, 트리즈 등이 그런 도구들일세. 일반적으로 회사에서는 창의적이고 자유분방한 의견 개진을 하며 아이디어를 도출하는 브레인스토밍을 많이 활용한다네. 말 그대로 머리(brain)에 폭풍(storm)이 몰아치듯이 거침없는 발상을 통하여 다양한 관점에서 아이디어를 끄집어내는 것이지. 나는 군에서나 회사에 있을 때, 임원 및 부서 간부들, 특정 계층의 구성원들과 많은 브레인스토밍을 했다네. 그럴 때는 좋은 의견을 내고자 깊이 생각하는 것보다 생각나는 대로 많은 의견을 내는 사람이 더욱 인상적으로 느껴졌다네. 브레인스토밍에서 나온 의견들이 실제 반영되는 비율은 사안마다 다를 수 있지만, 대략 수백 건 가운데 1~2건에 불과하다네. 브레인스토밍은 가급적 많은 의견을 내도록 마련된 자리이기 때문에 마음껏 자기 의견을 제시하기 하길 바라네. 그러면 상급자에게 더 좋은 인상도 남길 수도 있고 자기도 모르는 사이에 창의력도 길러진다네.

"개인적 창의성과 조직의 창의성"

창의성이 조직에서 어떻게 적용되는지 좀 더 구체적으로 알아보겠네. 일반적으로 참신하고 독특한 아이디어를 가진 사람을 '창의성'이 있는 사람이라고 하지. 그래서 우리는 일반적으로 개인적인 수준에서 창의성을 얘기하는 경우가 많다네. 하지만 조직에서는 개인적 창의성보다는 팀의 창의성을 더 강조하지. 다시 말해 조직에 서는 창의성이 높은 팀을 원한다네. 개인적으로 아무리 창의성이 뛰어나더라도 소속되어 있는 팀 차원에서 그것을 활용하지 못한다면 개인적 창의성은 팀에서 특별한 의미가 없다는 뜻이네. 개인적인 창의성은 계획이나 생산 분야보다는 기획 분야 업무가 더 적절하다고 할 수 있네. 따라서 개인적 창의성과 팀의 창의성은 실무에서 반드시 구분되어야 하지.

또한, 조직에서 사용하는 창의성은 통상 두 가지 형태로 구분할 수 있다네. 그것은 기존에 없던 새로운 방식을 도출하여 시도하는 '급진적 창의성'과 전혀 새롭지는 않지만, 차츰 개선해 나가는 '점진적 창의성'이라네. 예를 들어 급진적 창의성이 기존에 없던 새로운 상품을 기획하고 제작하는 것이라면, 점진적 창의성은 원래 있던 생산 공정을 개선하여 원가 경쟁력을 높이는 것이지. 통상 회사에서는 주로 점진적인 창의성과 관련된 활동을 한다고 할 수 있네. 효율적인 재고 관리를 위해 무엇을 할 것인가?, 원가 절감을 위해 생산 프로세스를 어떻게 구성할 것인가?, 효과적인 부품 도입 방법은 무엇인가? 등에 대한 창의적인 해결 방법을 모색하는 것일세. 하지만 기업의 경영진들은 항상 급진적인 창의성을 염두에 두고 있다는 사실을 명심하길 바라네.

"급진적 창의성, 육군의 대국민 행사"

나는 육군 기획 부서에서 근무했었네. 예전의 육군은 징병 제도하에서 국민에게 특별히 홍보할 필요성을 느끼지 못했다네. 하지만 시대가 변하고 상황이 바뀌면서 점차 타 군과의 우수인력 확보 경쟁이나 국방예산 배정 문제 등이 이슈화되었고 육군도 국민적 지지를 받아야 한다는 절실함을 느끼게 되었지. 그래서 수뇌부에서는 국민에게 육군을 홍보할 수 있는 방안 마련을 주문하였다네. 그때 나는 그 일을 총괄하는 업무를 맡게 되었지. 다양한 부서의 많은 실무진과 함께 브레인스토밍을 하면서 여러 가지 방안을 구상하였다네. 그 가운데 나는 육군이 가진 강점에 중점을 두고 그것을 어떻게 활용할지에 대해 많은 고민을 해봤지. 그러한 고민 끝에 육군의 강점을 필요로 하는 타 기관의 행사가 무엇인지를 파악하게 되었네. 그래서 행정관서에서 계획하고 있는 기술박람회를 육군과 공동으로 주최하게 되었다네. 행정관서에서는 많은 기술이 전시되길 원하고 많은 인원이 관람하길 기대하고 있었다네. 그리고 육군은 무기에 관한 많은 기술과 인력을 보유하고 있다는 사실을 대외에 알리고 싶어 했네. 이러한 점에 착안하여 행정관서는 민간기술과 함께 행사 예산과 전시공간을 제공하고, 육군은 무기 관련 기술과 인력을 동원해 참관하는 것으로 업무를 분담하여 행사를 기획하였다네. 그렇게 해서 육군 최초의 대국민 행사를 시작하게 되었네. 이후 십여 년간 지속되어 오다가 지금은 세계 군문화 엑스포로 변신하여 계속 명맥을 유지해 오고 있지. 당시 나는 그 행사로 인해 육군에서 수여한 '참군인상(창의부문)'의 첫 수상자가 되었다네.

"관점의 전환과 수용이 관건"

우리는 모두 서로 다른 삶을 살고 있다네. 다른 삶을 산다는 것은 각자 다른 경험을 갖고 있다는 말일세. 이런 경험의 차이는 사고방식의 차이를 만든다네. 바꿔 말하면, 타인과의 사고방식 차이는 독특한 자기만의 관점을 가지고 있음을 의미하는 것일세. 새로움이 어렵다고 느끼는 것은 자기만의 독특한 관점을 모른다는 의미일 수도 있다네. 그것은 자기 생각을 정리하여 표현하는 방법이 미숙하기 때문이라고 할 수 있지. 새로운 지식을 자기 것으로 체화하는 데에는 익힘이라는 숙성 과정이 필요하나네. 우리는 많은 시간과 노력을 배움에만 투자하고 있지. 자기만의 관점을 정립하는 익힘이라는 숙성의 시간에 대해서는 소홀히 다루면서 말일세. 많은 것을 습득하기보다는 습득한 지식이 나의 몸에 녹아 들어가는 시간이 필요하다네. 따라서 사색과 휴식 시간을 일상 속에 적절히 조화시켜 이런저런 자유로운 생각을 통해서 보고 지식의 조각을 맞춰 나가며 나의 관점을 정립해 나가야 한다네.

이렇게 자신의 관점이 명확해졌을 때만이 타인을 수용할 수 있고 자신도 바꿀 수 있다네. 모든 새로움은 자신이 보는 관점을 바꾸어 보는 데서 발견할 수 있는 걸세. 자신의 관점을 바꾸기 위해서는 타인의 관점을 보려는 노력이 필요하네. 관점의 전환은 나와 다른 배경과 경험, 성격을 지닌 사람들과 어울리는 과정을 통해서 이루어진다네. 이렇게 관점을 바꾸는 노력과 연습을 지속적으로 해 나간다면 그간 보지 못하던 새로움에 대한 안목이 비로소 열리게 된다네.

한편, 관점의 전환과 수용은 또 다른 생각의 연결고리를 찾는 계기가 되지. 탁월한 아이디어는 천재들의 영감뿐만 아니라 다른 생각들과 연결하는 과정에서도 탄생한다네. 예를 들어 포드사의 창설자인 핸리 포드(Henry Ford, 1863~1947)는 돼지 도축장 시스템을 보고 자동차를 만드는 컨베이어벨트 시스템을 만들어 자동차 혁명을 주도했다네. 이처럼 다른 영역과 연결한다는 것은 마지막 남은 퍼즐의 한 조각을 찾아내는 것이지. 이렇게 남들이 발견하지 못하는 연결고리를 찾기 위해서는 세심한 관찰이 필요하다네. 따라서 항상 주변 사물에 의문을 가지고 묻고 답하는 과정을 되풀이해야 하지. 이러한 끈질김이 있어야 새로움을 발견할 수 있다네.

나는 불교 수행 방법 가운데 하나인 돈오점수(頓悟漸修)를 좋아한다네. 이는 점진적인 수련(漸修)을 통하여 순간적인 깨달음(頓悟)을 얻는다는 뜻일세. 꾸준함을 통하여 새로움을 깨우친다는 말이네. 새로움이란 비움을 전제로 하지. 고정된 관념과 관행을 비워야 새로움을 채울 수 있다네. 예를 들어 컵에 물이 가득 차 있으면 컵의 원래 기능인 채워 넣음을 할 수 없지. 비워야만 채워 넣을 수 있다네. 즉, 비움은 채워짐을 기다리는 상태인 것이지. 따라서 새로움이란 비움을 채우는 과정에서 발견할 수 있는 것일세. 그래서 자네는 아무리 작은 불편함과 부족함이라도 간과하지 않는 습관을 길러야 한다네. 그래야 채우려는 의지가 생겨나고 그러는 가운데 비로소 새로움이 자네에게 다가온다는 것을 잊지 말게나.

문제의 원인은 자신에게 있다

"사소한 돌부리에 넘어지다"

인간은 원래 불완전한 존재일세. 그것은 태생적인 한계라 할 수 있지. 그래서 인간은 완전함을 추구하는 것인지도 모르네. 불완전함이란 완전함을 추구하는 과정인 것이지. 그 과정에서 많은 갈등을 겪는 것은 어찌 보면 당연한 이치일 거라네. 이런 연유로 갈등은 우리 삶에서 필연성을 가진다고 할 수 있지. 필연적인 갈등이 보편적인 삶을 지배한다는 말일세. '사람은 바위에 걸려 넘어지는 것이 아니라, 조그마한 돌부리에 걸려서 넘어진다.'라는 말이 있네. 따라서 우리는 가까운 곳에 아무렇지 않게 보이는 조그마한 갈등에도 항상 관심을 가져야 한다네. 왜냐하면, 모든 불행의 씨앗은 사소한 것에서 시작되니까 말이야.

또한, 사회적으로도 많은 갈등이 표출되고 있지. 정보화 시대의 거센 물결 속에서 경제적, 문화적, 정서적으로 커다란 변혁의 시간을 맞이하고 있다네. 게다가 예기치 못한 감염병의 급습으로 팬데믹 사태도 겪고 있다네. 이러한 것들이 우리 삶의 양식은 물론이고 사회적 관계성마저 뒤흔들고 있지. 더불어 이러한 환경들은 사회 구성원들의 욕구를 분출시켜 개인적으로나 사회적으로 갈등을 증폭시키고 있다네. 다양한 갈등이 개인적 차원을 넘어 사회 전반으로 확산되는 작금의 사태를 고려해 볼 때, 우리는 갈등을 어떻게 관리해야 하는지 심각하게 생각해 보지 않을 수 없다네.

"창조적 스트레스"

갈등(葛藤)이란 말의 어원은 칡나무(葛, 갈)와 등나무(藤, 등)의 합성어일세. 칡나무와 등나무는 둘 다 줄기가 길게 뻗으며 자란다네. 재미있는 것은 칡나무는 왼쪽으로 감으며 자라지만 등나무는 오른쪽으로 감으며 자란다는 특성이 있다네. 그래서 이들이 서로 얽히고설키면 풀 수 없는 상태가 된다고 하지. 갈등의 사전적 의미는 '개인이나 집단 사이에 이해관계가 달라 서로 적대시하거나 불화를 일으키는 상태'라네. 심리학에서는 '마음속에 두 가지 이상의 욕구 등이 동시에 일어나 갈피를 못 잡고 괴로워하는 상태'라고 하지.

갈등은 없는 게 최상이지. 하지만 갈등은 필연적으로 발생하는 불가피성을 가지고 있다네. 이러한 불가피성은 단순히 부정적인 것만은 아니라네.

갈등은 때때로 조직의 성과를 불러오는 뜻밖의 에너지를 일으키기도 한다네. 갈등은 조직의 구조적인 문제들을 발견하고 해결책을 모색하는 계기가 될 수도 있지. 우리가 추구하는 사회는 갈등이 없는 사회가 아니라네. 오히려 적절한 갈등과 함께 사는 사회라고 할 수 있다네. 완전함이란 종료된 상태(end state)를 말하고 이는 죽음을 의미하기도 하네. 경영학에는 '창조적 스트레스'라는 말이 있지. 적당한 수준의 갈등은 조직을 적절히 긴장시켜 선의의 경쟁을 유발한다고 하네. 그래서 조직을 더욱 활력 있고 역동적으로 만들 수 있다는 의미일세. 하지만 이것이 가능하려면 반드시 갈등이 관리되어야 한다는 전제가 필요하다네.

"갈등의 근원은 가치관"

갈등은 서로 대립하는 상대성 개념일세. 그래서 반드시 대립하는 상대가 있어야 한다네. 대립 상대는 자기 자신이 될 수도 있고, 타인이 될 수도 있지. 혹은 자신이 소속된 조직이나 사회가 될 수도 있고 나아가 자기가 믿는 종교의 신도 될 수 있다네. 여기에서는 갈등 대상을 조직 내에서 함께 일하는 구성원으로 한정하여 얘기해 보도록 하겠네.

조직 내에서 갈등 대상은 상사, 동료, 하급자와의 갈등 정도로 구분해 볼 수 있다네. 대상에 따라 일어날 수 있는 갈등의 형태는 무수히 유추해 볼 수 있겠지. 여기서는 조직에서 통상 발생하는 일반적인 갈등 형태의 유형을 알아보겠네. 그것은 단일형 갈등, 분배형 갈등, 구조적 갈등, 가치적 갈등으로 구분할 수 있지. 단일형 갈등은 하나의 사안을 놓고 상대의 의견과 주장 그리고 이해관계가 상충하는 경우를 말한다네. 이럴 때는 갈등을 유발하는 사안에서 잠시 벗어나 상대방의 관심사로 주제를 전환하는 분해적 해법이 필요하다네. 예를 들어 업무 문제로 갈등이 생겼다면, 취미로 화제를 전환하는 것을 말하는 걸세.

분배형 갈등은 한정된 자원을 할당하는 과정에서 각기 다른 의견을 내어 대립하는 경우를 말하네. 이럴 때는 분배된 결과보다 과정과 절차상의 공정성에 초점을 맞추는 과정적 해법이 필요하네. 예를 들면 상대가 분배에 관해 이의를 제기하면, 상대방에게 나누는 역할을 주고, 내가 먼저 선택하는 방식을 제의해 보는 것도 좋겠네. 구조적 갈등은 조직의 규정이나 제도로 인하여 갈등이 발생하는 경우를 말하네. 즉, 갈등 당사자들 간의 문제가 아니고 외부 조건으로 인해 생기는 갈등을 말하는 것이네. 예를 들면, '누가 어느 업무를 담당하느냐' 등의 업무 영역과 관련된 갈등 같은 것일세. 이것은 회사 규정에 명시되어 있는 문제인 것이지. 이런 갈등은 당사자 간에 해결하는 데에 한계가 있다네. 그래서 문제 해결 방안을 외부에서 찾는 전환적 해법이 유용하다네. 회사 규정에 문제가 있다면 함께 수정하는 방향으로 해결 방법을 찾아 나가는 것이네.

가치관적 갈등은 본인의 가치관에 맞지 않는 상대와 업무 관계상 대립하는 경우를 말하는 것이네. 가치관은 상대를 바라보고 평가하는 기준일세. 이는 모든 갈등의 근원이라 할 수 있네. 가치관의 문제는 완전하게 해결하기 어렵기 때문에 서로의 차이를 인정하고 존중하면서 공통 분모를 찾아가는 공동선 추구형 해법이 타당하다 할 것일세. 이는 갈등을 유발하는 문제에 대해 옳고 그름을 따지는 것보다 객관적 실용성에 중점을 두고 갈등을 해소할 방안을 찾는 것도 유용하다네.

"화내는 게 지는 것"

여러 형태의 갈등 유형 중 갈등을 증폭시키는 감정적 요소는 대략 자존심, 분노, 불쾌한 언행, 참견 등이라 할 수 있지. 자존심은 자존감과 달리 상대방에게 자기의 가치를 인정받고 싶어 하는 감정일세. 이것은 자신이 기대하는 만큼 상대방이 자신을 인정하지 않을 때 발생하는 좋지 않은 감정이지. 자존심으로 인한 갈등은 주로 아무것도 아닌 일을 가지고 서로를 공격하는 경우가 대부분일세. 이런 경우에는 나 자신부터 자제해야 한다네. 내가 남에게 너무 내세우는 게 아닌지 잘 살펴보아야 하네. 자존심이 상하면 자연히 화를 내게 되네. 분노는 갈등에 있어서 약방의 감초일세. 나는 평소에는 화를 잘 내지 않는 스타일이네. 그것은 '먼저 화내는 사람이 지는 것이다.'라는 신념이 있기 때문일세. 분노는 논쟁과는 전혀 상관이 없다네. 간혹 '개소리하지 마라.'라는 말을 들어 본 적이 있을 것일세. 개는 원래 주인을 보면 꼬리를 흔들고, 모르는 사람을 보면 짖는 법이지. 개가 짖는 건 잘 모르고 겁나기 때문에 요란스럽게 짖는 거라네. 빈 깡통이 요란하듯이 말일세. 화를 낸다는 것은 그 사안에 대해서 잘 모르고 상대를 설득할 논리 체계가 없다는 것을 뜻하는 것이네.

분노는 불쾌한 말들을 동반하는 것이 일반적이라네. 불쾌한 말의 저변에는 상대방을 인정하지 않거나 무시하는 감정이 있는 걸세. '말 한마디에 천 냥 빚을 갚는다.', '혀에 맞아 죽은 사람이 칼에 맞아 죽은 사람보다 많다.' 이런 말들은 말에 관한 얘기들이지. 조직 내에서는 잘못 사용한 언어가 폭력이 되고 나아가 범죄도 될 수도 있다네. 언어를 폭력으로 규정하는 데는 이유가 있지. 언어는 사람에게 자극을 가한다네. 그래서 한 번 사용한 언어는 그 자극의 강도가 떨어지기 때문에 다음에는 더 큰 자극을 주고자 점점 더 자극적인 말을 하게 된다네. 그래서 말을 한 번 불쾌하게 내뱉으면 다음번에는 더한 말을 내뱉게 되지. 한편, 간섭은 전체적인 상황을 제대로 파악하지 않은 상태에서 상대방에게 훈수를 두는 것일세. 어느 한쪽 편을 든다는 것이네. 주로 편협한 자기 확신을 지닌 채 지나치게 자기주장을 내세우는 것을 말하네. 원래 문서는 초안 만드는 것이 힘들다네. 그것은 새로움을 창조하는 것이나 다름이 없지. 거기에 밑줄 긋고 수정하는 것은 누구나 할 수 있는 일이라네. 그렇기 때문에 간섭하고 훈수 두는 것은 신중에 신중을 기해야 한다네. 그럼에도 훈수해야 할 상황이라면 반드시 상대의 의견을 존중하면서 자기 의견을 제시해야 하네. 여기서 반드시 명심할 것이 있네. 이렇게 조직에서 갈등을 일으키는 감정적 요인들은 애당초 개인적인 악감정에서 비롯된 것이 아님을 염두에 둘 필요가 있네. 이러한 문제들은 결국 조직의 공동 목표를 이루어 가는 과정에서 발생한 것이지. 그래서 다 같이 차근차근 대화로 풀어나간다는 자세를 견지하는 것이 중요하다네.

"회피형 vs 경쟁형"

조직에서 갈등이 생기면 어떻게 대처해야 하는 게 좋을지 알아보도록 하세. 물론 조직의 전통과 문화에 따라 다를 수 있겠네. 갈등이 발생했을 때 일반적인 대처 형태로는 회피형, 경쟁형, 수용형, 타협형, 협력형 등의 행동 유형들이 있다네. 먼저, 회피형은 갈등 자체를 피하려는 행동 유형이네. 갈등에 대한 적극적인 역할을 거부하고 중립적인 입장을 표명하는 유형이지. 예를 들어 갈등이 생기면 "네가 알아서 해."라고 하면서 현장을 떠나버리는 경우이네. 이런 행동은 나도 안 하고 상대도 못 하게 하는 것일세. 이런 유형은 인내심을 가지고 스스로 참여할 수 있는 여건을 조성해 주는 것이 바람직하지. 경쟁형은 본인의 생각을 강하게 주장하는 행동 양식일세. 회피형과는 반대 성향을 가지고 있다네. 목표 달성을 최우선시하여 앞만 보고 달리는 유형이지. 이런 유형이 상대하기가 가장 어렵다네. 이런 경우는 상대가 가지고 있는 논리적 구조의 허점을 집요하게 파악하여 그것을 무너뜨리는 것이 중요하네.

잠시 고려 말 충신 정몽주에 대해서 얘기하고 싶네. 조선의 개국공신 이방원은 정몽주를 회유하기 위해 '하여가(何如歌)'를 지었지. "이런들 어떠하리 저런들 어떠하리. 만수산 드렁칡이 얽어진들 어떠하리. 우리도 이같이 얽혀서 백 년까지 누리리라." 하지만 정몽주는 '단심가(丹心歌)'로 거절의 뜻을 밝히고 충신의 길을 택했다네. 정몽주는 조선 건국 초기에는 역적으로 취급받았지만, 이후에는 백성들의 충성심을 유도할 목적으로 충절의 표상이 되었다네. 같은 왕조에서 역적과 충신으로 상반되게 평가된 역사의 아이러니라 아니할 수 없네. 역사는 가정이 없다고 하지. 하지만 이방원이 정몽주의 행동 형태를 정확히 파악하고 정몽주를 고려에 충성을 다하도록 놓아두면서 고려의 부패상을 조금 더 적나라하게 파헤쳤으면 어땠을까 하는 생각이 들지. 그러면 정몽주의 생각을 돌릴 수도 있지 않았을까 하는 아쉬움이 든다네.

"가장 좋은 행동 형태는 협력형"

수용형은 자신의 의견보다 상대의 의견을 전적으로 받아주는 행동 형태일세. 치열한 논쟁을 하며 대안을 만들기보다는 상대와 좋은 관계를 유지하는 데에 중점을 두는 것이라네. 하지만 수용형은 순순히 받아들이는 것 같아 보여도 나중에 수용 자체를 거부할 때도 있지. 뒤끝이 있다는 말이네. 받아들임은 참는 것을 전제로 하기 때문일세. 따라서 수용형에게는 결과에 자만하지 말고 꾸준하게 관심을 보이는 것이 중요하지. 타협형은 '줄 건 주고, 받을 건 받자.'라는 행동 형태일세. 갈등 당사자들이 서로의 양보를 통해 챙길 것만 챙기는 유형을 말하네. 결국, 승자도 없고 패자도 없이 서로 원윈(win-win) 하는 것이지. 이런 유형은 내가 쉽게 양보할 수 있는 것과 꼭 얻어야 하는 것을 사전에 명확하게 구분해 둘 필요가 있다네. 협력형은 양쪽 당사자의 주장을 통합하여 서로의 욕구를 충족시키려고 노력하는 행동 형태일세. 이는 기존에 없던 창의적인 해결책을 찾는 데 집중하는 유형을 말한다네. 이러한 유형이 가장 바람직하고 이상적이라 할 수 있지. 하지만 시간이 많이 소요된다는 단점도 있네. 나는 갈등관리의 최종 목표를 협력형에 두고 있지. 하지만 초기에는 수용형의 자세를 취하기도 하고 타협형의 자세도 취하기도 한다네. 최종 목표를 위해서 여러 수단을 사용하는 거지. 그래서 어떤 유형이 좋고 어느 유형이 나쁘다고 할 수 없다네. 단지 내 유형과 타인의 유형이 다를 뿐이라는 사실을 깨닫는 게 중요하지. 갈등을 효율적으로 해결하고 관리하기 위해서는 무엇보다 자신이 어떠한 대처 유형인지 이해하는 것이 급선무일세. 그다음에 상대방의 유형을 파악하고 그에 맞는 적절한 대처 방안을 구상하는 것이 중요하다네.

"모든 잘못은 나에게 있다"

『명심보감』에 '반구저기(反求諸己)'라는 말이 있네. 이것은 '(잘못의 원인을) 자기 자신(諸己)에게서 돌이켜 보고(反) 찾는다(求)'는 뜻일세. 어떤 일이 잘못되었을 때 남 탓하지 않고 잘못의 원인을 자기 자신에게서 찾아 고쳐나간다는 의미를 담고 있다네. 나는 갈등도 이와 마찬가지라고 생각하네. 나와 관련하여 발생하는 갈등에는 항상 나의 잘못이 내재되어 있는 거라네. 갈등을 잘못 관리하면 손해는 결국 내가 보는 구조이기 때문이네. 그러므로 모든 잘못은 나에게서 나온다고 생각하고 타인의 주장에 귀를 기울여야 하네. "사랑이란 뿌리까지 사랑하는 것이다."라고 하듯이 말일세.

이렇듯 갈등을 관리하는 진정한 방법은 서로의 차이를 인정하고 공통점을 찾아 함께 해결책을 만들어 가는 거라네. 공자는 일찍이 '군자 화이부동, 소인 동이불화(' 君子和而不同, 小人同而不和')라고 말씀하셨네. '군자는 조화를 이루되(和而), 같아짐을 요구하지 않고(不同), 소인은 같음이 많아도(同而), 조화를 이루지 못한다(不和).'라는 뜻이지. 공자는 다름과 다름 속에서 끊임없이 조화를 추구해 가며, 다름 자체도 나의 일부분으로 받아들이라고 오늘날 우리에게 말하고 있네.

아는 만큼 보인다

"배우고 익히는 문제"

『논어(論語)』는 공자와 제자들이 대화(論)한 내용을 모아서 기록한 책일세. 이 책의 첫 문장이 무엇인지 아는가? 바로 '학이시습지 불역열호(學而時習之 不亦說乎)'라네. '배우고 때때로 익히니 기쁘지 아니한가?'라는 뜻일세. 2,500여 년 전 공자와 그 제자들이 가장 먼저 논한 시대적 과제가 바로 배우고 익히는 문제였던 거라네. 이렇듯 배우고 익히는 문제는 오늘날 역시 우리 삶의 가장 중요한 부분을 차지하고 있다네. 아마도 배움과 익힘의 지향점이 삶의 본질로 향하기 때문일 것이네. 또한 공자는 위기지학(爲己之學)의 도를 말하였네. 이는 '자기완성(爲己)을 위해 배우고 익힌다(學)'라는 뜻이지. 즉, 배우고 익히는 원래 목적은 자기완성을 위한 것일세. 남에게 보여주기 위해 배우고 익히는 위인지학(爲人之學)과는 다른 것이지. 만약 삶의 목표가 남과 연루되어 있다면, 그 삶은 이미 남을 위한 도구로만 활용될 뿐 나에게는 진정한 즐거움을 주지 못하는 삶이 된다는 것을 깨달아야 한다네.

"공부는 수신(修身)의 과정"

우리는 배우고 익힌다는 의미를 가진 용어를 많이 쓰고 있지. 하지만 나름의 개념이 잘 정리되지 않아 혼란스러울 때가 종종 있다네. 특히 공부, 학문, 학습이라는 용어가 자주 혼용되어 사용되지. 이것들은 배우고 익힌다는 점에서는 맥을 같이 하지만, 포함하는 개념과 활용 영역에서는 약간의 차이가 있다네. 우선, '공부'부터 알아보세. 공부(工夫)는 원래 불교 용어로 시간과 노력을 들여서 불법을 열심히 닦는다는 뜻이었네. 지금은 포괄적으로 배우고 익힌다는 의미로 가장 많이 사용되지. 중국에서 공부(功夫)는 원래의 의미 외에도 중국 무술 쿵후의 뜻을 포함하고 있다네. 공부에는 심신 수양의 의미가 내포되어 있는 것이지. 도올 김용옥은 "공부의 원래 의미란 신체의 활동을 통해서 얻어지는 모든 훈련이다. 머리를 쓰는 일이나 청소를 하는 것, 모두 다 같은 공부인 것이다."라고 말했지. 공부란 정신적 활동뿐만 아니라 쿵후와 같은 신체적 단련도 포함된다는 말이네. 요컨대 신체 단련처럼 꾸준함을 통해 자기 몸에 체화시켜 나가는 과정도 공부의 한 부분이라는 것이지. 한편, 일본의 공부(工夫)는 무엇을 발명하거나 무언가를 요리조리 궁리한다는 의미로 활용된다고 하네. 무엇을 찾아내기 위해서는 깊은 생각을 동반해야 한다는 점을 강조하고 있는 거겠지. 우리나라의 공부가 생각하는 것보다 익히고 외우는 것에 편중된 현실을 감안할 때, 중국과 일본의 공부 개념을 다시 한번 되짚어 볼 필요가 있다고 생각하네.

나는 공부(工夫)라는 한자를 볼 때면 대장간에서 달궈진 쇠를 모루(工) 위에 올려놓고 대장장이(夫)가 연신 망치질하는 모습이 연상된다네. 대장장이는 정교한 연장을 만들어내기 위하여 많은 노하우(knowhow)를 배우고 익혀야 하네. 이렇게 몸으로 체화된 노하우가 숙련된 망치질을 가능하게 하지. 아울러 땀 흘리며 꾸준하게 망치질하는 성실함이 있어야만 정교한 연장을 만들 수 있는 거라네. 공부는 사전적으로 '학문이나 기술을 배우고 익힘'이라고 간단하게 정의되지. 하지만 나는 이 모든 특성을 고려하여 나름대로 공부의 개념을 정리해 보았네. 한번 들어보겠나? "공부는 깊은 생각과 성실함을 가지고 무언가를 배우고 체화해 가는 수신(修身)의 과정이다." 공부는 배워서 익히는 과정을 총체적으로 포괄하는 거라네. 즉, 공부는 '사람임'에서 '사람됨'을 넘어 '사람다움'으로 나아가는 총체적인 과정이라 할 수 있겠네.

"학문은 질문이다"

학문(學問)은 공부와 함께 많이 사용되는 용어일세. 학문(學問)은 사전적으로 '지식을 체계적으로 배워서 익히는 일' 또는 '사물을 탐구하여 이론적으로 체계화된 지식을 세우는 일'이라 정의하네. 학문(學問)을 한자적으로 풀어 보자면, '배움(學)은 질문(問)을 통해서 이루어지는 것'이라 할 수 있지. 안다는 것은 오감을 통한 경험적인 앎과 배움을 통한 학문적 앎으로 구분할 수 있네. 경험으로 배우는 것을 수동적인 앎이라고 하지. 그것은 '왜?'라는 질문이 빠져 있기 때문이라네. 하지만 배움을 통한 학문적 앎은 적극적인 앎일세. 그것은 바로 '왜?'라는 질문을 가지고 인식의 영역을 확장해 가기 때문이라네.

우리는 '머리가 아프다.'라는 사실을 경험적 느낌을 통해서 알 수 있지. 하지만 아프다는 사실을 설명하기 위해서는 '왜?'라는 적극적인 앎의 과정을 거쳐야 한다네. 이는 의학이라는 체계적인 학문적 지식을 통해서만이 그것에 대해 설명할 수 있다는 의미일세. 따라서 학문은 '왜?'라는 질문을 끊임없이 하는 과정에서 배움이 이루어진다네. 학문은 배움과 익힘을 이루기 위해 질문을 던지는 과정이라는 측면에서 공부와 유사하다고 할 수 있겠네. 하지만 학문은 지식을 체계적으로 세우는 과정보다는 체계화된 지식의 결과를 배운다는 의미로 더 많이 활용되고 있네. 따라서 여기에서 나는 학문을 좁은 의미로 배우고 익히려는 대상으로 규정하려고 하네.

학습은 사전적인 의미로 '배워서 익히는 일'이라고 정의하네. 교육학에서는 지식의 획득, 인식의 발전, 습관의 형성 등을 목표로 하는 의식적인 행동을 가리킨다네. 요컨대, 학습은 의식적인 행동을 통해 배운 지식을 습득하는 일이지. 곧 학습은 배우고 익히는 하나의 큰 프로세스 안에서 지식을 습득하는 핵심 과정이라는 것이네. 따라서 공부, 학문, 학습을 하나의 체계 속에서 바라보면 다음과 같이 설명해 볼 수 있겠네. 공부는 수신(修身)하는 총체적인 프로세스일세. 학습은 프로세스 안에서 배우고 익히는 핵심적인 체득의 과정이며, 학문은 배우고 익히는 원재료인 대상이 된다네.

"샐러던트, 공부하는 직장인"

샐러던트라는 말이 있네. 직장인(salary man)과 학생(student)의 합성어라네. 공부하는 직장인을 가리키는 말이지. 경쟁 사회에서 도태되지 않기 위해 끊임없이 공부해야 하는 직장인의 팍팍한 현실을 반증하는 용어이기도 하다네. 여기서 말하는 공부는 바로 자기계발을 말하는 것일세. 자기계발은 자기가 가진 기술이나 능력을 발전시키는 것을 뜻하지. 자기계발은 생각함, 배움과 익힘, 성실함과 인내심 등 공부의 핵심가치를 내포하고 있다네. 그래서 자기계발은 공부의 한 형태라고도 할 수 있지. 통계에 따르면 직장인의 50% 이상이 현행 업무 이외의 시간에 자기계발을 한다고 하네. 그 목적은 부족한 직무 전문지식을 쌓기 위해서나 더 좋은 회사로 이직하기 위한 준비라고 하네. 평생 한 직장에 다니며 정년퇴직에 맞춰 생애 주기를 계획하던 기성세대와는 매우 다른 풍경이지. 요즈음 세대는 평생직장이라는 개념보다는 자신의 가치를 높이기 위해 더 나은 회사로 이직하는 것을 당연시하는 시대를 살고 있다네.

바쁜 직장 생활을 잘하면서도 틈틈이 자기계발을 하기 위해서는 학교 공부보다 더 치밀한 계획을 세워야 한다네. 학교에 다닐 때는 공부 자체에 전념할 수 있었지만, 자기계발은 본업 이외의 시간에 공부해야 하기 때문이지. 자기계발 계획을 세우기 위한 특별한 프로세스는 없다네. 기존의 업무 수행 프로세스와 마찬가지로 목표를 설정하고 그에 따라 실행 계획을 수립하여 주어진 여건과 특성에 맞춰 해나가면 되는 거지. 하지만 이것은 한정된 조건에서 별도의 개인 시간을 마련하는 것임을 특별히 명심해 주기 바라네. 그렇기에 개인 여건과 근무 환경을 면밀하게 따지지 않으면 포기하는 경우가 생기게 되지. 따라서 여기서는 개인마다 다른 경우가 많을 '어떻게 실행할까'라는 문제보다는 자기계발의 목표 설정과 계획 수립에 중점을 두고 얘기하겠네.

"보직은 짧고 인생은 길다"

목표를 명확히 설정하는 것은 어떠한 상황에서나 중요한 일이라네. 어떤 목표를 달성할지가 결정되면 어떤 종류의 자기계발을 해야 할지도 자연스럽게 결정되지. 예를 들면, 연초에 자기계발로 외국어 공부를 하겠다고 마음먹고 처음에는 열심히 하다가 흐지부지 끝나는 일이 많지. 이러한 일을 모두 의지 부족으로만 치부할 수는 없다네. 잘 살펴보면 목표가 뚜렷하지 않은 경우가 대부분이기 때문일세. 외국 유학을 목전에 둔 사람이 영어 공부를 하는 것과 영어를 잘하고 싶다는 막연한 목표를 가진 사람이 영어를 공부하는 것에는 당연히 차이가 있지. 이렇듯 명확한 목표 설정은 자기계발을 실천하는 밀도와 지속성을 결정하는 중요한 요소로 작용한다는 걸 잘 기억하게나.

목표를 설정할 때 반드시 명심해야 할 사항이 있네. 바로 현재 자신의 능력을 판단할 때 생기는 오류에 대한 거라네. 이 부분을 명확히 알아야 자기에게 필요한 실질적인 목표를 설정할 수 있지. 자기 능력을 판단할 때 무엇이 나의 것이고, 무엇이 나의 것이 아닌지를 분명히 구분할 수 있어야 하네. 사람들은 자기 것이 아님에도 불구하고 자기 것으로 착각하는 경우가 많지. 특히, 직장에서 부여되는 보직이 그렇다네. 현재 나의 보직은 나의 능력이 아님을 분명히 알아야 하네. 나의 보직에서 나오는 성과물은 대부분 협업의 결과이기 때문이지. 결과적으로 그 보직을 그만두어도 남아 있는 것이 바로 진정한 나의 능력이라네. 예를 들어, 보직에서 배운 업무 경험과 거기서 쌓인 개인 경륜 등이 그것일세. 또한 보직을 가지고 수행한 업무 실적은 엄밀히 말하면 나의 것이 아니라 협업의 결과로 생긴 회사의 것이라네. 보직은 단지 업무를 위해 잠시 빌려온 것일 뿐이지. 통상 사람들은 보직이 주는 권위와 권한을 자기가 가진 능력인 양 착각하여 자기 능력을 과대 평가하는 경우가 있다네. 따라서 보직과 무관하게 자기가 어떠한 능력이 있는지를 정확히 판단해야 그에 따른 자기계발 목표를 현실적으로 수립할 수 있다네. "보직은 짧고 인생은 길다."라는 말이 있네. 자기계발을 현재 보직에 걸린 문제로 한정하여 목표를 설정하는 것은 고민해 봐야 할 문제일세. 예를 들면, 해당 보직에서 인정받을 만한 능력, 승진에 도움이 될 만한 능력과 같은 눈앞의 문제를 위한 능력 개발에만 급급하다 보면, 삶 전체를 통해 길러야 하는 능력을 위한 자기계발 기회를 놓칠 수도 있기 때문이야.

"전문가라는 편협에서 벗어나자"

내가 가장 싫어하는 유형은 자칭 전문가라고 하는 사람일세. 마치 우물 안의 개구리처럼 다른 세계를 보지 못하고 자기만의 영역을 구축하여 그 속에 안주하는 사람이라 할 수 있지. 자신을 전문가라고 선언하는 것은 다른 영역과의 단절을 선언하는 것이나 다름없네. 그것은 현대 사회의 화두인 융합과도 맞지 않지. 군에서 대령까지는 해당 분야의 전문가(specialist)라고 칭한다네. 하지만 장군은 General이라고 하지. 이는 제너럴(general, 보통의)이 스페셜(special, 특별한)을 포괄한다는 것을 의미한다네. 즉, 평범함은 특별함을 넘어 있다는 것일세. 그래서 평범함 속에 진리가 있다고 하는 모양이네. 즉, 스페셜에서 제너럴로 가기 위한 자기계발을 꾸준히 해야 한다는 것이네. 그렇게 할 때만이 전문가라는 울타리에서 빠져나올 수가 있지. 자네는 혹시 자신이 전문가의 오류에 빠져서 제너럴로 향하는 자기계발 목표를 세우지 못하고 있는 건 아닌지 잘 살펴보아야 하네. 불교에서는 피안(彼岸, 깨달음의 세계)으로 건너가려면 타고 있던 뗏목을 버려야 한다고 말하네. 버리고 비우는 것이야말로 새로움을 얻기 위한 과정임을 잊지 말게나.

목표가 설정되면 그 목표를 달성하기 위한 자기계발 과제를 선택해야 한다네. 선택의 문제에 정답이 있을 수 없지. 내가 어떤 결정을 하든 그것을 판정해 줄 사람은 없다네. 그것은 자기가 결정하고, 자기만이 결과를 알며, 자기가 모든 책임을 지기 때문이라네. 그래서 내가 무엇을 하고 싶은지 남에게 묻기 전에 나 자신에게 먼저 물어보아야 한다네. 자기계발 과제를 선택할 때 가장 중요한 것은 가치를 부여하는 문제라네. 이것은 '당장 가능한 일'과 '시간이 필요한 일'에 대한 고민이지. 또한, 자신의 가치에 따라 결정할 문제이지만 나의 경우를 간략하게 소개해 보겠네.

"험난한 정의의 길을 택한다"

나는 어떤 선택을 할 때 항상 "나는 언제나 안일한 불의의 길보다 험난한 정의의 길을 택한다."라는 사관생도의 신조를 다시금 생각하곤 하네. 험난한 길이 곧 정의의 길이라 할 수는 없겠지만, 험난함을 극복하는 자체는 정의가 될 수 있다네. 하지만 안일함은 나태함을 동반하기 때문에 항상 경계해야 하네. 나는 군에서 정책기획 분야 특기를 가지고 주로 정책부서에서 근무했다네. 이 분야는 다른 특기와는 다르게 실천적 요소보다 이론적 요소를 더 많이 필요로 하는 분야일세. 그래서 군 자체에서 쌓아온 이론적 체계로는 업무 수준을 향상시키는 데 한계가 있다고 생각했지. 이에 별도의 전문지식을 배우기 위해 두 가지 방안을 도출했다네. 바로 업무 관련 자격증을 갖추는 단기적 방안과 학문적으로 학위를 취득하는 장기적 방안이었지.

실현 가능성 측면에서는 자격증을 갖추는 방안이 훨씬 유리하였다네. 박사학위 취득은 4~5년 이상이 걸린다는 게 가장 큰 제한이었지. 군에서는 원칙적으로 1~2년마다 한 번씩 근무지를 조정하기 때문이야. 그럼에도 나는 업무 관련 자격증보다 활용 가치가 높은 학위 취득을 고려하였다네. 그리고 학위 취득 시의 시간 문제는 최악의 경우 10년 이상이 걸리는 한이 있더라도 결국 나의 의지에 달린 문제라고 생각하였네. 객관적인 가치의 문제와 자기 의지 문제를 분리하여 생각했던 것일세. 나는 학위를 취득하는 과정에서 많은 우여곡절을 겪었지. 하지만 다행히도 2년 보직 이후 곧바로 군 수뇌부 비서실로 차출되어 같은 근무지에서 2년 더 근무하게 되었다네. 그래서 천우신조(天佑神助)로 무사히 학위를 취득할 수 있었지. 그 결과, 군에서는 물론이고 전역 후에도 관련 분야에서 봉사하는 기회를 가질 수 있었다네.

인간은 앎을 추구하는 존재일세. 공자는 앎에 세 종류가 있다고 하였네. 첫째는 '태어나면서 아는 것(生而知之, 생이지지)', 이는 천재라 할 수 있지. 둘째는 '공부해서 아는 것(學而知之, 학이지지)', 이는 수재라 할 수 있네. 셋째는 '곤혹을 치르며 아는 것(困而知之, 곤이지지)', 이는 스스로 터득한 사람을 의미하네. 그러면서 이 중 가장 깨달음이 깊은 것은 스스로 터득한 곤이지지(困而知之)라고 하였지. 자기 삶을 위해 투자하는 자기계발이야말로 곤이지지(困而知之)의 진정한 앎이 아닌가 생각한다네.

균형 있는 삶 유지하기

"바쁨이 있어야 한가함도 있다"

우리는 자본주의 시장경제체제 속에 살고 있지. 자본주의는 근본적으로 경쟁을 통한 경제적 이익 추구가 본질이라 할 수 있네. 그래서 우리는 경쟁이라는 미명하에 바쁜 삶을 꾸려갈 수밖에 없는 운명인지도 모르겠네. 여기서 운명(運命)은 숙명(宿命)과는 다른 말이라네. 운명은 숙명과 달리 이미 정해진 것이 아니라 스스로 운전하여 나간다는 의미가 더 강하지. 운명의 운(運)은 움직여서 나아감을 뜻하네. 예를 들면, 운송(運送), 운영(運營)과 같은 것일세. 반면 숙명의 숙(宿)은 잠을 잔다는 의미로 이미 정해져 움직일 수 없음을 뜻하네. 곧 현재 우리가 직면한 운명적인 바쁜 삶은 우리의 의지로 충분히 바꾸어 나갈 수 있다는 것일세.

이처럼 바쁘게 사는 삶에 우리는 균형추를 달 필요가 있네. 바쁨은 한

가로움을 전제로 하지. 성과 있는 바쁨을 이어가기 위해서는 치밀하게 계획된 한가로움도 느껴야 한다네. 이것이 바로 균형이네.

균형(均衡)이란 사전적으로 '어느 한쪽으로 기울거나 치우치지 아니한 고른 상태'를 뜻하는 말이네. 최근 우리 사회를 달군 워라밸(Work and Life Balance)이란 신조어도 바로 균형을 강조하는 말이지. 풍요로운 삶은 치우치지 않고 균형을 유지할 때 나오는 거라네. 워라밸은 1972년 미국 자동차 회사인 제너럴 모터스에서 노동개혁을 위해 제시한 '직장 생활의 질(The Quality of Work Life)'이란 개념에서 출발하였다네. 이것이 직장과 가정생활의 균형으로 한정되었다가 이제는 직장과 가정을 포괄한 전반적인 삶의 균형을 뜻하는 말로 발전한 것이지. 엄밀히 말하자면, 워라밸의 목적은 경영자 입장에서는 근로자들의 일과 삶을 조화롭게 만듦으로써 결국 조직의 생산성을 높이려는 전략이라고 할 수 있네. 반면 직원 입장에서는 삶의 질을 향상시키는 데 중점을 두고 있는 걸세. 어찌 됐든 워라밸은 개인과 사회가 서로 윈윈(win-win) 할 수 있는 좋은 전략임이 틀림없다네. 게다가 근래에는 청소년들에게도 영향을 미치는 추세이지. 새벽부터 늦은 밤까지 학교와 학원에서 전전긍긍해야 하는 청소년들도 이제는 스라밸(Study and Life Balance)를 요구하고 있다네. 공부(Study)와 개인적인 삶(Life)과의 균형(Blance)을 맞추자는 말이라네. 이것이 현실 도피가 아닌 공부의 질을 향상하는 방향으로 잘 정착되었으면 하는 바람이네.

"워라밸의 필수 요건, 균형 감각"

균형 있는 삶을 살기 위해서는 균형에 대한 감각을 익히는 것이 필요하다네. 예를 들면, 건강을 지키기 위해서는 몸에서 보내는 이상 신호를 알아차리는 것이 중요하지. 그래야 병을 미리미리 예방할 수 있기 때문일세. 마찬가지로 삶의 균형이 맞지 않을 때 생기는 조짐을 미리 알아챌 수 있는 감각을 기르는 것이 중요하다네. 그래서 어떤 경우에 균형을 잃는 증상을 보이는지 알아차릴 수 있는 세심함이 필요하네. 이런 증상들은 주로 상황과 역할 그리고 감정에 변화가 있을 때 많이 볼 수 있을 것이네. 늘 하던 방식대로 일하는데 일이 제대로 되지 않는다면 그것은 일하는 방식과 환경 간에 균형이 맞지 않아서 생기는 징후로 생각해 볼 수 있다네. 예를 들면, 예전과 같은 제품을 출시했는데 매출이 점점 떨어지는 경우를 생각해 볼 수 있지. 이것은 고객들의 니즈인 욕구가 변했다는 것일세. 이것은 나의 일하는 방식과 소비자 욕구와의 불균형이라 할 수 있네. 곧, 고객의 니즈인 욕구의 변화에 맞추어 일하는 방식을 조정할 필요가 있다는 의미지.

또 자신이 하는 행동에는 변함이 없는데 항상 관계를 맺는 상대와 갈등을 느낀다면 그것은 자신의 역할에 균형이 깨지고 있다는 것일세. 새로운 역할은 반드시 새로운 균형을 요구한다네. 예를 들어, 회사에서 직책이 바뀌면 직책에 걸맞은 역할을 요구하지. 팀원에서 팀장이 되었는데도 팀원처럼 행동하면 안 된다는 것이네. 가정에서도 아이가 태어나면 부부의 역할과 더불어 부모의 역할도 감당해야 하는 걸세. 이렇듯 역할 조정이 필요함에도 불구하고 그 균형을 맞추지 못할 때, 관련된 상대와 갈등이 생기는 것은 어찌 보면 당연한 일이라네. 그 외에 상대방과는 전혀 관계없이 혼자 있을 때에 일상이 무료하고 지루하게 느껴질 때가 있지. 이러한 감정의 변화는 삶의 균형이 깨지고 있다는 신호로 볼 수 있네. 바빠서 균형을 깨뜨리는 것과 마찬가지로 무료함도 균형을 깨지게 만드는 조짐이라 볼 수 있다네.

이러한 조짐들은 어떤 명확한 변화가 있을 때만 찾아오는 것이 아니라네. 일상생활에서 언제 어디서든 어떠한 방법으로도 찾아올 수 있는 것일세. 따라서 자신의 오감을 통하여 평소에 이러한 증상을 미리 알아낼 수 있는 세심한 관찰이 필요하다네. 새로움은 익숙함을 포기할 때 오는 것이지. 그렇듯 균형도 기존의 것을 포기하고 더 큰 균형을 찾아가기 위한 과정이라 생각하네. 그래서 우리는 불균형 요소를 미리 찾아내어 더욱 의미 있는 균형으로 나아가기 위해 균형도 관리해야 하는 것임을 인식하는 것이 중요하다네.

"번아웃, 만성적 스트레스 증후군"

우리의 삶은 반복의 연속일세. 반복되는 삶은 일상의 습관을 만들고, 습관은 우리에게 익숙함과 편리함을 제공해 주지. 그런데 익숙함과 편리함은 새로움을 배척하는 경향이 있다네. 그것은 익숙함과 편리함이 게으름과 안주하는 마음을 내포하고 있기 때문이야. 이렇듯 새로움을 거부하는 심리적 순환 구조 때문에 우리는 일상에서 균형을 잃은 조짐을 미리 감지하더라도 새로운 균형을 맞추기 위한 변화에 소홀하거나 소극적으로 대처할 수 있다네. 나아가 삶의 균형을 잃고 새로운 균형을 이루지 못할 때, 우리는 번아웃(burn out) 증후군을 겪을 수 있지.

번아웃(burn out, 극도의 피로와 소진)은 세계보건기구(WHO)에서 직업과 관련된 증상으로 분류하고 있다네. 직장에서 유발되는 만성적 스트레스를 효과적으로 관리하지 못할 때 생기는 증후군이라고 하네. 요컨대 번아웃은 질병이라 할 수는 없지만, 건강에 악영향을 미칠 수 있는 요소라는 것이지. 번아웃은 완전히 타서 소진되거나 혹은 과열되어 고장이 났다는 뜻이라네. 나타나는 증상은 에너지가 소진되거나 고갈되는 감정을 느끼는 것이라네. 이러한 증상은 직장생활에도 영향을 미친다네. 갑자기 직장이 싫어지고 맡은 직무에 냉소적인 감정을 느끼게 된다네. 결국, 직장에 대한 애착심과 직무에 대한 의욕이 떨어져 생산성이 저하되는 현상을 유발하게 되지. 번아웃 증후군은 늘 시간에 쫓기는 현대 사회에서는 누구나 겪을 수 있는 증상이지. 그리고 누군가에게는 혼자 감당하기에 힘에 겨워 극단적 선택을 할 수도 있는 증상이라네. 그렇기에 우리는 그동안 가볍게 여겨왔던 직장 내 스트레스에 대해서도 다시 한번 경각심을 가질 필요가 있다네. 번아웃은 자신의 삶을 송두리째 빼앗아 갈 수도 있으니까 말이네.

"일과 삶의 균형은 가치로 판단"

사람들은 누구나 두 마리 토끼를 모두 잡기 원하지. 우리는 직장에서 능력 있는 사람으로 인정받기 원함과 동시에 개인적인 삶도 행복하길 바란다네. 그래서 우리는 개인적인 삶에 시간을 소비할 때마다 한편으로는 혹시 내가 직장 업무에 소홀한 건 아닌지 의구심을 느낀다네. 그러면서도 개인의 삶에 대해 자신이 충실하지 못하고 있다는 자책감 또한 느끼는 것이 사실일세.

이것은 무엇을 포기하고 무엇을 얻어야 할지 깊이 생각해 보지 않은 채 막연히 두 마리 토끼를 다 잡아야 한다는 강박감에 시달리는 현대인의 자화상이라네. 바로 우리가 처한 현실이지. 하지만 균형과 대립은 서로 상반된 성질을 가지고 있다네. 균형은 '상호 간에 양보'라고 하는 포기를 전제로 하고 있지. 하지만 대립은 어떠한 포기도 없이 온전히 가지겠다는 데서 온다네. 균형은 서로 얻고 잃음이 있는 상태이지. 하지만 균형은 교환하는 것이 끝난 상태가 아니라 진행하고 있는 과정임을 명심해야 한다네. 그렇기에 우리는 삶의 균형을 유지하기 위해 한순간의 노력이 아닌, 끊임없는 노력이 필요하다네. 자연은 무질서한 상태로 변해간다는 엔트로피 법칙이 있네. 이에 따르면 인간의 삶 자체도 죽음과의 균형을 맞춰가는 과정이라 할 수 있다네.

나는 직장 업무와 개인적인 삶의 균형을 생각할 때, 공자의 손자인 자사가 저술했다는 『중용(中庸)』의 중(中)을 떠올린다네. 여기의 중(中)은 단순히 거리상 가운데를 의미하는 것이 아닐세. 이것은 시간과 공간상에서 지나치거나 모자라지 않는 알맞음과 적절함을 의미한다네. 현대인은 삶의 대부분을 직장에서 보내는 것이 현실이지. 이러한 실정에서 직장 업무와 개인적인 시간을 물리적인 시간으로 배분한다는 것은 현실적으로 쉽지 않은 일이라네. 따라서 직장 업무와 개인적인 삶에 대한 균형은 물리적 시간의 분량이나 무게와는 달리 성취감, 만족감, 행복감과 같은 가치의 무게로 접근해야 한다네. 즉 질량적 무게의 균형보다 가치적 무게의 비율로 균형을 잡아야 한다는 말이네. 한 걸음 더 나아가면, 인생을 직장 생활과 개인적인 삶으로 구분하는 이분법적인 균형이 아니라 하나의 통합 개념으로 삶 전체에 가치적 무게를 부여하려는 추세도 있다네.

"일과 삶에 구체적인 목표 설정"

직장 업무와 개인적 삶의 균형에 가치적인 무게를 설정하기 위해서는 각각에 대한 명확하고 구체적인 목표를 설정해야 한다네. 직장에서 성취하고자 하는 명확한 목표를 설정하지 않으면, 업무를 언제 시작하고 언제 끝낼지 판단할 수 없으니까 말이네. 그렇게 되면 한도 끝도 없이 일의 늪에 빠져들 가능성이 있다네. 이와 마찬가지로 개인적인 삶에 관해서도 목표를 분명하게 설정해야 하지. 그렇지 않으면 직장 업무와 상충될 경우, 개인적인 삶은 우선순위에서 밀릴 수밖에 없다네. 따라서 업무에 관련된 목표와 개인적인 삶에 대한 목표를 잘 구분해서 구체적으로 설정한 후에 각각의 목표에 따라 무엇을 먼저 해야 할지 우선순위를 정해 놓아야 한다네. 우선순위는 자신이 부여한 가치 기준에 따라서 결정하면 되지. 나는 직업적으로 부대에서 대기해야 하는 경우가 많았다네. 그래서 개인적인 삶에 대한 목표를 단기적으로 세우지는 않는다네. 한 달을 기준으로 반드시 해야 할 것을 선정하고 틈날 때마다 그것을 이루어 가는 방식을 취하는 거지. 예를 들면, 한 달에 한 번은 가족과 함께 1박 2일 여행 가기와 같은 목표를 정하는 것이네. 이 목표에는 여건이 안 되면 잠이라도 집이 아닌 다른 곳에서 잘 수 있다는 것도 포함되어 있지. 이것은 아주 단순한 목표인 듯 보여도 하나하나 실천해 갈 때마다 느끼는 만족감은 많은 것을 하는 것보다 더 큰 보상을 준다네.

목표를 달성하기 위해서는 구체적인 세부 실행 계획을 잘 세워야 한다네. 실행 계획에는 업무를 추진하는 구체적인 세부 일정도 포함되어 있어서 하루 일과 시간을 정하는 틀을 마련하게 해주지. 이것은 스케줄 중심의 일상을 가능하게 해준다네. 스케줄 중심의 일상생활은 일을 시작하고 끝내는 시간을 예측하게 해주어 개인적인 시간 사용 계획을 세울 수 있게 만들어주지. 그렇게 되면 업무의 완급 조절도 가능해진다네. 이에 따라 필요한 시간을 스스로 만들어 갈 수 있게 되지. 그리고 업무 시간과 관계없이 긴급하게 처리해야 할 사안 목록을 나름대로 미리 정해 놓는 것도 중요하다네. 이는 긴급한 업무에 대한 업무 강도를 높일 수 있게 해주고, 이로 인해 불가피하게 희생되는 개인 시간에 대한 부정적인 피해 의식도 줄일 수 있다네. 따라서 직장 업무와 개인적인 삶에 대한 명확한 목표를 수립하고 그에 따른 실행 계획과 예기치 못한 상황을 대비하는 우발 계획만 제대로 수립해 놓는다면, 상황에 맞추어 실행하는 방법들은 얼마든지 추려낼 수 있다네.

"긍정의 비중을 늘리자"

삶은 현재 진행형일세. 우리 삶은 현재의 경험에서 새로움이 더해지면서 계속 변화해 나가는 진행형임을 알아야 하네. 이렇게 시시각각 변화하는 인생 여정에서 균형 있는 삶을 산다는 것은 결코 쉬운 일이 아니야. 나침반은 항상 북쪽을 가리키고 있는 것이 아니네. 계속 흔들리는 가운데 북쪽을 향하려 노력하고 있는 거라네. 균형도 마찬가지라네. 균형점을 찾기 위해서는 많은 시행착오가 있을 수 있다네. 그런 과정에서 우리는 자신의 능력을 믿고 인정하는 긍정의 무게를 항상 품고 있어야만 하지. 건강한 사람은 긍정적인 사고가 부정적인 사고보다 더 많은 비중을 차지한다고 하네. 이는 역설적으로 부정의 무게보다 긍정의 무게에 비중을 두고 균형을 맞춰 나가는 것이 더 건강한 삶이라는 걸세. 따라서 우리는 긍정의 무게에 조금씩 비중을 늘려가면서 균형을 찾아가는 노력을 게을리하지 말아야 한다네.

몰입은 영감을 부른다

"바쁠수록 돌아가는 것"

　손자는 '가까운 길도 돌아갈 줄 알아야 한다(迂直之計, 우직지계).'라고 하였네. 이는 비효율적으로 보이는 것이 실제로는 효율적일 수 있다는 깨우침을 주는 말이네. 현대 사회의 젊은이라면, 처리할 일은 산더미처럼 쌓여 가는데 시간이 모자라 막막했던 경험을 한 적이 있을 것이네. 그러다 보니 여러 일을 한꺼번에 처리하는 멀티태스킹을 시도하게 되지. 그러나 런던대학교에서 진행한 한 연구 결과를 보면, 멀티태스킹을 하는 사람은 한 가지 일을 하는 사람보다 IQ 지수가 감소하는 현상을 보였다고 하네. 그의 IQ 수준은 하루 밤새기를 하거나 마약을 복용한 사람과 비슷한 수준이었다고 하네. 그뿐만 아니라 멀티태스킹을 하는 사람은 뇌에서 새로운 정보를 받아들이는 데 한 업무에 집중하는 사람보다 네 배 정도 더 걸렸다는 결과도 밝혀냈지. 결과적으로 멀티태스킹은 우리의 뇌를 어느 하나도 제대로 해낼 수 없는 상태로 만들어 버린다는 것이네. 즉, 바쁠수록 하나의 일에 집중하는 편이 오히려 훨씬 더 효과적임을 깨달아야 하네. 하나의 일에 집중하여 효율적으로 결과물을 낸 후, 다시 또 다른 일에 온전히 집중하는 것이 바로 몰입이라네. 몰입은 바쁘게 살아가는 현대인들이 반드시 갖추어야 할 필수 요소이자 비장의 무기라네.

몰입(沒入, flow)은 사전적으로 어떤 일에 깊이 파고들거나 빠지는 것이라 정의하네. 심리학에서는 자의식이 사라질 만큼 어떤 일에 깊이 심취하는 것이라 정의하지. 즉, 몰입의 심리는 한 가지 일에 에너지가 쏠리고 완전히 흡수되어 그 과정에서 즐거움을 느끼는 상태라고 정리할 수 있다네. 이에 대해 헝가리 심리학자 미하이 칙센트미하이(Mihaly Csikszentmihalyi, 1934~2021)는 그의 저서에서, 몰입의 느낌은 '물 흐르는 것처럼 편안한 느낌', '하늘을 날아가는 자유로운 느낌'이라 하여 'FLOW(흐름, 계속 흘러가다)'라고 표현했다네. 이는 물아일체(物我一體, 만물과 나는 한 몸이다.)나 무아지경(無我之境)과 같은 개념이라네. 유사한 의미로 명상이 있지. 명상은 고요히 눈을 감고 잡생각을 하지 않는 행위일세. 따라서 명상은 몰입에 도달하는 하나의 방법이라고 생각하네. 즉 명상으로 집중력을 높여 몰입 단계로 들어간다는 것일세.

"몰입은 연습을 통해 학습 가능"

몰입 상태에서는 일상생활에서 볼 수 없는 다른 현상들을 볼 수 있다고 하네. 그중 가장 흔히 느끼는 것이 시간 감각의 왜곡이라는 것일세. 이는 몰입 상태에서 시간이 제대로 인식되지 않거나 혹은 시간에 대한 지각이 사라지는 것을 말하네. 예를 들면, 아침에 잠시 어떤 일을 하고 있었는데 금방 점심시간이 되어버리는 현상을 말하는 것일세. 공군 파일럿 같은 경우는 우리와 전혀 다른 속도 개념을 가지고 있다네. 그것은 생존에 관련된 일에 몰입하면서 터득한 속도 개념이 생활 속에서 습성화되면서 체화된 것이라 생각한다네.

시간 감각의 왜곡은 몰입 목표를 보다 선명하고 뚜렷하게 이미지화하여 볼 수 있게 해 준다네. 그리고 목표를 달성하기 위해 해결책을 모색하는 모습까지도 생생한 슬로 모션으로 영상화할 수 있다고 하네. 이것은 결국 자기가 해결책을 찾아가는 과정을 완전하게 장악하고 스스로 통제하는 느낌을 갖도록 만든다는 것이야. 통제감이란 몰입하는 동안 자기 스스로 노력하지 않아도 자기 뜻대로 움직이고 있다는 좋은 느낌을 말하는 걸세. 예를 들면 F-1 레이서가 코너에서 엄청난 속도로 앞차를 추월하면서 자기 차를 완전히 통제하고 있다는 생각과 함께 어떤 희열을 느끼는 것과 같은 것일세. 이러한 현상들은 상호 유기적으로 작용하여 결국에는 자의식 상실이 일어나게 된다네. 자의식의 상실이란 몰입 상태에서 해결에 이르는 만족감, 즐거움으로 인해 자기 자신을 잊어버리는 것을 말하지. 이렇게 자의식이 상실되면 마침내 자기 자신과 몰입하려는 대상이 하나가 되는 일체감을 느끼게 되는 것일세. 마치 내가 꿈에서 나비가 된 건지, 아니면 나비가 지금의 내가 된

꿈을 꾸는 건지 모호해진 장자(莊子)의 호접지몽(蝴蝶之夢)처럼 말이네.

이처럼 몰입에서 나타나는 현상들은 몰입 대상을 통해 나타나는 것이 아니라 스스로 내적 만족을 통해 발현되는 자기 독립적 행위들인 것일세. 곧 몰입은 자기 자신만의 독특한 행위를 통하여 독창적인 문제 해결 방법을 개발해 낼 수 있음을 의미한다네. 여기서 자네에게 강조하고 싶은 사항이 바로 이것이라네. "몰입은 타고난 능력으로 발휘되는 것이 아니라, 학습을 통해서 강화할 수 있다."는 것일세. 즉, 몰입에 필요한 요소들을 자기 특성에 맞게 잘 조합하여 꾸준히 연습하면 몰입 수준을 업그레이드할 수 있다는 말이지.

"강점에 몰입하는 습관을 기르자"

몰입의 핵심은 몰입 대상을 통해 자아를 객관화해 나가는 과정에서 자아를 성장시키는 것일세. 자아의 성장은 '내가 진화(evolving)한다.'라는 느낌과 유사하다네. 몰입의 목적을 달성하기 위해서는 적절한 몰입 대상을 정하고 몰입 결과에 대한 피드백을 받는 것이 가장 중요하다네. 몰입 대상은 해야 할 업무 중에서 스스로 선택하는 것이 좋네. 난이도가 너무 낮아 쉽게 해결할 수 있는 문제는 몰입할 필요가 없는 것일세. 오히려 지루하다고 느껴져 몰입을 저해하는 요소로 작용할 수 있지. 그래서 몰입 대상은 자기 능력에 비해 난이도가 조금 높은 문제에 도전할 필요가 있네. 그리고 몰입하기 전에는 반드시 관련 정보와 지식을 가능한 한 많이 수집하여 집중할 소재 거리를 풍부하게 만드는 것이 좋다네. 따라서 몰입 대상은 수준에 맞는 난이도부터 시작하여 점점 난이도를 높혀가는 진화적 방법을 활용하는 것을 추천하네.

또한, 몰입 대상은 자신의 강점과 관련 있는 것부터 선정하는 것이 좋다네. 몰입은 몰입 대상에 대한 나의 도전이라네. 그래서 내가 잘하는 분야를 대상으로 선정하면 몰입이 더욱 수월해지지. 또한, 잘하는 분야는 그 결과에 대한 명확한 피드백을 받을 수 있다네. 그리고 그것에 대한 성취감도 맛볼 수 있지. 피드백이란 행동 결과가 최초의 목적에 부합하는지를 확인하고 적절한 것으로 보완해 나가는 것을 말한다네. 어떤 일을 시도할 때는 반드시 결과에 대한 피드백이 있어야 하네. 일이 제대로 수행되고 있는지에 대한 피드백이 없다는 것은 목적 달성을 확인할 수 없다는 것과 같네. 더 나아가 몰입 자체를 방해하는 요소로도 작용할 수 있다네. 그와 더불어 강점 분야에 대한 몰입은 자신의 몰입 수준을 높일 뿐만 아니라 다른 분야에도 쉽게 몰입할 수 있는 승수 효과를 가져온다네.

"몰입하기 위한 계획 수립하기"

우리는 어떤 일에 몰입했다는 경험담을 얘기할 때가 종종 있지. 그러나 주위 동료들은 내가 어떤 방식으로 몰입을 했는지에 대해서는 거의 질문하지 않는다네. 그것은 관심이 없어서가 아닐 걸세. 사람들은 각기 나름의 방식으로 몰입하면서 대략 몰입을 어떻게 해야 하는지 공통적으로 이해하고 있기 때문일 거라네. 그래서 나는 몰입하기 위해 수립하는 계획에 대해 몇 가지만 강조하고 넘어가도록 하겠네.

몰입은 몰입 대상에 자신의 생각을 집중시키는 행위일세. 그리고 그 과정에서 어떤 즐거움을 느끼는 것이네. 즉, 몰입은 몰입 대상과 자신 간에 균형을 이루는 구조라는 것일세. 이러한 구조 속에서 우리는 먼저 몰입 대상에 대한 과제 상황에 대해서 명확히 알아야 한다네. 마치 '적을 알고 나를 알면 위태롭지 않다(知彼知己, 百戰不殆, 지피지기, 백전불태).'와 같이 말일세. 몰입할 대상의 세부 과제는 부여된 업무 중에서 구체화하여 선정하는 것이 좋다네. 과제를 선정할 때 가장 중요한 점은 누구의 강요가 아닌 스스로 생각하고 선택해야 한다는 것이네.

선정한 대상 과제는 나의 능력 수준은 물론이고 어느 정도 시간이 소요될지 정확히 분석해야 한다네. 그리고 선정한 세부 과제는 어느 부분까지 몰입할 것인지 도달해야 하는 수준을 구체적이고도 명확하게 정해야 한다네. 예를 들면, 기획안 작성을 세부 과제로 정했다고 치세. 그러면 '기획안을 완전하게 완성할 것인가?' 아니면 '기획안에서 제시할 방안만 구상할 것인가?' 등 도달하려는 수준을 정하는 것이네. 그렇게 해야만 과제에 대한 몰입 소요 시간을 예상해 볼 수 있다네. 몰입 소요 시간이 도출되면 몰입 시간을 확보하기 위한 나의 계획이 완성되는 것이지. 따라서 몰입할 적절한 대상의 세부적인 과제를 선정하여 수행해야 할 도달 수준을 정하고, 몰입을 위한 나의 일정 계획을 세우는 치밀한 과정이 필요하다네. 이것들이 유기적으로 잘 조화를 이룰 때만이 효과적인 몰입을 할 수 있는 것일세.

"몰입 방해물 제거하기"

우리가 아무리 몰입을 위한 계획을 잘 세우더라도 주변에 방해 요소가 있다면 몰입 수준이 떨어질 수밖에 없다네. 행복한 상태를 만들기 힘들다면 반대로 불행한 요소를 줄이는 것도 하나의 방법이라네. 몰입의 방해 요소는 내부적 요소와 외부적 요소로 구분할 수 있네. 내부적 요소는 잡념이라고 할 수 있지. 일단 몰입에 들어가면 뇌에서는 몰입할 대상을 제외한 나머지 방해 요소를 자연스럽게 제거한다네. 외부적 요소는 몰입 환경, 소음 등과 같은 것이지. 이러한 방해 요소는 우리 뇌가 어떠한 역할을 하지 못하게 방해만 할 뿐이네. 그래서 우리 스스로가 제거해 주어야 한다네.

현대의 지식근로자들은 전자기기 의존도가 높아서 일상생활이나 업무 상황에서 전자기기를 켜놓은 상태로 근무한다고 하네. 애플의 공동 창업주 스티브 잡스는 정말 필요하다고 느낄 때를 제외하고는 스마트폰과 휴대용 컴퓨터를 가지고 다니지 않는다고 하네. 그가 아이폰이나 애플 컴퓨터를 발명한 사람인데도 불구하고 말일세. 이는 전자기기가 집중하는 데 장애물로 작용한다는 것일세. 또한, 몰입하는 장소의 환경도 중요하다네. 내가 어떤 장소에서 어떤 환경이 조성되었을 때 몰입이 잘 됐는지 꼼꼼하게 살펴봐야 그 패턴을 찾을 수 있네. 나는 야간작업을 많이 했었지. 그래서 주변 환경이 어두워져야 몰입이 잘 되었다네. 때문에 주간에 몰입할 일이 생기면 사무실을 야간 환경과 비슷하게 만들어 놓는다네. 사무실에 햇빛이 들어오지 않도록 커튼을 치는 일부터 시작하지.

"몰입은 자기 설득 과정"

자신의 몸은 몰입하기를 원해도 마음이 허락하지 않으면 몰입이 되지 않는다네. 어제 몰입을 경험했다고 해서 오늘도 몰입이 이루어지는 것은 아니라는 걸세. 몰입은 억지로 유도하려고 하면 할수록 더욱 멀어지는 것이지. 이것을 통제의 역설이라 하네. 즉 통제하면 할수록 점점 더 통제할 수 없는 방향으로 간다는 뜻일세. 통제는 자발성과 자율성을 퇴화시키고 보상심리만 키워가기 때문이라네. 원하는데도 몰입이 일어나지 않는 것은 마음의 준비가 덜 되었다는 것을 의미하지. 즉 절실함이 부족하다는 것일세. 이와 더불어 무언가 보상 때문에 몰입하려는 것은 아닌지 따져 볼 필요가 있네. 외부적 보상은 자발성을 퇴화시켜 결국에는 내면적 만족감을 느끼지 못한다네. 따라서 몰입은 좋아하는 일부터 하는 것이 중요하다네. 물론 불가피하게 해야 할 일에 몰입해야 할 경우가 있을 걸세. 그럴 때는 자신과의 진솔한 대화를 통해 자기를 설득시키는 노력이 필요하다네. 하고자 하는 일에 대한 가치를 부각시켜 자신을 설득해야 한다는 말이네. 예를 들면, 기획안을 만든다고 가정해 보세. 그 기획안은 상부 보고용으로 작성하는 것이 아니라, 사회적 약자를 위해 만드는 거라고 자신을 설득하고 동의를 받아내야 한다는 것이네. 자존감을 높여주는 가치를 가지고 설득해야 한다는 말이지.

보통 아이작 뉴턴(Isaac Newton, 1642~1727)이 어느 날 갑자기 나무에서 떨어지는 사과를 보고 만유인력을 발견했다고 단순하게 생각하곤 하지. 하지만 과연 그랬을까? 아마도 뉴턴은 만유인력을 발견하기 위해 평소 많은 고민을 했을 것이네. 하늘에 떠 있는 달도 보고, 내리치는 빗방울도 보고, 포물선을 그리며 날아가는 돌멩이도 보면서 고민을 거듭했을 것이네. 아이작 뉴턴은 문제 해결을 위해 생각의 끈을 놓지 않고 생각하고 또 생각했을 거라네. 그 결과 떨어지는 사과를 보고 만유인력이라는 발견을 구체화시킨 것일세. 뉴턴처럼 생각에 생각을 더하는 과정이 바로 몰입이라는 것이네.

부탁과 거절의 미학

"기브 앤 테이크(Give and Take)"

인간(人間)은 사람과 사람 사이(間)에서 사는 존재일세. 즉, 사람들과 관계를 맺고 살아가는 사회적 동물이라는 것이네. 나는 인간관계에서 가장 중요한 것이 바로 기브 앤 테이크(Give and Take)라 생각하네. 여기서 핵심은 먼저 주고(Give), 그다음에 받은 것(Take)이라네. 흔히 받는 것에 편중된 사람을 이기적(利己的)이라 하지. 주는 것에 편중된 사람을 좋은 의미로 이타적(利他的)이라 하지만, 좋지 않은 의미로 말할 때는 호구(虎口)라고도 한다네. 호구(虎口)란 범의 아가리라는 뜻일세. 바둑에서 상대의 돌이 에워싸듯 포진하여 그곳에 돌을 놓으면 바로 죽는 지점을 호구라 부르지. 호구는 범의 아가리로 들어가는 형국이기에 '아주 위험한 처지가 되다.'라는 의미로도 사용되었다네. 간혹 바둑에 아직 어수룩한 초수는 잡아먹힐 게 뻔한 호구를 알아보지 못하고 그곳에 수를 두기도 하지. 이러한 유래로 오늘날에는 '어수룩하여 이용하기 좋은 사람'을 뜻하는 말로도 쓰이게 되었다네. 호랑이 입장에서는 아주 쉽게 잡아먹을 수 있는 먹이라는 것이네.

살다 보면 다른 사람에게 부탁받기도 하고, 부탁하기도 하는 경우가 많다네. 이런 경우에 반드시 승락(Yes)과 거절(No)이 있어야 하지. Yes와 No를 어떻게 사용하느냐에 따라 인간관계가 좋아질 수도 나빠질 수도 있다네. Yes와 No는, 부탁하는 쪽은 가능한 한 Yes를 받아내야 하고, 부탁받는 쪽은 '이타적인 사람이 되느냐? 아니면 호구(虎口)가 되느냐?' 하는 갈림길에 서게 된다네. 부탁과 거절은 가정에서나 사회생활에서 사용하는 중요한 의사소통 방법이지만 실제로는 별로 대수롭지 않게 생각하는 경우가 많다네. 한편, Yes와 No의 두려움으로 인해 가슴앓이하는 사람들도 있지. 미국 건국의 아버지 벤자민 프랭클린(Benjamin Franklin, 1706~1790)은 "사랑받고 싶으면 사랑하라. 그리고 사랑스럽게 행동하라."라고 하였네. 이처럼 예의를 갖추어 부탁하고, 상대를 존중하면서 거절하는 신중함을 보여야 한다네. 부탁과 거절에는 심오한 철학이 있다는 것을 명심하기 바라네.

"부탁은 간절함보다 세심함이 중요"

부탁(付託)은 상대방에게 무엇을 해 달라고 말하는 것이네. 한자로는 맡아(付) 주도록 기대어 의지(託)하는 것일세. 맡기고 의지한다는 것은 어감상 조금은 무거운 느낌을 주지. 그 속에는 당부(當付)한다는 절실함도 포함되어 있다네. 꼭 상대방이 들어줬으면 하는 바람 같은 거지. 그래서 부탁받는 쪽은 부담으로 다가올 수 있다네. 하버드대 실험에 따르면 복사기 앞에서 순서를 기다리는 사람에게 "죄송합니다. 먼저 복사해도 되겠습니까? 급한 일이 있어서 그렇습니다."라고 아주 정중히 말했을 때 무려 94%가 Yes라고 했다고 하네. 이는 상대가 부담을 느끼지 않도록 세심한 배려를 했기 때문이지.

부탁은 설득의 의사소통이라네. 설득은 상대가 이해하도록 여러 방법을 동원하여 말하는 걸세. 설득을 통해 부탁이 관철되도록 해야 한다네. 상대방을 설득하기 위해서는 먼저, 상대방의 마음 상태를 꿰뚫어 보려는 노력이 필요하다네. 내가 부탁하기 전에 상대방이 나에 대해 어떤 마음을 품고 있는지, 상대방은 어떤 성격의 소유자인지, 그리고 현재 어떤 상태에 있는지 등을 파악해야 하네. 흔히 회사에서 결재를 받기 전에 비서를 통해 상급자의 기분부터 파악하는 경우와 같은 것일세. 아울러 상대방과 친밀감을 유지하기 위해서 취미 같은 공동의 관심사를 파악하고 필요시 대화 소재로 삼는 것도 좋은 방법이라네.

부탁하는 말은 간단명료해야 하네. 자존심이나 쑥스러움 때문에 무엇을 부탁하는지도 모르게 애매하게 말해서는 안 된다는 뜻일세. 부탁할 내용을 간결하고 명료하게 요약해서 정중하게 서두를 꺼내야 하네. 상대방의 소중한 시간을 뺏지 않으려는 존중과 배려의 느낌을 받을 수 있도록 말일세. 이렇게 서두를 꺼내고 나서 말미에는 기브 앤 테이크(give and take) 기법을 활용하는 것도 필요하다네. 내가 먼저 주지 못하는 미안한 마음을 전달한 뒤, 나중에 반드시 은혜를 갚을 것을 다짐하면서 마무리 짓는 것이 좋다네. 이때 은혜가 뒷거래로 오해되지 않도록 말의 뉘앙스를 잘 조절해야 한다네. 결초보은(結草報恩)이라는 고사성어가 있지. 어느 노인이 자기를 도와준 장수에게 은혜를 갚고자 장수가 싸울 전쟁터 적 진영의 풀을 미리 묶어두어(結草) 승리하는 데 일조하였다고 하네. 이렇듯 은혜를 갚는다는 것은 물질적 보상보다 마음의 진정성이 더 중요한 거라네. 따라서 부탁은 나의 간절함이 아니라 상대방을 충분히 헤아리는 세심함이 더 필요하다네. 세심함은 감동을 불러오기 때문일세.

"거절 못 하는 심정"

사회에는 무리한 부탁에 No라고 단호히 거절하지 못하는 사람이 많다네. 이들은 진짜로 좋아서 Yes라 한 것이 아니라, 자기 의지와 관계없이 무조건 Yes를 남발하는 경우가 많지. 그 이유는 심리 저변에 두려움이 있어서라네. 거절하면 '혹시 내가 이기적으로 보이지는 않을까?' 혹은 '남의 감정을 상하게 하지 않을까?' 하는 두려움이 그것이네. 두려움은 사랑받고 싶은 욕망에서 기인하는 것일세. 사랑받고 싶은 마음은 특별히 문제 될 것이 없다네. 하지만 그로 인해 자기 삶의 우선순위를 타인에게 맞추게 되는 것이 문제이지. 그것이 자발적이라면 이타적인 삶이라 할 수 있겠지만, 두려움 때문이라면 강압적으로 삶을 착취당하는 것이나 다름이 없네. 일명 호구(虎口)인 셈일세.

전문가들은 거절을 잘 못 하는 이유를 가부장적 유교 문화라는 사회문화적 원인에서 찾는 경우가 많다네. 유교의 장유유서(長幼有序)라는 서열 중심의 사회가 거절(No) 하는 것을 힘들게 만든다는 것일세. 하지만 요즘은 시대가 많이 바뀌어서 그러한 인식은 많이 없어졌다고 생각하네. 기존의 장유유서는 어른이나 계급이 높은 상사가 먼저 우대를 받아야 한다는 것으로 주로 활용되었네. 하지만 요즘의 장유유서는 우대받는 만큼 어른이나 계급이 높은 상사가 책임도 먼저 져야 한다는 인식이 높아졌다네. 우대보다는 책임에 방점이 있지. 그렇지만 뿌리는 숨긴다고 감추어지는 것이 아니라네. 아직도 많은 사람이 겉으로는 표현하지 않지만, 거절(No)을 못하는 경우가 많다네.

"거절 민감도를 높이는 수치심과 두려움"

거절하지 못하는 심정이 있다면 당연히 거절당했을 때의 심정도 있을 것이네. 거절의 실체를 정확히 파악하기 위해서는 거절하지 못하는 심정과 거절당하는 심정 둘 다 알아야 하지. 대개의 사람들은 어떤 부탁을 할 때 혹시 거절당할 수도 있다고 생각하는 것이 보통이네. 그들도 거절하지 못하는 사람들과 마찬가지로 자기 부탁이 거절당할지도 모른다는 두려움을 느끼고 있다네. 어떤 사람은 거절의 두려움으로 인해 부탁하는 것 자체를 꺼리기도 하지. 심지어 부탁한 뒤에 답변을 들으려고도 하지 않는 경우마저 있네. 이들은 상대의 거절을 배신이나 수치로 여기는 경우가 대부분이라네. 이러한 것을 거절에 민감한 정도를 나타내는 거절 민감도라고 하네.

거절 민감도가 높은 사람들은 항상 상대방이 자신을 어떻게 바라볼지 걱정한다네. 또한, 거절의 이유와 관계없이 거절당하는 것 자체에서 두려움과 수치심을 느낀다고 하네. '당신이 어떻게 감히 나의 부탁을 거절할 수 있느냐?'라는 식으로 말일세. 이들 대부분은 두 가지 환상을 갖는다고 심리학자들은 말하네. 그것은 완벽함에 대한 환상과 친밀감에 대한 환상이라네. 완벽함에 대한 환상은, 자신은 실수하면 안 되고 실수는 곧 나의 수치라고 생각하는 것이네. 즉 나의 완벽함이 남에 의해 흠집이 나서는 안 된다는 것이지. 친밀감에 대한 환상은 상대방이 항상 나를 좋아해야 한다는 생각에 묶여 있는 것이네. 그래서 서로의 갈등은 상대와 나의 관계를 좋지 않게 만든다는 걸세. 하지만 건전한 관계는 갈등이 없는 것이 아니라 갈등을 극복하는 과정에서 생긴다는 것임을 깨달아야 한다네.

"거절은 나의 의견을 찾아가는 과정"

거절(No)은, 부탁받는 나에게는 "혹시 상대와 관계가 나빠지면 어떻게 하지?" 하는 망설임을 갖게 한다네. 부탁하는 상대방에게는 "거절당하면 어떻게 하지?" 하는 두려움을 갖게 하지. 그래서 우리는 거절할 때 많은 고민을 해야 한다네. 그리하여 서로 간에 상처 주지 않으면서 자연스럽게 거절하는 방법을 찾아내야 하네. 인간관계란 인간의 본성과 본성이 부딪치는 미묘하고 오묘한 문제일세. 그래서 정답이란 게 있을 수 없지. 다만 해결할 방법을 찾는 노력만 있을 뿐이라네. 여기에 내가 평소에 생각하던 거절하는 방법을 소개하도록 하겠네.

거절의 목적은 거절하는 것 자체에 있는 것일세. 상대방의 기분을 상하게 하거나 상대방의 논리가 틀렸음을 증명하는 것이 목적이 아님을 명심해야 한다네. 그래서 거절의 의사표시는 당신이 틀렸다고 하는 상대방에 대한 질책이 아닌 내가 어떻게 할 수 있는지에 대한 나의 의견이 필요하다네. 즉, 거절할 수 있는 타당한 이유를 찾는 과정이 필요하다는 것일세. 예를 들면, 상대방이 연구 프로젝트에 같이 참여해 달라는 부탁을 했다고 생각해 보세. 그러면 '왜 이렇게 늦게 얘기하느냐?'라고 상대를 타박하기보다는 먼저 관장하는 기관에 알아보고 가능한지를 알아보겠다는 식으로 나의 얘기를 하는 것일세. 이는 상대가 부탁하는 업무의 합리성과 정당성을 인정한다는 표현이네. 이러한 인식하에 나의 능력과 처지에 비추어 내가 할 수 있는 것이 무엇인지를 찾아서 나의 의견을 알려주면 되는 것일세. 이렇듯 거절은 상대를 존중하고 인정하는 것에서 시작해야 한다네.

"단답형 거절(No)은 게으름일 뿐"

업무 부탁을 받았을 때 가장 먼저 해야 할 일은 바로 질문해 보는 것이네. 부탁받은 업무 내용이 무엇이고, 무엇을 요구하는지 명확하게 파악하기 위해서 질문해 보는 것이지. 아울러 질문하는 과정은 상호 신뢰를 쌓게 하고 부탁한 업무 자체를 존중한다는 인상을 심어주는 역할도 한다네. 더불어 별도의 메모장에 부탁받은 업무에 대한 질문과 답변 내용을 꼼꼼히 적는 모습을 보여주는 것도 중요하다네. 자네가 부탁받은 업무에 관심을 보이면 보일수록, 자네는 거절하기가 더 쉬워진다네. 그것은 서로 신뢰를 쌓고 최선을 다하는 모습을 이미 보여주었기 때문이라네. 또한, 상대방이 오해하기 쉬운 완전함에 대한 환상과 친밀함에 대한 환상도 예방하게 해주지.

부탁받은 업무의 시급성은 반드시 따져봐야 할 사안일세. 업무의 시급성은 내가 받은 부탁을 어느 시점까지 Yes나 No를 해야 할지 결정하는 기준점을 알려준다네. 또한, 그 업무에 대해 검토할 수 있는 나의 가용 시간을 판단하는 요소이기도 하지. 나는 현장에서 단답형으로 'No'라고 답하는 것을 게으름의 표상이라 생각한다네. 한마디로 성의가 없는 것이지. 상대가 나에게 부탁을 할 때는 최소한 나의 업무 능력과 처지를 기본적으로 파악해 보고 왔으리라 생각하네. 그래서 나는 반드시 수용 여부를 판단할 시간을 가지려고 노력하지. 즉, 최대한 상대 입장을 고려해 보고, 그래도 거절해야 한다면 부탁과 거절의 시간 간격을 최대한 늘려서 타당한 명분과 논리를 고민해 본 후, 나의 메시지로 대답하려고 노력한다네

"거절은 내가 하는 것이 아니다."

나는 가급적 내가 먼저 No라는 거절 의사를 표명하지 않으려고 한다네. 가능하면 부탁한 상대가 스스로 No라고 거절하도록 한다는 말이네. 물론 사안마다 다를 수는 있어도 기본적으로 이런 개념을 가지고 있으면, 최소한 단답형으로 No 라고 거절할 수는 없다네. 그것은 부탁에 대해 고려해 볼 시간을 갖는 계기를 마련해 주는 것일세. 나는 부탁한 업무가 안 되는 이유를 알려주는 것이 아니라 부탁한 업무를 이행하는 데 제한되는 사항만을

설명해 준다네. 그리고 제한사항을 극복하는 데 필요한 방안도 함께 알려주지. 이렇게 제한사항과 그에 따른 해결 방안을 단계적으로 제시해 가다 보면 상대방이 스스로 해결 방안을 찾는 경우가 많다네. 그러면 결국에는 부탁한 일을 스스로 거절해 준다네.

예를 들면, 부탁받은 일이 다른 업무와 중복되어 수용이 어려운 경우를 예로 들겠네. 먼저, 나는 상대에게 내가 수행하는 업무를 소개하고 현재 부탁받은 일이 받아들이기에 힘든 상황임을 설명한다네. 그것은 부탁받은 일을 거절하기 위해서가 아니라 그것을 해결하는 방안을 찾기 위한 첫 출발이 되는 것일세. 그 부탁을 수용하기 위해서는 우선 나에게 부여된 업무의 우선순위를 조정하는 등의 해결 방안을 도출하네. 그리고 이를 위해 상위 부서의 허락을 득하는 방안 등 해결해야 할 방안을 단계별로 검토하면서 토의한다네. 이렇게 단계적 과정을 거치다 보면, 그 업무가 어느 수준에서 어떤 방법으로 재조정되어야 하는지에 대한 답이 나오게 되지. 어떤 경우는 관련 규정까지 바꾸어야 하는 경우도 있다네. 그렇게 되면 내가 부탁을 거절하는 것이 아니라 부탁한 사람이 스스로 거절하게 된다네.

이러한 나의 방법은 시간이 많이 소요될 뿐만 아니라 적용할 수 있는 업무도 그렇게 많지는 않네. 따라서 바쁜 일정을 소화하는 대개의 직장인에게는 아마도 허황된 탁상공론에 불과할지도 모른다는 생각에 동의하네. 하지만 이렇게 지면을 통해 소개하려고 하는 것은 그런 과정에서 많은 것을 얻을 수 있기 때문이라네. 우선, 기브 앤 테이크(give and take)의 인간관계 원리를 잘 활용할 수 있다네. 부탁을 받는다는 것은 상대에게 무언가 먼저 줄 수 있는 여건이 조성되었다는 것일세. 부탁은 절실함을 전제로 하는 것이지. 그 절실함을 느끼는 사람에게 자기 능력 범위 내에서 단답형이 아닌 뭔가를 계속 베풀 수 있다는 것일세. 좋은 인간관계를 형성하는 데에 이것만큼 좋은 도구가 없다는 것이네. 그리고 상대의 업무를 계속 추적해 본다는 것은 자신의 업무 영역을 넓히는 데도 큰 도움이 된다는 것일세. 내가 도와준 업무는 반드시 자네가 상위 직위로 진출했을 때 관장해야 할 업무가 될 것이라 확신한다네.

「 AI 로봇이 주어진 일을 시키는 대로 잘하는 '행동의 성실함'을
가지고 있다면, 인간은 생각의 끈을 놓지 않는 '생각의 성실함'을
가지고 창의력을 길러 나가야 하네. 」

04부
미래를 바라보는 눈

> 222 무엇을 위한 보수이고 진보인가?
> 234 돈이란 무엇인가?
> 244 미래 일자리는 어떤 모습인가?
> 253 블록체인은 어떻게 활용되는가?
> 262 나는 메타버스에서 무엇을 할까?

무엇을 위한 보수이고 진보인가?

"일본은 전범이 아닌 피해자?"

1945년 8월 15일! 우리 민족이 해방되던 날! 그날은 일본이 연합군에게 항복을 선언한 날일세. 2차 세계대전이 역사적인 막을 내리던 순간이지. 우리 민족은 앞으로 어떠한 나라를 건국할지 꿈에 부풀어 있던 시기였네. 그런데 갑자기 일본이 전쟁 범죄자에서 핵 피해자로 둔갑하게 되었지. 그것은 미국이 아시아에서 추가적인 전쟁 피해를 막기 위해 히로시마와 나가사키에 핵폭탄을 투하하여 전쟁을 종결시켰기 때문이네. 그 덕에 일본은 전쟁 범죄자에서 핵 피해자로 신분 세탁할 핑계거리를 마련한 셈이라네. 그래서 일본은 독일과 달리 아직도 위안부, 강제징용, 강제노역 등 전쟁 책임에 대해 만족할 만한 사과와 배상도 하지 않고 있다네. 그뿐만 아니라 오히려 전쟁이 가능한 보통 국가로 회귀하려고 하고 있지. 이러한 전후 일본의 행적과는 달리 대한민국은 해방과 동시에 미국과 소련이 한반도로 진주하여 남과 북이 38도 선을 기준으로 분단되었지. 이러한 상황에서 남한 사회는 좌익과 우익으로 분열되어 극심한 대립과 혼란 속으로 빠져들고 말았다네. 그리고 결국 6.25 전쟁이라는 동족상잔(同族相殘)의 비극을 맞이하게 되었지. 이 동족 간의 전쟁은 결국 36년간 침탈을 일삼던 일본을 경제적으로 다시 일으켜 세우는 결정적인 역할을 하였으니, 역사의 아이러니가 아닐 수 없네.

"우파와 좌파의 등장"

해방 직후 우리 사회를 뜨겁게 달구었던 우익과 좌익은 신탁통치 찬반운동, 좌우합작 운동 등 주로 정치적 이념에 따라 구분되었다네. 우익은 자유민주주의를 신봉하는 정치 이념적인 세력이고 좌익은 공산주의를 포함한 새로운 대안을 추종하는 정치 이념적인 세력을 뜻한다네. 이러한 세력의 대립은 6.25 전쟁 이후에도 여러 정치적 이슈 한가운데서 우리 사회를 혼란에 빠뜨리곤 하였다네. 그 과정에서 우리 사회는 산업화와 민주화 과정을 거치며 점차 안정된 민주주의 정치체제를 구축해 나갔지. 그리고 1990년대 초반 소련의 붕괴와 중국의 경제체제 수정으로 공산주의가 본격적인 몰락의 길을 걷자 정치 이념적 좌익과 우익의 문제는 서서히 수면 아래로 가라앉게 되었다네. 즉, 바꾸고자 한 세상이 원래의 세상보다 못하다는 것이 증명되었기 때문일세.

이러한 정치·경제적 변화를 겪으면서 사회 내부에서는 살사는 자와 못

사는 자, 권력을 가진 자와 권력을 못 가진 자와 같은 정치·사회·경제적 갈등이 더욱 심화되어 갔다네. 즉 자유민주주의와 시장경제체제의 모순에 대한 자성의 목소리가 점점 커지고 있었던 걸세. 그래서 우리 사회는 또다시 우파와 좌파로 나누어져 '삶을 어떻게 바꾸어 나갈 것인가?'에 대한 투쟁적 논쟁을 벌이고 있는 것이라네. 이것이 바로 오늘날 보수와 진보라는 것이지.

원래 좌익와 우익은 18세기 프랑스 혁명에서 그 기원을 찾을 수 있네. 프랑스 혁명 당시 국회 성격을 띤 국민회의의 좌석 배치와 관련이 있지. 의회의 좌측에는 왕정을 무너뜨리고 프랑스를 근본적으로 변화시키고자 하는 공화파가 배치되었다네. 한편 우측에는 왕정체제를 그대로 유지하자는 왕당파가 배치되어 있었다는 데에서 유래되었지. 이것이 우리나라에서 해방 직후에 정치적 이념에 따라 좌익, 우익으로 불려지다가 최근에는 자유민주주의의 정치·경제 체제에 대한 생각의 차이를 가진 보수와 진보를 우파와 좌파로 부르고 있다네.

"사상, 이념, 패러다임, 이데올로기의 개념"

보수와 진보는 생각의 문제일세. 이것은 일반적인 생각의 성향일 수도 있지. 하지만 일부에서는 보수주의와 진보주의라는 이념성을 부여하기도 한다네. 그래서 보수와 진보 문제를 이해하기 전에 생각과 관련된 용어들의 개념을 정리해 보는 것이 중요하다네. 생각과 관련된 용어로는 사상, 이념, 이데올로기, 패러다임 등이 있지. 이러한 용어들은 삶의 근본을 다루는 철학적 사유에서 등장하는 용어로 단정적으로 정의하기는 힘들다네. 하지만 힘들다고 해석하지 않으면 영원히 하시 못하시. 내가 규정하는 이들 용어의 개념이 조금 부족할 수도 있겠지만, 그래도 자기 나름대로 용어들을 하나씩 규정지어 보아야 한다네. 그러한 가운데 철학자들이 전하고자 했던 심오한 본질 문제를 자기 것으로 만들 기회를 갖게 되는 거니까. 어려움을 어려운 자체로 남겨두지 않고 좀 더 단순하게 바꿔보려는 노력 속에서 실력은 쌓여 가는 거라네.

우선, 사상(思想)은 '어떠한 사물에 대해 가지고 있는 구체적인 사고나 생각'이라고 사전에는 정의되어 있네. 철학에서는 '지역사회와 개인적인 삶에 관한 일정한 인식이나 견해'로 정의하지. 요컨대, 사상(思想)이란 생각의 집합체인 생각의 덩어리라 할 수 있다네. 그리고 이념(理念)은 사전적으로 '이상적인 것으로 여겨지는 생각이나 견해'라고 정의하지. 철학적으로는 '순수한 이성에 의하여 얻어지는 최고의 개념'이라 규정하네. 이념이라는 용어는 수많은 철학적 사유를 거쳐 나온 개념일세. 그래도 나름대로 정의해 보면 이념(理念)은 생각의 덩어리가 그려낸 모습인 형상이라 할 수 있지. 즉, 생각의 덩어리가 나타내는 형상이네. 이것은 우리 삶이 지향해야 할 방향일 뿐만 아니라 달성해야 할 목표라네. 그래서 이념은 우리 삶의 모습과 방향성을 제시해 주는 역할을 한다네. 이념은 추구해야 할 목표가 명확히 드러난 상태인 것이지.

예를 들면 붕어빵을 생각해 보세. 붕어빵을 만들기 위해서는 반죽과 팥소가 필요하지. 여기서 반죽과 팥소는 사상이라네. 붕어빵 틀에서 찍혀 나오는 붕어 형상은 이념이 되지. 간략하게 말하면, 사상이라는 반죽과 팥소가 붕어라는 형상의 이념을 만들어 내는 것이네. 곧, 생각이 뭉쳐서 사상을 만들고 그 사상은 이념의 형상을 만드는 것일세. 그리고 이념을 가진 사람들은 그 형상을 구현하기 위한 삶을 살아가지. 그래서 이념은 삶의 방향성을 제시하는 지표가 된다네. 즉, 이념화가 되었다는 것은 하나의 삶의 틀이 구축되었다는 말이지. 이는 곧 좀처럼 생각을 바꾸기 힘들다는 것을 의미하네. 그래서 친구끼리 이념적인 문제를 가지고 얘기하면 싸움이 일어난다고 하는 것일세.

패러다임은 '특정 시대 사람들이 지배적으로 가지고 있는 견해나 사고의 이론적 틀'이라고 정의하네. 개념의 집합체라고 할 수 있지. 곧 패러다임은 생각을 만드는 틀(frame)과 같다네. 즉, 붕어빵을 찍어내는 틀인 기계가 바로 패러다임이라네. 붕어빵을 찍어내는 시대적 상황이 반영된 것이지. 이데올로기는 특정 사회집단을 지배하고 있는 관념이나 신념의 체계라는 뜻이네. 이는 Idea(이상)와 Logie(논리)의 합성어로 이상적인 논리 체계를 말한다네. 따라서 이데올로기는 사상과 이념을 통칭하는 사고방식이라 할 수 있네. 정리하자면 사상은 생각의 덩어리인 붕어빵의 재료이고, 이념은 사상의 형상인 붕어의 형상이지. 그리고 붕어를 찍어내는 틀은 패러다임이네. 아울러 이데올로기는 사상과 이념을 통칭하는 사고방식으로 규정할 수 있다네.

"자유 vs 평등"

보수(保守)는 가치 있는 것을 지키는 것이고, 진보(進步)는 뭔가 바꾸어서 발전시키는 것을 의미하네. 보수와 진보는 삶에 대한 가치관의 문제일세. 가치관은 옳고, 그름을 판단하는 기준이네. 그래서 가치관은 주관적일 수밖에 없고 사람에 따라 달라질 수 있는 것일세. 보수와 진보는 우리의 삶과 관련된 정치, 경제, 사회, 교육 등 사회 전반에 걸쳐서 그 차이를 나타낸다네. 그 근본적인 차이는 바로 '인간을 어떻게 규정할 것인가?' 그리고 '그것에 따라 무엇을 어떻게 지키고 바꿀 것인가?'에 대한 것이라네. 따라서 인간의 본성과 문제 해법의 논리 구조에 대해 보수와 진보는 각각 어떻게 생각하는지 알아보는 것은 매우 의미가 있다네.

인간의 본성 문제를 따져보는 까닭은 보수와 진보가 가진 생각들이 자본주의 시장경제체제를 근간으로 하고 있기 때문이네. 인간의 본성은 성악설(순자)과 성선설(맹자)에서 기원을 찾을 수 있다네. 보수는 기본적으로 성악설을 기초로 하지. 보수는 인간이 이기적인 본성을 지니고 있고, 그 본성은 바꿀 수 없다고 본다네. 그래서 인간의 악한 본성을 억제하기 위한 제도와 규범이 필요하다고 보네. 인간과 사회는 엄격한 법과 규칙의 통제 내에서 자유로운 경쟁을 통해 단계적으로 성장한다고 생각한다네. 마치 국가가 개발도상국에서 선진국으로 성장하듯이 말이지. 사람들 역시 자유로운 경쟁을 통해 삶을 사는 것이 중요하다고 생각한다네. 따라서 인간은 시장경제 체제의 틀 속에서 자유롭게 경제적 이익을 추구하면서 생활을 영위하는 것이 최선의 삶의 방식이라는 것일세. 여기에서 자유는 자유 방임이 아닌 제도와 규범을 벗어나지 않은 절제된 자유를 말하네. 따라서 자유는 질서에 예속되지만, 정부의 간섭은 가능한 한 최소화한다는 것일세.

반면, 진보는 성선설에 기초한다네. 성선설은 원래 혁명적 사고라고 할 수 있지. 다수자인 국민의 본성은 본래 선하기에 악정을 행하는 한 명의 왕을 바로잡거나 몰아낼 수 있다는 사상이 깔려있다네. 진보는 인간을 선을 추구하는 도덕적 존재라고 생각하네. "인간은 점점 더 완벽에 가까워질 수 있다."는 영국의 철학자 고드윈(William Godwin, 1756~1836)의 말처럼 말일세. 또한, 인간의 본성은 인위적인 교육을 통해 올바르게 드러날 수 있다고 보네. 그래서 진보는 시스템을 잘 보완하여 사람들이 스스로 올바른 길을 갈 수 있도록 해주면 사회 불평등 등의 사회 문제를 해소할 수 있다고 생각하지. 예를 들면, 시장에서의 독과점과 같은 불평등 문제를 정부 주도하에 예방할 수 있다는 것일세. 이것은 적극적인 정부 개입을 의미하네. 이를 통해 개인과 사회의 평등을 최대한 보장해야 한다는 것이 진보의 생각일세. 따라서 인간의 본성 차원에서 보수는 제도와 규범 속에서의 자유와 최소한의 정부를 강조하는 반면 진보는 정부의 개입을 통한 평등을 강조한다는 차이가 있다네.

"과정적 해법 vs 목표적 해법"

보수와 진보는 문제 해결을 위한 논리적 구조에도 차이가 있다네. 문제를 해결하는 논리적 구조는 귀납법과 연역법이 있지. 귀납법은 경험과 관찰을 통해 결론에 도달하는 과정적 해법일세. 반면 연역법은 해결책인 목표를 먼저 선정한 후에 과정을 관리해 나가는 목표지향적 해법이네. 보수는 과정적 해법인 귀납적 방법을 선호하지. 그래서 발생한 문제를 단계별로 해결해 나가면서 원하는 목표에 도달하는 방식으로 일을 하는 경향이 있네. 이것은 점진적 개선(改善)를 의미하는 것일세. 특히 보수는 과정을 거치지 않은 목표는 의도하지 않은 부작용을 낳을 수 있다고 생각한다네.

반면, 진보는 목표지향적 해법인 연역법을 선호한다네. 설정된 목표를 먼저 먼저 시행한 후에 시행되는 과정에서 발생하는 문제점을 관리해 나간다는 것일세. 이것은 개선이 아니라 혁신이라 할 수 있지. 혁신(革新)이란 말은 가죽(革)을 벗겨서 새롭게(新) 한다는 것일세. 이는 기존의 경험에서 출발하는 것이 아니라 지향된 새로움을 추구하는 데서 나온다네. 예를 들면, 저소득층을 지원하는 정책을 수립하는 경우를 생각해 보세. 진보는 가난 해소라는 목표를 직접적으로 달성하기 위해 보조금을 직접 지급하는 해결 방법을 채택하려고 할 것이네. 하지만 보수는 가난을 해소한다는 목적에는 동의하지만, 보조금을 직접 지급하는 방법에는 신중을 기할 거라네. 이는 목표를 달성하는 과정에서 저소득계층의 자립 의지 저하, 도덕적 해이 등 의도하지 않은 부작용이 나타날 수 있기 때문이야. 그래서 보수는 이러한 부작용을 방지하면서 문제를 해결할 수 있는 과정적 해결 방법을 모색하려고 할 것일세. 이렇듯 보수와 진보는 문제를 해결하는 방법에서도 상당한 차이를 보이지.

이제까지 살펴본 인간의 본성과 논리적 해결 구조는 모든 문제의 근본을 바라보는 핵심적인 관점이라네. 그렇기에 이 두 가지 관점이 보수와 진보의 모든 것을 다 포괄할 수는 없을 걸세. 하지만 대략 현재 우리 사회에서 제기되는 문제 대부분은 거의 이 범주에서 해석이 가능하다고 생각하네. 예를 들면, 낙태문제, 동성연애 등과 같은 정체성 문제에서 보수는 전통적인 가족의 가치와 사회적 규범을 중시하는 반면 진보는 개인적인 자유의 가치에 중점을 둔다네. 사회적 폭력행위나 갑질과 같은 사회 문제에서 보수는 대략 개인의 이기적 본성에 중점을 두는 한편 진보는 사회적 시스템 문제를 더 중요하게 보는 것이지. 하지만 현재의 보수와 진보는 일관된 사상의 틀을 유지하며 문제를 해결하는 것이 아니라 사안에 따라 다르게 적용하는 경우도 많다네. 그래서 이 두 가지 관점은 일반적인 현상을 가지고 나름대로 정리해 본 것임을 알아주기 바라네.

"죽느냐 사느냐? 국방은 생존의 문제"

진보와 보수는 우리 삶의 문제라 할 수 있네. 하지만 국방은 생존의 문제일세. 그래서 국방에 대해 보수와 진보가 어떻게 생각하고 있는지 알아보는 것도 의미가 있다고 생각하네. 국방의 최종 목표는 적과 싸워서 이기는 것이네. 이에 대해서는 보수와 진보 모두 동의하는 사안이네. 하지만 그것을 달성하는 방법 면에서는 차이를 보이지. 그것은 북한을 어떻게 보느냐에 대한 문제일세. 국제관계에서는 국가를 하나의 인격체로 보고 외교정책을 수립한다네. 보수는 국제사회가 정한 틀 속에서는 북한을 협상의 대상으로 보지만, 그렇지 않은 경우에는 적대시해야 한다고 생각한다네. 하지만 진보는 국제사회의 제도적 장치로 북한을 원하는 방향으로 이끌고 갈 수 있다고 보는 것이지. 통일문제도 진보는 목표지향적 해결 방안을 모색하는 경향이 있고, 보수는 문제를 하나씩 풀어가는 과정적 해결 방안을 선호하고 있다는 것이네.

이러한 국방정책은 우리가 뽑은 정부가 보수적 성향인가 진보적 성향인가에 따라서 일부 변할 수도 있다네. 하지만 국가정책의 일환으로 논하는 국방 관련 이슈는 주로 정치 외교적인 분야에 해당하는 것일세. 국방정책의 순수하게 '어떻게 싸울 것인가?'에 관한 군사전략 문제에 대해서는 특별히 영향을 미치지 않는다고 보네. 이는 전쟁을 수행하는 전문영역이기 때문일세. 그래서 국방정책으로 인한 변화는 병영환경 개선, 군 처우 개선 등 운용 유지 분야가 대부분일세. 군사전략은 기본적으로 무기체계를 전제로 하네. 하나의 무기체계를 만드는 데 최소한 10년 이상은 소요된다고 보지. 이는 보수·진보 정부가 몇 번 바뀌어야 겨우 하나의 무기체계를 완성할 수 있다는 의미라네. 보수와 진보가 직면한 문제는 '어떻게 살 것인가?'에 대한 삶의 문제일세. 하지만 국방은 '죽느냐 사느냐?'의 생존 문제인 것이네. 살아 있어야 삶의 방법도 고민할 수 있는 것이지. 따라서 국방 분야는 보수와 진보를 떠나서 정쟁의 대상이 되어서는 안 된다네. 손자는 "將能而君不御者勝(장능이군불어자승)"이라고 하였네. "장군이 유능하고, 임금이 간섭하지 않으면 전쟁에서 승리한다." 이는 각자 부여된 임무와 역할에 충실할 때만이 전쟁에서 승리할 수 있다는 뜻이네.

"보수와 진보의 종착역은 국익"

보수와 진보는 기원이 같을 것 같지만 사실은 뿌리가 다르다네. 보수는 프랑스 혁명 과정에서 급진적인 변화에 대응하는 개념에서 생겨났지. 반면, 진보는 자본주의 체제의 모순에서 유래되었다네. 이것이 근대 자유주의 시대에는 독립적인 개념으로 발전되어 오다가 20세기에 이르러 비로소 양자 대립 구도로 확립되었지. 이렇듯 진보와 보수의 개념은 고정된 것으로 보기보다는 사회 변화에 따라 계속 변화하는 개념으로 파악해야 하네. 보수와 진보는 쟁점 이슈에 따라 분명한 차이가 있지만, 하나의 일관된 틀을 가진 이념이라고 보기는 어렵다고 생각하네. 보수와 진보가 이념화가 되지 않았다는 것은 그 논쟁이 소모적이지 않고 건전한 공존으로 가는 과정이라 할 수 있을 것일세. 하지만 급진주의나 극단주의는 진영논리를 강화할 뿐 우리가 사는 사회에 아무런 도움이 되지 않음을 알아야 하네.

우리는 삶의 목표나 가치관이 다양한 다원화 사회에 살고 있다네. 다원화 사회에서 다양한 시각은 서로 대립하는 것이 아니라 보완하는 관계라네.

이러한 대립은 우리 삶을 실질적으로 지켜내기 위한 방법의 차이일 뿐이네. 우리가 사는 다원화 사회에서는 보수와 진보의 다양한 시각을 존중하고 인정하는 자세가 필요하다네. 가치 있는 것을 지키는 보수와 혁신하여 발전시키는 진보의 종착역은 결국 같다고 생각하네. 그 종착역은 바로 국익일세. 우리가 잘되어야 국가가 잘되고, 국가가 잘되어야 우리의 삶도 풍족하게 된다는 평범한 진리를 잊지 않길 바라네.

돈이란 무엇인가?

"돈이 돈을 버는 사회"

　우리는 자본주의 사회에 살고 있네. 그것은 말 그대로 자본이 지배하는 사회를 말하는 것일세. 조선 시대는 신분이 계급이었지만 지금은 돈이 계급이 되는 사회라네. 많은 사람이 돈과 자본을 같은 의미로 사용하고 있지. 하지만 사실 의미가 조금 다르다네. 자본(資本)은 일반적으로 재물(資)을 만들어 내는 밑천(本)을 말하지. 자본은 생산활동에 투입되는 무언가를 의미한다네. 예를 들면, 100만 원 그 자체는 오직 가치만 지닌 돈이고, 이 돈으로 오토바이를 사서 배달을 한다면 그것은 자본이 되는 것이지. 인적자본이라는 말도 있지 않은가. 돈뿐만 아니라 인간도 하나의 자본이라네. 그것은 인간도 생산활동의 한 요소이기 때문이지. 이처럼 자본주의 사회는 다양한 자본을 밑천으로 삼아 꾸려진 사업장에서 노동자들은 근로소득을 얻고 사업가들은 자본소득을 추구하는 구조일세. 이러한 시스템을 원활하게 돌아가게 하는 핵심은 바로 이윤이라네. 그래서 우리 사회는 노동 시간이 돈을 벌고, 투자된 자본이 돈을 버는 사회라 할 수 있는 걸세.

"가치의 개념을 실현한 것이 화폐"

그럼 우리 삶에 필수품인 돈이 역사적으로 어떻게 변모해 왔는지를 알아보세. 옛날 수렵시대에는 필요한 것을 자체적으로 조달했을 거라네. 하지만 수렵인구의 증가는 수렵영역의 한계를 가져오고 그 한계는 다른 부족과의 충돌을 의미하지. 그래서 수렵지역 확보를 위해 전쟁도 하면서 필요한 물건들을 교환했을 것이네. 이것이 원시 물물교환일세. 물물교환은 교환할 물건에 가치를 매기기가 쉽지 않았을 것이네. 그래서 일정한 가치를 부여하는 돈이라는 개념이 생기게 되었지. 예를 들면 누구나 귀하게 여기는 희귀품인 금을 주고 그에 상응하는 물건을 받는 돈이라는 교환 수단이 생겼다는 것이네. 여기서 금이라는 것은 가치를 상징하는 대상물인 셈이지. 이후 농경사회로 접어들면서 사회가 조직화되고 국가라는 체계가 갖춰지면서 돈이라는 개념화된 가치를 계량화하고 표준화할 필요성을 느끼게 되었다네. 그래서 나온 것이 바로 화폐이지. 돈이라는 것은 생각 속에 있는 관념적 존재일세. 결론적으로 돈이란 돌고 도는 경제활동 속에서 물건을 교환할 때 필요한 가치를 측정하기 위해 생긴 이상화된 개념이라네.

화폐는 돈의 개념을 현실화해 주었지. 즉, 화폐는 생각 속에 있는 가치의 개념을 화폐라는 표면에 표시한 것이라 할 수 있네. 화폐(貨幣)라는 글자는 재물(貨)을 비단(幣)에 기록한 것일세. 곧 화폐는 가치를 표준화하고 제도화한 현물이나 증서라고 할 수 있네. 돈이 화폐가 되기 위해서는 약속이 전제되어야 하지. 그 약속은 사회나 국가가 인정해 주는 보증이라네. 각종 화폐에 새겨진 형상들은 정부의 보증을 의미하는 것이지. 로마 화폐에는 로마 황제가 있고, 달러에는 건국의 아버지들이 있고, 우리나라 화폐에는 세종대왕이 새겨져 있는 것도 그러한 연유라네. 조폐 업무는 정부를 대신해서 중앙은행이 담당하지. 중앙은행은 국가의 보증을 담보로 운영하는 것일세. 따라서 화폐는 국가 보증을 기반으로 중앙은행이 발행하고 그 통화량을 조정하여 물가를 조절한다네.

최근 유행하는 가상화폐도 마찬가지일세. 가상화폐는 사실 블록체인이라는 운영 프로그램의 코드 조합일 뿐이지. 하지만 사람들이 그 단순한 코드를 돈이라는 가치적 개념으로 인정했기 때문에 돈이 되고 화폐가 되는 것이라네. 베네수엘라에서는 정부에서 가상화폐를 화폐로서 보증해 주었기에 정식 법정 화폐가 된 것이네. 하지만 다른 나라들은 아직 돈으로서의 가치만 인정한 상태라 할 수 있네. 결론적으로 돈은 화폐를 포함해서 재산, 소득, 자산 등의 개념을 포함하는 추상적인 개념이라네. 예를 들어 우리가 지갑에서 돈을 꺼낸다고 할 때는 화폐를 꺼낸다는 의미이지. 하지만 돈을 많이 벌어야겠다는 말은 곧 화폐만이 아니라 부를 많이 축적하겠다는 뜻이라네.

"금융은 금리 창출"

화폐의 출현은 신용이라는 믿음 체계를 창출하였지. 신용은 화폐를 융통하게 하는 금융의 근간이라 할 수 있네. 금융(金融)의 사전적 의미는 '금전(金)의 융통(融)'이란 뜻이라네. 돈을 빌리거나 빌려주어서 통용시키는 것을 의미하지. 따라서 돈은 제도권에서 화폐가 되고, 화폐의 보증은 신용이라고 하는 믿음 체계를 창출해 낸 것이지. 금융의 원리는 이처럼 신용을 통해 돈의 흐름을 만들고 거기에서 금리로 돈을 버는 구조로 작동되는 것이라네. 신용은 시간 차이를 두는 거래를 가능하게 만들었지. 그래서 차이가 나는 시간만큼 가치가 매겨지고, 그 가치는 돈으로 환산되어 이자가 생긴다네. 돈도 거래의 대상이 되는 거지. 즉, 기다림이 가치를 창출하는 거라네. 외상거래와 같은 것들이 그것이지.

금융에서 발생하는 금리는 거래 대상의 안정성에 따라서 차등 적용된다네. 중세 로마 시대에는 강력한 국가체제가 존재했기 때문에 금리가 낮았고, 신대륙을 발견한 콜럼버스 시대에는 새로운 시장을 개척하는 위험성 때문에 금리가 상당히 높았다고 하네. 그래서 이러한 위험성을 분산하거나 줄이기 위해서 주식회사가 태동하고 보험과 같은 개념도 출현하게 되었던 걸세. 국가 신용등급을 얘기할 때 자주 언급되는 말이 바로 신용부도 스와프(Credit Default Swap: 이하 CDS) 프리미엄이라네. CDS는 채권과 같은 투자에 존재하는 부도, 파산, 지급 불이행 등의 위험을 보상해 주는 일종의 보험 성격의 파생상품이라네. 이는 국가의 부도 위험성을 나타내지. 통상

CDS 프리미엄이 높을수록 채권 발행국의 신용 위험이 크다는 말이네. 결국, 이는 국가의 대외 신인도를 나타내는 척도라고 할 수 있네.

또한, 금리는 은행을 태동시켰다네. 중세 유럽은 십자군 전쟁으로 사회가 혼란스러웠으나 상업적 측면에서는 좋은 기회였다네. 동방과의 교역이 확대되고 지중해 항로를 통해 무역이 더욱 활성화되는 결과를 낳았던 거지. 교역이 활발하다는 건 금융거래가 더 잘 이루어진다는 것이네. 그래서 돈이 모이고, 또 늘어난 돈은 금융을 더욱 발전시켜 나갔지. 14세기에 가장 무역이 활발했던 이탈리아 해변 도시에서는 다양한 화폐 환전으로 수수료를 챙기던 환전상들이 많았지. 이들이 활발해진 금융거래를 전문적으로 담당하는 초기 은행을 탄생시켰지. 아울러 구텐베르크(Johannes Gutenberg, 1397~1468)의 금속활자 발명은 문자 기록과 서류 작업을 더욱 치밀하게 할 수 있게 만들었다네. 그래서 오늘날과 같은 은행 체제로 발전한 것이네. 인쇄술은 고려가 최초로 발명하였지만, 먼저 생활에 활용한 것은 서구 사회였지. 마찬가지로 화약 역시 중국에서 최초로 만들었지만, 서구에서 먼저 화기로 실용화하였지.

"패트로 달러로 기축통화 유지"

기축통화(基軸通貨)란 국제 단위의 결제나 금융거래의 기본이 되는 화폐를 의미한다네. 기축(基軸)은 중심점을 뜻하고, 통화(通貨)는 유통(通)되는 화폐(貨)를 의미하지. 영국은 해가 지지 않는 나라로 불릴 정도로 여러 식민지를 거느리면서 많은 양의 금을 확보하였다네. 19세기 초에는 확보한 금을 1온스당 4.25파운드로 가치를 고정하는 세계 최초의 금 태환 기축통화국이 되었네. 하지만 영국은 산업혁명으로 인한 과잉생산으로 대불황기를 겪었지. 이를 해결하는 과정에서 시장 개척 후발주자인 독일과 제1차 세계대전이 발발하였던 걸세. 영국은 전쟁을 치루면서 미국에 막대한 채무를 지게 되었네. 이는 영국이 확보한 금이 미국으로 빠져나가는 결과를 가져왔지. 결국 영국은 금 부족 사태를 맞이했고, 마침내 1931년에 금 태환제를 포기하면서 파운드는 기축통화 화폐로서의 기능을 상실하게 되었지.

이후, 다시 세계적인 대공항이 시작되었고 이로 인해 유럽에서는 다시 제2차 세계대전이 발발하였다네. 미국은 1·2차 세계대전을 통해 세계의 패권을 확고하게 장악하였다네. 전쟁 막바지인 1944년에는 미국 뉴햄프셔주의 브레튼우즈에서 44개 연합국 대표가 모여 금 1온스의 가치를 미국 화폐 35달러로 고정하고 다른 나라의 통화는 달러를 기준으로 고정하는 협정을 맺었다네. 즉, 고정 환율제도를 채택하였던 걸세. 이것이 바로 미국 달러가 금 태환의 기축통화 화폐가 되는 시발점이 되었다네. 제1차 브레튼우즈 체제가 시작된 것일세. 그러나 이후 미국은 베트남 전쟁 참전으로 막대한 전쟁 비용을 소모하게 되었지. 이를 감당하기 위해 미국은 달러를 마구 찍어내었고, 그 바람에 만성적자와 금 부족 사태에 직면하게 되었다네. 결국 달러 가치가 급락하고 일부 국가의 금 태환 요구가 증가하자 1971년 닉슨 대통령이 달러화의 금 태환 정지를 선언하면서 제1차 브레튼우즈 체제는 막을 내렸지.

하지만 달러가 기축통화 화폐로서의 기능을 계속 유지하는 이유는 바로 금을 석유 태환으로 대치하는 페트로(석유) 달러 시대를 열었기 때문이네. 페트로 달러란 중동의 석유를 거래할 때는 반드시 달러로만 결제하기로 한 통화시스템을 말하는 것일세. 이를 제2의 브레튼우즈 체제라고 하네. 기축통화국에는 많은 혜택이 있지만, 그중 가장 큰 혜택은 바로 세뇨리지 효과라네. 기축통화 화폐를 발행하면 화폐 주조 이익이 생긴다는 것이지. 예를 들어 100달러 지폐를 발행한다고 하세. 이때 종이와 잉크값 등 화폐를 만드는 재료비가 2달러라고 하면 그것을 제외한 98달러의 이익이 발생하겠지. 이는 달러를 찍어내면 낼수록 이익이 생긴다는 의미이네. 그래서 미국은 적극적으로 중동의 석유를 지켜내기 위해서 중동에 군사력을 배치하여 운용하는 것이라네.

"디지털화폐의 등장"

우리는 이미 지폐가 없는 디지털화폐 사회에 살고 있다네. 인터넷뱅킹, 삼성페이와 카카오페이 같은 모바일 간편결제 등도 디지털화폐라고 할 수 있지. 이것은 굳이 MZ세대를 얘기할 필요도 없이 60세가 넘은 나도 현금 없이 모바일로 모든 금융거래를 하고 있다네. 등산로 옆에서 군밤 파는 할머니도 현금이 없는 사람을 위해서 좌판대에 계좌번호를 적어놓는 게 지금의 현실이지. 얼마 전에 중국 북경에 출장 갈 일이 있었다네. 모든 중국인이 현금 대신 모바일로 결제를 하고 있었지. 한국이 IT 강국이라는 자부심을 가지고 있었던 터라 더욱 놀라지 않을 수 없었다네. 중국인에게는 아예 현금

거래를 하지 못하도록 시스템화되었다는 느낌마저 받았던 걸세. 중국 통화 시스템에서 제외된 외국 관광객은 여권을 보여주어야지만 현금을 사용할 수 있었다네. 나는 북경 자금성을 관람하기 위해 매표소에 여권을 제시하였는데 공짜라고 하더군. 60세부터는 경로우대가 적용되어 고궁은 무료 관람이라는 것이네. 한국에서는 65세부터 경로우대인데 중국은 외국인까지 포함하여 60세부터 경로우대를 해주었다네. 그래서 나는 중국에서 처음으로 경로우대를 받아 보았지. 그때 이것이 현금 결제의 마지막 혜택이 될 수도 있다는 생각을 했었다네.

디지털화폐를 '중앙은행 디지털화폐(Central Bank Digital Currency: 이하 CBDC)'라고 부르지. 즉, CBDC는 중앙은행에서 발행한 디지털화폐를 말하는 것이라네. 그 목적은 지폐 시대를 끝내고 모든 화폐를 디지털화하는 것이네. CBDC는 개인 주민등록번호에 연동되는 디지털 지갑을 가지고 스마트 기기를 통해 결제와 송금 등의 금융거래를 하는 시스템이네. 기존 모바일 결제는 은행 계좌를 기반으로 하지만 CBDC는 주민등록번호를 기반으로 하지. 이는 시중은행의 기능을 축소하고 국가에서 운영하는 중앙은행이 모든 업무를 직접 관장한다는 의미라네. 암호화폐에 사용하는 블록체인 기술이 이를 가능하게 해주지. 블록체인이 시중은행에서 하는 금융거래를 기록하고 증명하는 일을 대신 처리해 주기 때문이라네. 이러한 CBDC는 시중은행을 거치지 않고 중앙은행에서 직접 개인 전자지갑을 관리하기 때문에 행정 소요가 간소화될 뿐만 아니라 화폐 발행 비용도 줄일 수 있다네. 또한 중앙통제형 금융관리는 개인적으로는 금융거래 안전성을 보장받을 수 있을 뿐만 아니라 정부 차원에서도 거래 내역을 투명하게 관리하여 불법거래, 세금 탈루 등을 방지하는 장점이 있다네. 하지만 그 이면에는 개인정보가 과도하게 침해될 우려가 있는 것 또한 사실이네.

"미국과 중국의 디지털화폐 전쟁"

CBDC는 중국이 가장 먼저 검토하기 시작하였네. 중국은 이를 디지털 위안화인 DCEP(Digital Currency Electronics Paymemt)라고 부르지. 중국은 2019년 말부터 이를 구현하기 위해 베이징을 비롯한 10개 도시에서 디지털 위안화 시범 테스트를 하고 있다네. 특히, 2022년 베이징 동계 올림픽에서는 디지털 위안화를 대대적으로 홍보했었지. 중국이 이렇게 CBDC의 주도권 잡으려는 이유는 위안화의 위상을 높여서 달러 기축통화의 패권을 빼앗으려는 의도가 깔려 있다네. 그와 함께 시진핑 독주 체제를 강화하기 위해 감시와 통제 수위를 높이려는 것일 수도 있지. 이에 맞서 미국에서도 민간 디지털화폐인 스테이블 코인이 급부상하면서 금융자산의 디지털화라는 패러다임 변화에 적극적으로 동참하고 있다네. 또한, 디지털화폐 패권의 중요성, 중국과의 지정학적 경쟁 등을 국익에 관한 중대한 사안으로 인식하고 CBDC 도입에 박차를 가하고 있지. 바이든 대통령은 2022년 CBDC 연구개발 검토 행정명령에 서명하고 MIT 공대와 CBDC 공동개발에 착수한 상황일세. 한국은 CBDC를 검토하고 있으나 일본, 유럽과 마찬가지로 도입에는 소극적인 태도를 견지하는 실정이네.

"디지털화폐와 비트코인"

CBDC와 가장 유사한 것이 바로 가상화폐인 비트코인일세. 그래서 CBDC와 비트코인이 서로 공존할 수 있는지에 대한 의견이 분분하다네. 긍정과 부정이 팽팽하게 맞서고 있지. CBDC와 비트코인은 같은 블록체인 기술을 기반으로 하고 있지. 하지만 비트코인 지지자들은 CBDC가 단순히 지폐를 디지털화폐로 바꾼 것일 뿐이지만, 비트코인은 디지털 금으로서 가치저장 수단이 될 수 있다고 한다네. 그리고 메타버스와 같은 가상세계에서 다양하게 융·복합할 수 있는 가상자산이라고 하지. 하지만 부정적으로 전망하는 사람들은 중앙집권적인 CBDC와 탈중앙화를 지향하는 비트코인은 서로 상충되어 어느 한쪽이 몰락할 수밖에 없다고 예측한다네. 예를 들면, 중국이 자국 내 암호화폐 채굴장을 폐쇄한 것이 그 사례라는 것일세. 그러한 가운데 공생 관계를 주장하는 사람들도 있다네. CBDC와 비트코인은 서로 다른 기능을 갖고 있어 상호보완적으로 성장할 수 있다고 말일세.

2008년 글로벌 금융위기를 기점으로 탄생한 비트코인은 탄생 14년 만에 3조 달러 규모의 시장으로 성장한 반면, CBDC는 이제 막 걸음마를 시작한 단계라고 할 수 있다네. 아울러 CBDC는 인근 국가 간에 역외 결제시스템이 필요하고 이에 걸맞은 관련 법을 제·개정 해야 하는 과제를 안고 있지. 그래서 앞으로 CBDC와 비트코인이 어떠한 관계를 맺으면서 나아갈지는 관심을 가지고 지켜봐야 한다네. 이는 미래 투자 방향을 설정하는 데 중요한 지표를 제공해 줄 것이 분명하기 때문이라네.

미래 일자리는 어떤 모습인가?

"지능정보사회 도래"

유럽 사회는 수렵시대와 농경시대를 거쳐 종교에 가려진 중세기의 터널을 지나 18세기에 이르러서는 근본적으로 생활을 변혁시키는 기술을 개발하였다네. 그것은 바로 증기기관일세. 이를 통해 1차 산업혁명이 발생하였고, 19세기 말에 이르러 전기와 화석에너지를 기반으로 하는 대량 생산과 자동화 시대인 2차 산업혁명이 있었지. 그리고 컴퓨터와 인터넷 정보화 사회인 3차 산업혁명이 휩쓸고 지나갔다네. 오늘날은 인공지능(AI), 사물인터넷(IoT), 클라우드, 3D 프린팅, 로봇, 빅데이터, 블록체인 등 최신 지능정보기술이 개발되어 일상화되고 있다네. 그 결과 지능화와 디지털 전환이 진행되는 4차 산업혁명 시대를 맞이하게 되었지. 기존 기술들이 인간이 기계를 직접 통제하는 것이었다면, 지금의 기술은 딥러닝(Deep Learning: 인공신

경망을 이용한 인공지능 기계학습의 한 종류) 기술을 기반으로 인공지능이 문제를 스스로 판단하고 해결 방안을 제시하며 자율적으로 처리할 수 있는 수준에 다다르고 있지.

이러한 지능화와 디지털화는 인간과 기술 사이에 새로운 관계를 만들고 있네. 새로운 관계는 새로운 사회를 만들어 내지. 그것이 바로 지능정보사회라네. 이는 정보가 중심이 되는 정보사회를 넘어서 인간을 대신할 지능형 시스템을 통해 사회 각 분야에서 다양한 가치를 창출해 내고, 사회 발전을 이끌어가는 사회를 말한다네. 지능정보사회가 도래하면서 인간은 도구적 기능으로 전락하다가 궁극에는 인간의 역할마저도 침범당할 수 있다는 우려가 나오고 있지. 이는 기술이 인간의 창의성 영역까지도 감당하는 것을 의미한다네. 그래서 지능정보사회는 인간과 기술의 상호관계에서 인간이 주체적인 역할을 할 수 있는 인류사적 기본 가치를 정립할 필요가 있다고 본다네. 이러한 인간과 기술의 새로운 관계 형성은 인간의 생활양식과 가치관을 변화시킬 뿐만 아니라, 일자리의 형태를 바꾸는 사회 전반의 구조적 변화를 가져올 수 있다네.

"기술변화와 일자리 관계"

역사적으로 획기적인 기술발전이 있을 때마다 노동시장에는 새로운 변화가 일었지. 즉, 기존의 일자리가 없어지고 새로운 일자리가 탄생한다는 것일세. 18세기 1차 산업혁명은 농경사회와 관련한 일자리가 줄어든 반면 산업화의 상징인 굴뚝 일자리가 늘어나게 되었지. 농경사회에서 산업사회로의 변화가 일어났기 때문이라네. 사람의 힘이 기계의 힘으로 대치되면서 생산성이 확대되고 제조업을 활성화시켰지. 이것은 부를 획기적으로 증가시키고 많은 일자리를 창출하는 결과로 이어졌다네. 2차 산업혁명은 전기의 발명과 컨베이어벨트로 상징된다고 볼 수 있지. 가내 수공업 사회에서 공장식 대량 생산 사회로 전환되었다네. 이는 생산 단계별로 분업과 공정의 표준화를 갖추어 대량으로 물건을 생산하는 체계를 갖추었다는 것이네. 생산공정의 자동화는 많은 단순노동 직업을 사라지게 하였지만, 한편으로는 대량 생산된 물건을 관리하고 판매하는 영업 분야와 고객관리라는 새로운 영역의 일자리를 창출하였다네. 이러한 새로운 영역은 사라진 일자리보다 더 많은 일자리를 창출하였지.

20세기의 3차 산업혁명은 컴퓨터 기술이 적용된 정보화 사회를 말하네. 즉, 대량 생산에서 맞춤형 생산으로 전환되었음을 의미하지. 컴퓨터는 정보혁명을 촉발하여 부문별 최적화된 맞춤형 시스템을 만들어 내었다네. 이로 인해 소비자가 원하는 제품을 좀 더 효율적으로 만들어 내면서 생산의 효율성을 극대화해 나간 것이지. 이러한 과정에서 컴퓨터 시스템에 필요한 새로운 지식정보에 관련한 일자리를 창출하였다네. 요컨대, 지금까지 일어난 세 차례에 걸친 산업혁명의 결과 사라진 일자리보다 창출된 일자리가 더 많았다고 할 수 있지. 즉, 새로운 기술은 생산성 향상과 함께 효율성 증가를 가져오고, 그로 인해 사람들의 소득은 늘어나며, 이는 소비와 투자 그리고 고용 증대로 이어졌음을 의미한다네.

"식당일에서 유튜버까지"

2019년 8월 중국의 사업가 마윈과 미국의 사업가 일론머스크는 한 좌담회에서 인공지능에 관한 대화를 나누었다네. 그 자리에서 마윈은 "AI는 그저 도구일 뿐이다."라고 언급하였고, 일론머스크는 "AI가 사람을 넘어설 수도 있다."라고 하였지. 이처럼 다가올 지능정보기술이 인간의 삶에 어떤 영향을 미칠 것인지에 관해서는 긍정적 전망과 부정적 전망이 상존하고 있다네. 긍정적 전망은 앞에서 얘기한 바와 같이, 기술혁명은 일자리를 없애는 것보다 더 많은 일자리를 창출한다는 것이 역사적으로 증명되었다고 주장하네. 하지만 부정적 전망은 지능화가 사회의 모든 분야에서 일어나 단순 반복적인 작업뿐만 아니라 인간의 창의성 영역까지 빠른 속도로 점유하리라 예측한다네.

지능정보기술은 부가가치가 높은 신산업 분야의 일자리는 창출해 내겠지만, 단순 업무는 지능정보기술로 대체될 가능성이 높다고 할 수 있네. 단순 반복 직무, 지식정보 암기, 데이터 수집 및 계산, 위험한 일 등이 그것일세. 최근 OECD 분석에 따르면 지능화로 인해 기존 일자리는 평균 14%가 감소하고, 살아남는 일자리의 32%는 직무 방식에 변화를 겪을 것으로 전망하였네. 일자리의 증감에 관한 이슈는 직접적인 영향으로 사라지거나 창출되는 일자리와 함께 기술발전으로 인한 부가적 일자리가 생기는 간접효과까지 모두 고려해야 하는 복잡한 문제일세. 하지만 일자리는 바뀌지 않더라도 직무에서만큼은 적지 않은 변화가 있을 것이 확실하다네. 예를 들면, 마을 식당을 운영하는 주인은 과거에는 조리 업무에만 충실하면 충분했다네. 하지만 지금은 기존 업무에 더하여 식당을 홍보하기 위해 SNS에 식당 메뉴를 올려야 하고, 나아가 먹방 유튜버 역할까지 해야 한다네.

"계약형 일자리와 분산형 사무실"

지능화 디지털화는 취업 중심이던 기존의 고용 패러다임을 질적으로 변화시키고 있다네. 최근 회사들은 일반 업무를 담당하는 직원을 채용하던 일자리(job) 개념에서 특정한 일(work)에 대한 서비스만을 계약하는 개념으로 고용의 패러다임을 바꿔가고 있다네. 즉, 정규직 위주의 고용구조에서 프로젝트형 고용구조로 전환한다는 뜻이네. 이러한 고용 패러다임의 변화는 회사의 고정비용을 감소시키는 결과를 가져온다네. 결국 회사는 임시직, 파견직, 프리랜서 등의 비중을 더욱 늘리는 일자리 악순환 구조를 한층 강화할 것으로 예상되네. 특히, 원격기술의 발달은 생산현장과 관리업무를 분리하여 클라우드로 업무가 가능하도록 만들어 주었지. 이는 클라우드로 대변되는 디지털 노동이 기업의 이해관계와 일치하면서 고용 패러다임의 전환을 더욱 가속화할 것으로 예상한다네.

또한 디지털 전환은 조직을 수직적·위계적 형태에서 수평적·자기 경영적 형태로 변화시켜 나갈 것이라네. 사람과 사람과의 관계에서 기계와 사람

관계로의 전환은 새롭고 다양한 조직형태를 만들지. 아울러 구성원들에게도 더욱 독립적이고 자율적인 수체적 역할을 수행하도록 요구하고 있네. 그래서 업무는 시간과 공간에 구애받지 않게 되는 걸세. 예를 들어 사무실은 지금처럼 한 곳에 모여서 일하는 집중형이 아니라, 집과 가까운 소규모 독립공간인 오피스텔 등을 활용하는 분산형 사무실 형태가 될 것으로 예상하네. 이러한 근무환경은 근로자 입장에서는 워라밸을 실현할 수 있다는 긍정적인 측면도 있으나, 회사 측면에서는 언제라도 필요할 때 공간 제약 없이 업무 지시가 가능한 시스템이라 할 수 있다네. 그래서 업무와 개인적인 삶의 경계가 무너지는 탈경계화 현상이 발생할 수 있다네. 이것은 번아웃과 같은 직업병에 시달릴 수도 있다는 의미이지. 따라서 지능정보사회는 자신과 기계와의 관계를 명확히 설정하고 주체적인 삶을 꾸려가는 자기 나름의 방법을 찾는 고민을 더욱 많이 해야 할 때라 생각하네.

"늘 하던 대로 하면 로봇에게 진다"

미국 스탠퍼드대 인간중심 인공지능 연구소(Institution of Human Centered AI: HAI)의 발표에 따르면 지능화 기술의 발전속도는 무어의 법칙보다 7배나 빠르다고 밝혔다네. 무어의 법칙은 인텔 연구원인 고든 무어가 1960년에 처음 주장한 것으로 컴퓨터 칩의 성능은 2년에 2배씩 향상된다는 법칙일세. 하지만 지능화 기술은 그에 비하면 3~4개월만에 2배씩 늘어나고 있다는 것이지. 따라서 단순하고 정형화된 문제해결은 빠르게 발전하는 기술에 맡기고 인간은 창의력이나 고도의 전문성을 발휘하는 고부가 가치 업무에 집중하게 될 전망이라네. 이처럼 4차 산업혁명 시대는 빠른 기술 변화로 업무환경이 새롭게 조성될 뿐만 아니라, 인간의 역할마저도 점차 좁아지고 있는 실정이라네.

새로운 환경은 의당 새로운 능력을 요구한다네. 그래서 4차 산업혁명 시대가 요구하는 미래 핵심 역량이 무엇인지 알아 둘 필요가 있네. 대표적으로 찰스 파델의 「21st Century Skills」에 의해 알려진 4C 능력이 그것이라네. 4C는 의사소통능력(Communication), 협업능력(Collaboration), 비판적 사고(Critical Thinking), 창의력(Creativity)이지. 최근에는 컴퓨팅사고(Computational Thinking)를 추가하여 5C로도 알려져 있다네.

의사소통은 대인관계의 기본이네. 4차 산업혁명 시대는 사람과 사람 간의 의사소통도 중요하지만, 사람과 기술 간의 의사소통 또한 중요하다네. 의사소통은 효과적인 협업을 이루어 나가기 위함이지. 협업은 융합이자 조화와 균형을 의미하네. 따라서 빠른 속도로 발전하는 기술과 인간과의 관계를 조화롭고 건전하게 설정하는 것은 성공적인 협업을 위한 기초작업이라 할 수 있다네.

비판적 사고는 합리적인 선택을 가능하게 해준다네. 정보의 홍수 속에서 필요하고 유용한 정보를 찾아내는 것은 이 시대의 생존기술 중 필수요소라 할 수 있네. 마지막으로, 창의력을 길러야 한다네. 창의력은 생각의 영역이지. 하지만 딥러닝은 인간의 생각에도 도전하는 것일세. 딥러닝은 기존의 생각을 모아서 데이터적인 생각을 만들어 내는 것이라네. 그래서 늘 하던 대로 생각하면 인간은 로봇에게 항상 질 수밖에 없는 구조인 것이지. 따라서 인간은 로봇에게 지배되지 않기 위해서 인간만이 할 수 있는 영역을 구축해야 한다네. 나만의 독특한 창의력은 로봇이 감히 흉내 내지 못하는 새로움을 창출하는 동력이기 때문이라네.

"일자리 vs 일거리"

일자리의 사전적 의미는 '생계를 꾸려 나아갈 수단으로서의 직업'이라 정의되네. 이는 이미 만들어진 직업 가운데 하나를 선택하여 수행하는 것을 의미하지. 곧 일자리는 그 자리에 요구되는 능력뿐 아니라 자격증 구비, 타인과의 경쟁 등이 필요하다네. 반면, 일거리는 '일하여 돈을 벌 거리'를 의미하지. 이는 남에 의해서 만들어진 직업이 아니라 스스로 돈 벌 방법을 찾아내는 것이라네.

"회사에 헌신하면, 헌신짝 된다."라는 말이 있지. 이는 최근 기업의 평균 수명이 10년 정도인 데서 나온 말이라네. 보통 10년 이내로 회사 문을 닫는다고 하니 헌신짝이라는 말도 이해할 만하지. 과거처럼 평생직장 개념이 있을 때는 성실함이 삶의 덕목이 되었지. 하지만 요즘은 열심히만 하는 성실함은 로봇이 도맡아서 할 일이라네. 로봇 청소기를 보면 쉽게 이해할 수 있지. 입력된 정보대로 자기가 알아서 열심히 일하는 모습을 보았을 것일세. 로봇이 주어진 일을 시키는 대로 잘하는 성실함을 가지고 있다면, 인간은 생각의 끈을 놓지 않는 '생각의 성실함'을 가져야 한다네. 그래야 4차 산업혁명 시대에 주체적인 삶을 살 수 있고 자신만의 일거리를 찾을 수 있을 걸세.

「100세 시대 생애주기별 연령」(2015)이라는 UN 보고서에 따르면, 청년은 18~65세, 중년은 66~79세, 노년은 80~99세로 규정한다네. 청년은 65세까지이고 노년은 80세부터라는 걸세. 과거에는 교육(1~20세), 일(20~60세), 은퇴(60세~) 등 3단계 인생 모델을 구성하여 평생직장이 가능했지. 하지만 지금은 교육(20세), 일+교육(20~80세), 은퇴(80세~)로 구성된 다단계 인생 모델로 바뀌었다는 것일세. 즉, 경제활동을 약 40년 동안이나 해야 한다는 뜻이네. 그래서 우리는 일과 교육을 병행해 나가야 한다는 거지. 미래학자 앨빈 토플러(Alvin Toffler, 1928~2016)는 "21세기 문맹은 읽고 쓸 줄 모르는 사람이 아니라, 배우고 잊어버리고 또 배울 줄 모르는 사람이다."라고 하였다네. 우리는 남이 주는 일자리보다 자기 스스로 하는 일거리를 끊임없이 찾아야 한다네. 남과 경쟁하는 레드오션(Red ocean) 일자리보다는 나만의 일거리인 블루오션(Blue)을 찾아야 한다는 것일세. 100세 시대의 인생은 누구든 일자리라는 방편의 뗏목에서 내려 일거리의 세계에 발을 내디뎌야 한다네. '생각의 성실함'을 통해 쉼 없이 전진하는 사람만이 자신만의 일거리를 찾을 수 있다는 사실을 명심해 주기 바라네.

블록체인은 어떻게 활용되는가?

"블록체인이 비트코인인가?"

많은 사람이 블록체인을 비트코인으로 알고 있다네. 하지만 정확하게 말하면, 블록체인은 비트코인을 운영하는 기술이라네. 즉, 비트코인이 시계라고 한다면, 블록체인은 시계를 작동하게 만드는 톱니인 셈이지. 2008년 9월 미국의 거대한 투자은행인 리먼 브라더스의 도산을 계기로 세계 금융시장이 흔들리기 시작했다네. 이로 인해 많은 실업자가 양산되고 시민들은 국가와 은행을 불신하게 되었지. 금융은 국가의 신뢰와 은행의 신용을 전제로 하네. 하지만 대부분의 금융위기는 정부와 은행의 도덕적 해이(모럴 해저드)에서 발생한다는 사실을 여러 사례를 통해 알 수 있었네. 이러한 도덕적 해이로 인하여 사람들은 기존 정부와 은행을 거치지 않고 통용될 수 있는 새로운 화폐에 대한 열망이 싹텄던 거라네.

그때 프로그래머 사토시 나카모토(中本哲史, 1975~)는 「개인 간 전자화폐 시스템」이라는 논문을 발표하였지. 이 논문은 국가나 어떠한 제3의 다른 기관도 관여하거나 보증이 필요 없는 완전한 탈중앙화적인 새로운 화폐에 대한 이론이 담겨 있었다네. 그 핵심 이론이 바로 비트코인이고 이를 작동시키는 것이 블록체인 기술이었다네.

"거래장부를 나누어 공유하다"

블록체인(Block chain)은 블록(Block)들이 체인(Chain) 형태로 묶여 보관되는 것을 말하네. 여기서 블록(Block)은 개인 상호 간의 거래(P2P) 내역이 쓰인 노트, 즉 장부 같은 거라네. 그리고 체인(Chain)은 작성된 노트를 시간의 흐름에 따라 순차적으로 연결한 사슬 형태로 보관하고 있음을 뜻하지. 요약하면 블록체인은 네트워크에 참여하는 참가자 전원이 거래 내역과 같은 데이터를 분산하여 공유하고 보관하는 기술을 말한다네. 기존 은행이 보관하던 거래장부를 블록체인에 기록하여 보관한다는 것일세. 한편, 거래장부 보관 방식 면에서도 기존 은행은 안전한 장소에 보안을 유지한 채 숨겨놓은 것이었지. 사실 지킨다는 것은 탈취될 수 있음을 전제로 하는 것일세. 이것은 많은 은행 해킹 사례만 봐도 알 수 있다네. 하지만 블록체인은 기존과는 완전히 다른 방식으로 접근하였지. 바로 거래장부를 숨겨놓는 방식이 아니라 동일한 거래장부를 모든 사람이 나눠 가지는 방식을 취한 것이네. 동일한 자료가 기록된 거래장부를 각자 나누어 보관함으로써 잘못된 정보를 찾아낸다는 것이네.

그래서 우리는 블록체인을 공공 거래장부라고도 부른다네.

또한, 거래장부는 일정 시간마다 자료 불일치를 수정하기 위해 파일을 동기화하는 업데이트를 하지. 비트코인은 10분마다 동기화 업데이트를 한다네. 이는 누군가에 의해 거래내역이 위조되거나 변조되는 것을 방지하고 잘못된 게 있다면 정정하기 위함일세. 만약 거래 내역이 일치하지 않을 경우에는 과반이 넘는 자료 데이터를 올바른 것으로 판정하지. 이것은 블록체인 기술에 인터넷 투표 기능도 내장되어 있음을 의미한다네. 투표에 의한 의사결정은 중앙통제식이 아니라 참여자의 다수결 원칙에 의해 결정되는 구조라는 것일세. 바꿔 말하면 블록체인을 해킹하기 위해서는 참여자 과반수의 데이터를 해킹하여 변형해야 한다는 의미지. 이것을 51%의 공격이라고 하네. 만약 네트워크 참여자가 소수에 불과하다면 해킹이 가능할 수도 있겠지. 하지만 참여자가 수백만 명과 같이 다수라면 블록체인은 해킹 자체가 거의 불가능하지. 설사 해킹을 당하더라도 동일한 자료 데이터가 여러 곳에 저장되어 있기 때문에 쉽게 원본 자료 데이터를 찾아 신속하게 복구할 수 있다네.

"탈중앙성, 투명성, 불변성, 가용성"

블록체인 기술은 탈중앙성, 투명성, 불변성, 가용성 등의 고유한 특성을 가지고 있지. 블록체인 기술은 거래 내역을 기록한 원장 데이터를 중앙 서버가 아닌 네트워크에 접속한 모든 참여자가 관리하고 보관하는 P2P

(Peer to Peer, 개인 vs 개인)를 지향하는 탈중앙화 기술일세. 이는 기존의 중앙집권식 방식과는 달리 개인과 개인 간의 거래인 P2P 방식을 취하여 거래한 내역을 개인들이 관리하는 탈중앙적 특성을 가지고 있지. 그래서 블록체인에서는 새로운 거래가 이루어지면 그 자료가 동시에 모든 참여자에게 전송되는 분산화 시스템을 가지고 있다네. 이는 거래 내역이 기록된 거래장부를 참여자 누구나 투명하게 볼 수 있다는 특성을 가진다네. 이러한 투명성은 참여자가 감시자 역할도 동시에 할 수 있음을 의미하지.

블록체인은 거래장부를 수정하거나 삭제하지 못한다는 불변성이 있다네. 기록된 모든 장부는 암호화하여 체인 형태로 보관되지. 이를 해시라고 하네. 다음 거래 내역을 기록하기 위해 이전의 자료 데이터를 참고하는 연속성을 보이지. 그래서 지울 수가 없다는 것일세. 만약 기록된 정보를 변형하기 위해서는 참여자 절반 이상의 자료 데이터를 동시에 고쳐야 한다네. 그것도 동기화 업데이트를 하는 10분 이내로 말일세. 끝으로, 블록체인은 원본 자료 데이터를 손쉽게 확보할 수 있다는 가용성이 있네. 한 참여자의 데이터에 문제가 생겨도 다른 참여자가 보관한 원본 데이터를 활용하여 손쉽고 빠르게 자료 데이터를 복구할 수 있다네. 이는 문제가 발생해도 피해를 최소화할 수 있다는 것을 의미하지.

"블록체인, 화폐 영역을 넘어서다"

진보는 기술발전 없이 이루어지지 않는다네. 최초의 블록체인은 화폐에 적용되도록 설계되었다네. 즉, 거래한 자료 데이터만 저장하는 기술이었지. 하지만 캐나다 청년 비탈릭 부테린(Vitalik Buterin, 1994~)은 거래한 자료 데이터만 저장하는 블록체인 기술을 활용해 다른 가치 있는 것도 저장할 수 없을까 하는 고민을 했지. 그래서 그는 블록체인에 스마트 계약(Smart Contract) 기능을 구현할 수 있는 소프트웨어를 등록하는 성과를 거두었다네. 요컨대 영구히 지워지지 않고 모두가 공유할 수 있는 소프트웨어가 탄생한 것이지. 이것이 바로 이더리움(Ethereum)이라고 하는 암호화폐라네. 이더리움은 블록체인에 계약 기능의 시스템을 추가한 소프트웨어 플랫폼이지. 플랫폼은 여러 가지 기능을 제공해 주는 공동 실행 환경을 말하네. 이는 하나의 기능을 세분화하여 동작하는 분산 애플리케이션 사용이 가능하도록 환경이 조성되었다는 의미일세. 이를 계기로 암호화폐는 많은 기능별 알트코인이 등장하게 되었다네. 이러한 기술의 발전으로 인하여 암호화폐는 단순한 화폐가 아닌 영구 보관이 가능한 자산으로서의 기능을 담당할 수 있게 됐다네. 자산(資產)은 경제적 가치가 있는 재산을 말하지. 그래서 암호화폐를 경제적 가치가 있는 가상자산이라 부르는 것일세. 따라서 블록체인은 이제 더 이상 단순한 거래 자료를 기록하는 화폐 영역에 국한되지 않는다네. 블록체인은 다양한 소프트웨어와 접목하여 계약서, SNS, 전자투표 등의 영역으로 확장성을 갖게 되었네. 즉, 블록체인 기술이 사회 다방면에 활용되어 우리 실생활에 적용이 가능해졌다는 것일세.

4차 산업혁명의 키워드는 융합일세. 융합은 각각의 기술이 가진 단점을 극복하고 장점을 극대화하는 승수 효과를 가져온다네. 블록체인 기술은 데이터 위변조 방지, 탈중앙화 운용, 투명성 등의 특성과 다양한 소프트웨어를 활용하는 효율성으로 그 영역을 확대해 가고 있지. 예를 들어 IBM이 실험하는 코로나19 검사 결과를 블록체인에 저장하는 "IBM Digital Health Pass" 애플리케이션 같은 것일세. 사용자가 코로나19 검사를 받으면 병원은 그 결과를 블록체인 앱에 등록하지. 그러면 필요한 기관에 동시에 전송될 뿐 아니라 기록된 자료 데이터의 위변조도 방지할 수 있다네. 이렇듯 글로벌 대기업, 벤처기업들은 블록체인 기술을 활용하기 위해 새로운 분산 애플리케이션 개발에 속속 뛰어들고 있다네. 아울러 블록체인과 관련되어 추진되는 프로젝트는 국제관계 전자문서유통 체계, 축산물 이력관리 체계, 부동산거래 시스템, 의료 시스템, 공공행정 시스템 등이 있다네.

"4차 산업혁명 신기술과의 융합"

블록체인은 4차 산업혁명의 신기술들과 융합을 통해서 기술의 유용성을 증명하고 있다네. 블록체인과 인공지능의 융합은 AI 기능을 분산하여 AI 장착 시스템과의 데이터를 공유할 수 있게 해주고 있네. 그리고 블록체인을 적용한 AI 알고리즘은 데이터 생성과 처리 과정에 대한 감시와 추적을 가능하게 하여 데이터의 안정적인 관리가 가능하도록 해주고 있지. 또한 블록체인과 빅데이터와의 융합은 빅데이터의 불완전성을 보완하여 데이터의 품질을 개선하고 수집된 정보와 데이터 자체에 대한 검증을 가능하게 해주고 있다네.

블록체인과 IoT와의 융합은 블록체인의 다양한 특성으로 인해 IoT 플랫폼 유지관리 비용을 절감하게 해주네. 그뿐만 아니라 IoT 장치의 데이터를 수정하거나 조작할 수 없게 하여 데이터 보안과 사용자 개인정보보호를 가능하게 해주지. 블록체인과 5G의 융합은 하나의 시스템에 많은 IoT 체계가 연동되었을 때 다양한 데이터를 동시에 처리할 수 있게 할 뿐만 아니라 서버 다운에 따른 보안 문제도 해결할 수 있다네. 블록체인의 분산화 기능은 단일 실패 지점에 의한 병목현상을 제거하여 시스템의 신뢰성을 향상시키고 있는 걸세.

"국방 블록체인 연구개발 진행"

우리는 이제 인터넷 없는 세상은 상상할 수도 없지. 인터넷은 원래 전쟁에서 유래한 것이라네. 1960년대 미국은 통신시스템이 파괴될 시 대체할 수 있는 수단을 고민하였다네. 그래서 컴퓨터를 연결한 아르파넷(ARPAnet: Advanced Research Projects Agency Network, 1969년 미 국방부에서 만든 대규모 컴퓨터 네트워크)을 만들었지. 이것이 최초의 군사용 인터넷이라네. 이후 민간용으로 확대되면서 오늘날과 같이 인터넷 시대를 맞이하게 되었던 것일세. 이렇듯 기술은 전쟁을 통해 추상적인 개념에서 실용적인 실체로 개발되었다는 것이 역사적 사실이네. 그런 의미에서 블록체인이 국방 분야에 어떻게 적용될 수 있는지 알아보는 것도 의미가 있다고 생각하네.

국방 영역은 4차 산업혁명의 등장으로 지상과 공중, 우주를 넘어 가상공간으로도 확대되었다네. 따라서 미래전은 디지털 전장 환경을 누가 얼마만큼 신속하게 혁신적으로 전환하느냐에 따라 결정된다고 해도 과언이 아닐세. 우리나라는 지정학적으로 군사 강국들에 둘러싸여 있지. 이러한 점에서 주변국의 기술 동향을 주의 깊게 살펴보아야 한다네. 미국은 '국방 디지털 현대화 전략'이라는 마스터플랜을 수립하여 시행하고 있지. 사이버 공격, 무기체계 개발, 전장 신뢰성 보장, 정보보호, 국방 군수 및 조달 계약, 무기체계 보호, NATO 적응 등 7대 블록체인 활용 분야를 선정하여 연구하고 있다네. 중국은 블록체인 기반의 사이버 방어 기술에 중점을 두고 연구하고 있지. 더불어 중국 육군은 국방 블록체인 기반의 보급 관리 체계를 시험 적용하기 위한 기술 개발에 착수하였다네. 이처럼 중국은 군사 혁신 차원에서 국방에 블록체인 도입을 적극적으로 추진하고 있다네. 특히 주목할 것은 블록체인 기술 특허 부문에서 중국은 이미 미국을 앞질러 세계 선두를 유지하고 있다는 점이라네. 러시아는 전투 장비 운영관리, 스마트 계약 기반 시스템을 적용한 군 전투 역량 강화, 통신보안 관련 네트워크 플랫폼 등에서 연구가 활발히 이루어지는 것으로 파악되고 있지. 세계는 국방 블록체인 기술을 특정한 어느 한 분야가 아니라 무기체계 고도화, 전술 네트워크, 군사보안, 물류 시스템 등 전 분야에 걸쳐 적용하고 있다네. 이는 블록체인 기술이 국방 분야에서의 활용성과 효용성이 충분하다는 것을 증명하고 있는 것일세. 하지만 우리 군은 아직 블록체인에 대해 구체적으로 명시된 계획을 가지고 있지 않다네. 그렇지만 관련 기관과 연구단체에서 그 적용성을 신중히 검토하고 있는 것으로 알고 있네.

"기술 패권화와 기술 자원화"

앞으로 세계는 블록체인과 관련하여 글로벌 기술의 패권 경쟁이 더욱 첨예해지리라 예상하고 있다네. 한반도는 지정학적으로 세계 강대국인 미국, 중국, 러시아, 일본에 둘러싸여 있지. 2022년 국방비 액수만 비교해 보아도 알 수 있는 사실이네. 미국은 8,010억 달러로 세계 1위, 중국은 2,980억 달러로 세계 2위, 러시아는 659억 달러로 세계 5위, 일본은 541억 달러로 세계 9위, 한국은 502억 달러로 세계 10위를 기록했지. 주변국 대비 최하위권에 머물러 있는 걸세. 특히, 한국은 북한에 대비한 현행 작전에 많은 국방 예산이 할당된다는 점을 감안해 보면, 미래전 대비를 위한 예산은 더욱 부족할 수밖에 없다는 것일세. 이러한 우리 현실은 주변국 상황에 따라서 합종연횡할 수밖에 없다는 것이 자명한 이치라네. 예를 들면 미국과 중국에 대해서 반미냐, 친미냐, 반중이냐, 친중이냐 하는 차원이 아니라 국익을 기반으로 하는 용미(用美), 용중(用中) 차원에서 접근해야 한다는 것일세. 그래서 우리는 블록체인과 관련하여 글로벌 국가들의 기술 패권 추구가 우리 국방에 어떠한 영향을 미칠지 세심히 살펴봐야 한다네. 그것은 기술 패권화가 기술의 자원화를 초래하기 때문이지. 따라서 우리는 그에 대비하여 글로벌 국가와의 국방 블록체인 연구개발에 적극적으로 참여하고 교류를 확대해 나가야 한다네. 그렇게 할 때만이 글로벌 국가들의 기술 패권화 경쟁에서 우리의 선택지를 확보해 나갈 수 있을 것이네.

나는 메타버스에서 무엇을 할까?

"MZ세대는 2030 디지털 세대"

요즘 사회문화적으로 자주 거론되는 세대가 바로 MZ세대이지. 세대를 표현하는 말로는 통상 베이비붐 세대로부터 X, Y, Z세대로 구분한다네. 베이비붐 세대는 6.25 전쟁 이후의 세대이고, X세대는 1970~80년 초반에 태어나 90년대 문화를 이끈 세대이네. Y세대는 베이비붐 세대의 자녀들로 2000년대에 성장기를 거쳤기에 밀레니엄 세대라고 부르지. 줄여서 M세대라고도 하네. 이들은 아날로그와 디지털 문화를 모두 경험한 관계로 컴퓨터 환경에 익숙하다네. 아울러 Z세대는 어릴 때부터 스마트폰을 능숙하게 사용한 세대로 텍스트보다 이미지와 동영상 콘텐츠를 선호하고 소셜 미디어를 통한 소통에 거리낌이 없는 세대라 할 수 있지. MZ세대는 밀레니엄 세대인 M세대와 Z세대가 합쳐서 MZ세대라 하네. 우리는 이들을 보통 2030이라 부르는데 우리나라 인구 중 34%를 차지하지. MZ세대는 디지털 환경에 익숙하고, 사생활을 중시하며 편리함과 간편함을 추구하는 특성을 가진 세대일세. 이러한 특성으로 인해 MZ세대를 디지털 세대라고 부르기도 하지. 최근 디지털 세대는 자기 안에 있는 페르소나를 아바타로 표현하고, 이 아바타를 통해 친구를 만나거나, 쇼핑도 하며 돈도 벌 수 있는 3D 기반의 가상세계인 메타버스에 열광하고 있다네.

"메타버스는 삶의 트렌드"

메타버스(Metaverse)는 현실과 가상이 합친 초월이란 의미의 메타(Meta)와 세계를 뜻하는 버스(Verse)의 합성어일세. 즉, 현실과 가상이 합쳐진 무한한 가능성의 세상을 뜻한다네. 메타버스는 자신을 대신하는 아바타가 일상활동과 경제활동을 하는 3D 기반의 가상세계를 말한다네. 메타버스는 특정한 기술이라기보다는 삶을 변화시키는 트렌드라고 할 수 있다네. 메타버스라는 단어의 어원은 1992년 닐 스티븐슨(Neal Town Stephenson, 1959~)의 소설 『스노 크래시(Snow Crash)』에서 처음 등장했다네. 주인공인 피자가게 배달부는 현실세계에서 너무나도 힘들고 궁핍한 삶을 살고 있었지. 하지만 자기가 개발한 프로그램 속에서는 멋진 집을 짓고 여유로운 삶을 즐기고 있었다네. 소설에서 이 가상의 세계를 메타버스라고 불렀지.

아바타(Avatar)라는 말은 힌두교 신화에서 기원한 단어로 지상 세계에 강림한 신의 육체적 화현을 뜻한다네. 즉, 분신이나 화신을 말하지. 아바타는 인터넷 초창기에 게임 속 플레이어(Player) 또는 캐릭터라는 의미로 사용되었네. 하지만 최근 다시 등장한 아바타는 과거의 아바타와는 아주 다른 개념으로 돌아왔지. 과거의 아바타가 단순한 디지털 복제(Digital twin)에 불과했다면, 지금의 아바타는 나의 다양한 페르소나를 가상세계에 투영할 뿐만 아니라 나의 모든 것을 위임받아 행동하는 대리인(agent)의 성격을 띠고 있다네. 곧, 메타버스는 단순히 게임을 하는 공간이 아니라 일상생활과 경제활동이 가능한 가상세계라네. 아울러 그 속에서 활동하는 아바타의 행위는 실제 나의 행위와 동격으로 인식되며, 그렇기에 아바타에게도 가상세계의 사회적 의무와 책임이 부여되지.

"메타버스의 4가지 유형"

2007년 미국 미래예측 기술연구 단체(Acceleration Studies Foundation: ASF)에서는 메타버스를 현실세계와 가상세계가 연결된 형태로 해석하여 그 유형을 광범위하게 제시했다네. 메타버스는 가상공간에서의 현실환경 구현 정도와 사용자 상호관계에 따라 네 가지 유형으로 구분된다네. 그것은 증강현실(AR), 라이프로깅(Lifelogging), 거울세계(Mirror World), 가상세계(Virtual World)이지.

증강현실(AR)은 현실세계 모습 위에 가상을 덧씌워서 보여주는 유형일세. 예를 들면 이용자의 현실 공간 위치에 따라 모바일 기기에 출현하는 가상의 포켓몬을 포획하는 게임인 포켓몬 GO 같은 것이지. 이러한 증강현실은 현실세계를 기반으로 가상세계를 투영한 것이네. 즉 현실 공간이 중심이 되는 것이네. 그리고 라이프로깅(Lifelogging)은 자신의 삶에 관한 경험과 감정을 기록하여 저장하고 공유하는 유형을 말하네. 이는 소셜미디어, 페이스북, 인스타그램, 트위터, 카카오스토리 등을 말하지.

또한, 거울세계(Mirror World)는 실제 세계의 모습과 구조를 있는 그대로 가상공간에 나타내는 정보적 확장 유형을 말하네. 이는 대안적 가상세계가 아닌 우리 주변의 세계를 대상으로 하지. 예를 들면 구글 어스는 세계 전역의 위성사진을 전부 수집하여 일정 주기로 사진을 업데이트하면서 시시각각 변화하는 현실세계의 모습을 그대로 반영한다네.

끝으로 가상세계(Virtual World)일세. 이는 현재 메타버스로 인식되는 유형이지. 이는 다수의 사용자가 동시다발적으로 접속하여 자신의 아바타를 통해서 사용자의 페르소나를 가장 잘 표현할 수 있는 유형이라네. 메타버스 개념이 처음 제안된 2007년 당시에는 현실세계에서 가상세계로 가게 해주는 이러한 네 가지 유형의 초보적 단계의 가상현실 기술(VR, AR)도 메타버스로 분류하였지. 메타버스는 가상현실 기술을 활용함으로써 가능하기 때문이라네.

"메타버스는 삶 그 자체"

지금의 메타버스는 3D 인터넷, 아바타, 일상과 경제활동 등 구성 요소의 특성을 명확히 하고 있지. 그리고 가상공간은 현실세계를 복제하는 디시

털 트윈 기술을 통해 더욱 사실적인 형태로 묘사할 수 있다네. 이렇듯 메타버스는 기존의 플랫폼 서비스나 VR 같은 실감형 콘텐츠와 차별화되는 다섯 가지 특징을 가지고 있다네. 그것은 통상 5C라고 통칭하는 세계관(Canon), 창작자(Creator), 디지털 통화(Currency), 일상 연장(Continuity), 연결(Connectivity)을 말하지.

첫째, 세계관(Canon)은 작품 진행의 배경이 되는 시간적, 공간적, 사상적 배경을 의미하네. 메타버스를 선호하는 디지털 세대는 설계자가 의도하는 콘텐츠를 그대로 소비하는 수동적 태도가 아니라, 같이 즐기고 경험할 수 있는 콘텐츠로 만들어가는 적극성을 가지고 있지. 즉 자신의 세계관을 만들어 나간다는 것이네. 따라서 디지털 세대는 메타버스에서 나름의 세계관을 형성하고 콘텐츠를 생산하며 공유하고 즐기고 있는 것이지.

둘째, 메타버스에서는 누구나 창작자(Creator)가 될 수 있지. 메타버스는 3D 디지털 콘텐츠로 구성된 세계로 누구나 그 공간을 확장할 수 있다네. 곧, 메타버스 세계 안에서는 이용자인 동시에 자기만의 공간을 구축할 수 있는 창작자가 될 수 있다는 것일세. 셋째, 메타버스는 생산과 소비가 이루어지는 공간으로 가치를 저장하고 교환하기 위한 디지딜 통화(Currency) 사용이 가능하네. 현재 거래는 사이버머니 성격에 가깝지만, 앞으로는 실물자산과 교환이 가능한 디지털화폐가 유통될 것으로 예상하고 있다네. 넷째, 메타버스는 일상의 연장(Continuity)을 보장해 주는 공간이라네. 다시 말해, 메타버스에서 친구를 만나고, 회사에 가고, 쇼핑도 하는 일상의 행위들이 단발성으로 그치지 않고 지속적인 일상생활로 이어진다는 것이라네. 현실세계가 살아온 시간의 축적물이라면, 메타버스에서는 아바타가 곧 살아온 삶의 축적물이라 할 수 있지. 다섯째, 메타버스는 현실과 가상을 연결하고 사람과 아바타뿐만 아니라 아바타와 아바타와도 연결하는 등 시공간을 확장하고 연결(connectivity)할 수 있다네. 이처럼 시공간을 연결하는 힘은 또 다른 세계를 창조하고 확장해 나갈 수 있는 원동력을 제공할 것이네.

"즐기면서 수익을 창출하는 메타버스"

코로나19 사태는 대규모 야외 행사를 제한하거나 금지시키는 결과를 초래하였지. 이로 인해 각종 문화행사가 가상공간으로 옮겨가면서 메타버스가 본격적으로 활성화되는 계기가 되었던 것일세. 최근에는 정치, 행정, 마케팅 홍보 등 다양한 분야로 메타버스가 확대되고 있는 추세일세. 그 사례를 보면 정치적 측면에서는 대통령 선거 기간에 아바타를 활용한 후보의 유세 공간을 마련했던 것을 들 수 있네. 행정관서에서는 시민참여형 가상 정책토론장 운영, 다양한 행정서비스 정보 제공 등을 사례로 꼽을 수 있지. 또한, 대학 입학식 및 축제, 비대면 대학입시박람회 등 학교뿐만 아니라 콘서트, 신곡 발표, 팬 미팅 등 문화행사에서도 메타버스를 적극적으로 활용하고 있네. 아울러 기업에서는 임원 회의, 직원 사내교육을 포함하여 사이버 지점 개설 및 운영, 신제품 홍보 및 가상 체험 서비스 등 마케팅 홍보 분야에서도 사례를 찾아볼 수 있다네.

로블록스(Roblox)는 사용자가 스스로 프로그래밍하여 자신만의 게임을 만들고 자신이 만든 게임을 다른 사용자가 사용할 수 있도록 하는 온라인 게임 플랫폼 회사라네. 이곳에서는 게임을 소비하면서 직접 게임을 만들 수 있고 디지털 화폐를 통해 매매도 가능하다네. 그러는 가운데 사람들과 관계를 맺을 수 있지. 여기에서 사용자들은 매년 2,000만 개 이상의 새로운 게임들을 만들어 수익을 창출하고 있네. 즉, 가상세계에서 즐기면서 수익을 창출하는 것일세. 이것은 향후 메타버스 공간에서 경제·사회·문화 생활을 영위할 수 있다는 것을 보여주는 실증 사례라고 할 수 있네. 메타버스는 새로운 세계를 말하는 것일세. 새로운 세계는 새로운 일거리를 만든다네. 메타버스 공간에서 아바타가 많이 다니는 지역에 땅을 사서 건물을 짓고 새로운 사업을 창업할 수도 있지. 그리고 그 사업을 통해 수익을 창출할 수 있다는 것일세. 이제 이러한 시대가 바로 우리 눈앞에 와 있다네

"국방 메타버스로 미래 전투지휘체계 구축"

전쟁과 과학기술은 역사적으로 상호 보완적인 관계였다고 할 수 있네. 전쟁에서 이기기 위해 과학기술을 활용하고, 전쟁 과정에서 예기치 않은 기술을 발명하기도 했다는 의미라네. 예를 들면, 라이트 형제가 발명한 비행기는 전쟁을 통해 전투기와 수송기로 활용되었지. 그리고 수송기는 다시 보잉 707 여객기를 만드는 계기가 되었는데, 이것이 바로 기술의 역사일세. 그

래서 정부에서는 민간기술과 국방기술이 상호 교류하는 기회를 더욱 확대하여 과학기술 발전을 꾀하고 있다네. 그 결과 지금은 국방기술이 민간 분야로 전파되는 스핀오프(Spin off), 민간기술이 국방 분야로 전파되는 스핀온(Spin on), 민간과 국방에서 모두 활용 가능한 기술을 개발하는 스핀업(Spin up)이라는 세 가지 형태의 민군 기술협력 방안이 정착되어 가고 있지. 이러한 차원에서 메타버스가 국방 분야에 어떻게 스핀온(Spin on) 되고 있는지를 알아보겠네. MZ세대가 국방 분야에 관심을 가져야 하는 이유는 앞으로 우리 국가 미래를 책임져야 할 뿐만 아니라 통일문제를 생각하지 않고는 자네들의 미래를 설계할 수 없기 때문일세.

군에서 메타버스는 거의 교육 훈련에 치중되어 활용되고 있다네. 이는 교육 훈련 대부분이 실제 훈련뿐만 아니라 모의훈련(Simulation)도 가능하기 때문이라네. 모의훈련은 어떤 전쟁 국면을 극복하기 위하여 실제와 같은 환경을 조성해 놓고 가상훈련을 해본 뒤에 그 결과를 분석하여 해결 방법을 연구하는 것을 말하지. 이러한 모의훈련은 전투참가자가 머리 탑재형 디스플레이(HMD)를 착용하고 진동을 느끼는 햅틱기술 기반의 시뮬레이터를 통해 훈련한다네. 그리고 3차원 가상세계 지형 플랫폼은 공개된 다양한 지형 데이터를 자동 분석하여 가상 지형을 만들고 모의훈련을 지원하는 체제를 갖추어 나가고 있다네. 하지만 지금 활용 중인 각종 시뮬레이션, VR 기기를 이용한 교육훈련 콘텐츠들은 메타버스로 가는 중간 단계의 기술이라고 보는 것이 타당하네.

앞으로 구현해야 하는 국방 분야 메타버스는 전투현장을 가상공간에 구현하여 지휘통제, 작전지원 요소를 파악하고 최적의 방안을 도출한 뒤에 실제 전장에서 활용하는 것이네. 예를 들면, 작전 지역에서 활동하는 인공위성, 드론 등 공중자산에서 수집되는 정보를 실시간 홀로그램으로 가상공간의 상황판에 묘사한다네. 그리고 작전 지휘관은 기능별 참모들과 예하 지휘관들의 아바타를 가상공간 지휘소에 소집하여 작전 관련 정보를 실시간 영상으로 제공하지. 거기에서 예하 지휘관들과 기능별 참모들은 대응 방안을 논의하여 최선의 방안을 도출한다네. 그리고 작전 지휘관은 가상공간에서 예하 지휘관들에게 명령을 하달하지. 이렇게 하달받은 명령이 실제 전투 현장에서 실행되는 것일세. 이것이 바로 메타버스를 통해 전투를 지휘하는 사례라고 할 수 있네.

이처럼 메타버스는 우리 삶의 영역을 현실적인 시공간에서 새로운 초월의 세계로 확장해 나가고 있는 걸세. 이는 우리의 삶을 더욱 풍요롭게 만들 뿐만 아니라 전쟁에서도 이길 수 있는 무한한 가능성을 열어놓고 있는 것이라네. 우리는 이미 4차 산업혁명 신기술의 영향으로 삶의 패러다임에 많은 변화를 경험했지. 하지만 메타버스는 더욱 많은 변화를 불러올 것으로 예측된다네. 따라서 지금 우리가 이러한 획기적인 변화에 적극적으로 대처하지 못한다면 자신의 아바타를 제2의 삶의 현장인 메타버스에 진입시키지 못할지도 모르겠네.

미래를 바라보는 눈

참고문헌

강준린
『나를 바꾸기 위해 지금 해야 할 일은』, 북씽크, 2020

강지윤
『나는 나를 사랑할 수 있을까』, 오후의서재, 2021

고도원
『씨앗 뿌리는 20대 꼭해야 할 37가지』, 나무생각, 2005

고선영 | 정한균 | 김종인 | 신용태
「메타버스의 개념과 발전 방향」, 『정보처리학회지』, 2021

공병호
『공병호의 군대 간 아들에게』, 흐름출판, 2013

김겨울
독서의 기쁨, (초록비책공방, 2018)

김기원
「블록체인 기술의 글로벌 동향과 한국 국방 적용 연구」, 『국방정책연구』, 2022

김선재 | 최경환
국방시설분야의 블록체인 기술 적용방안 연구 (한국군사학논집, 2021)

김용옥
『동양학 어떻게 할 것인가』, 통나무, 2000

김용옥
『도올 논어 1~3』, 통나무, 2000, 2001

김용옥
『노자와 21세기 1~3』, 통나무, 1999, 2000

김용옥
『논술과 철학강의 1, 2』, 통나무, 2006

김준린
『나를 바꾸기 위해 지금 해야 할 일은』, 북씽크, 2020

노사정보고서

『디지털 전환시대 노동의 미래를 위한 도전과 과제』, 경제사회노동위원회, 2019

선안남

『자존감, 어떻게 회복할 것인가』, 소울메이트, 2018

손힘찬

『나는 나답게 살기로 했다』, 스튜디오오드리, 2021

엄효진 | 이명진

「인공지능 기반 지능정보사회 시대의 노동시장 변화」, 『정보사회와 미디어』, 한국정보사학회, 2020.

유성은 | 유미현

『성공하는 사람들의 시간관리 습관』, 중앙경제평론사, 2019.

이경휴 | 박혜숙

「국방 블록체인 기술동향 및 국방 ICT 융합 전략 연구」, 『전자통신통향분석』, 2020

이시한

『메타버스의 시대』, 다산북스, 2021

이우람

『인생의 목표를 생각할 때 읽는 책』, 유페이퍼, 2020

이종선

『멀리 가려면 함께 가라』, 갤리온, 2011

이주경 | 백승섭 | 전지찬 | 이준성

「메타버스의 국방분야 구현 방안에 대한 고찰」, 『국방과 기술』, 2021

이중엽

「블록체인의 산업 적용 현황과 발전 방향」, 『주간기술동향』, 2019

이지성

『미래의 부』, 차이정원, 2021

이하늘

『거절 잘 하는 법』, 카시오페아, 2018

참고문헌

이현주
『나는 균형 있게 살기로 결심했다』, 메이트북스, 2021

이형
『위대한 반복의 힘』, 키메이커, 2015

이혜운
『당신만 모르는 일의 법칙 51』, 메이븐, 2022

임홍태
『주체적으로 산다』, 문헌재, 2019.

정민섭
「새로운 전장환경 메타버스의 군사적 활용방안 제언」, 『군사혁신논단』, 2022.

정준화
『메타버스의 현황과 향후과제』, 국회입법조사처, 2021.

조경선 | 서태석 | 조영호
「블록체인 기반의 Collaborative IDS 구축 제안」, 『군사과학연구지』, 2019.

조병학 | 박문혁
『2035 일의 미래로 가라』, 인사이트앤뷰, 2017.

조선일보
「"멀티태스킹이 뇌 망친다"…IQ 8세 수준으로 떨어져」,
김철중 의학전문기자, 2022년 9월 1일 자,
https://www.chosun.com/culture-life/health/2022/09/01/EQDLWQ4VTNB4JKLE3STZODI2LE/?utm_source=naver&utm_medium=referral&utm_campaign=naver-news

유승근
『메타버스로 그리는 국방 교육훈련의 미래』, 한국국방연구원, 2021

허필선
『독서는 어떻게 삶의 무기가 되는가』, 프로방스, 2021

가토 다이조
이정환 역, 『열등감을 자신감으로 바꾸는 심리학』, 나무생각, 2015

기시미 이치로 | 고가 후미타케 | 전경아 역
『미움받을 용기』, 인플루엔셜, 2022

기시미 이치로 | 박재현 역
『아들러 심리학을 읽는 밤』, 살림, 2015

사사키 후미오 | 정지영 역
『나는 습관을 조금 바꾸기로 했다』, 쌤앤파커스, 2019

야마사키 히로시 | 한양희 역
『습관을 바꾸는 생각의 힘』, 이터, 2020

쑹훙빙, 차혜정 역
『화폐전쟁』, 랜덤하우스, 2008

닐 피오레, 김진희 역
『내 시간 우선 생활습관』, 청림출판, 2018

댄 애리얼리 | 제프 클라이슬러 | 이경식 역
『부의 감각』, 청림출판, 2018

마크 맨슨, 한재호 역
『신경 끄기의 기술』, 갤리온, 2017

이시한,
마크 A. 호킨스, 서지민 역
『당신은 지루함이 필요하다』, 틈새책방, 2018

참고문헌

로버트 마우어 | 장원철 역

『아주 작은 반복의 힘』, 스몰빅라이프, 2016

리처드 니스벳 | 최인철 역

『생각의 지도』, 김영사, 2004

마우로 기옌 | 우진하 역

『2030 축의 전환』, 리더스북, 2021

미하일 칙센트미하이

『몰입의 경영』, 황금가지, 2006

스탠퍼드대학교 HAI

『2019년 인공지능 인덱스 보고서』

https://hai.stanford.edu/ai-index-2019

제프리 잉햄 | 홍기빈 역

『돈의 본성』, 삼천리, 2015.

찰스 두히그 | 강주헌 역

『습관의 힘』, 갤리온, 2012

토머스 키다 | 박윤정 역

『생각의 오류』, 열음사, 2007

테아 싱어 스피처 | 이지민 역

『협업의 시대』, 보랏빛소, 2019.

헤럴드 셔먼 | 김용환 편역

『억대 연봉자의 메모 수첩』, 경영자료사, 2014

그대라는 젊음

초판 1쇄 발행	2023년 06월 23일
지은이	박영배
발행인	김태한 외 1명
펴낸곳	책과강연
총괄기획	이정훈
도서제작기획	김태한
편집	이소정
디자인 총괄	이상돈
주소	서울 서초구 서초대로 54길 9-8 예림 B/D
전화	02-6243-7000
블로그	blog.naver.com/writingin180days
홈페이지	mybrandingstory.com
인스타그램	@writing_in_180_days
유튜브	책과강연
카카오톡	writing180
등록	2017년 7월 2일 제2017-000211호

ISBN

·책 가격은 뒤표지에 있습니다.
·파본은 구입하신 서점에서 교환해 드립니다.
·저자와 협의 하에 인지를 생략합니다.

실행하는 지금이 실현하는 순간입니다.
[책과강연]에서는 여러분들의 원고를 기다리고 있습니다.
원고 투고 및 의견은 writingin180days@naver.com으로 보내주세요.
함께 만들어 갑니다.

'내 책을 서점에서 만나는 기적'